一流本科专业一流本科课程建设系列教材

生产运营管理

主　编　牟绍波　肖东华
副主编　陈昌华　潘　恒　周　凌　尹　良
参　编　段华薇　谢　寒　王琦君　何浩嘉　雷育川　易思佳
　　　　聂芮娟　胥宇轩　周怡君　尹　杰　刘　静　曾雨爽　王　茜

机械工业出版社

本书是为满足我国管理类人才培养的需求编写的。

本书系统介绍了生产运营管理的理论和方法。全书共 15 章，主要包括生产运营管理概论、生产运营战略与竞争力、产品和服务设计、流程分析与生产能力设计、设施选址与设施布局、工作研究、需求预测、生产计划和作业计划、物料需求计划、库存管理、质量管理、项目管理、供应链管理、精益生产、数字化转型背景下的生产运营模式等内容。

本书可作为高等院校管理类专业高年级本科生和研究生的教材，也可作为企业管理人员的学习和培训用书。

图书在版编目（CIP）数据

生产运营管理 / 牟绍波，肖东华主编. -- 北京：机械工业出版社，2025. 3. -- （一流本科专业一流本科课程建设系列教材）. -- ISBN 978-7-111-78046-5

Ⅰ. F273

中国国家版本馆 CIP 数据核字第 2025B4D479 号

机械工业出版社（北京市百万庄大街 22 号　邮政编码 100037）
策划编辑：常爱艳　　　　　责任编辑：常爱艳　单元花
责任校对：韩佳欣　陈　越　封面设计：鞠　杨
责任印制：张　博
河北泓景印刷有限公司印刷
2025 年 6 月第 1 版第 1 次印刷
184mm×260mm・15.25 印张・368 千字
标准书号：ISBN 978-7-111-78046-5
定价：49.80 元

电话服务　　　　　　　网络服务
客服电话：010-88361066　机 工 官 网：www.cmpbook.com
　　　　　010-88379833　机 工 官 博：weibo.com/cmp1952
　　　　　010-68326294　金 书 网：www.golden-book.com
封底无防伪标均为盗版　机工教育服务网：www.cmpedu.com

前 言

当前，以数字化、网络化、智能化为本质特征的第四次工业革命正在兴起。工业互联网作为新一代信息技术与制造业深度融合的产物，通过对人、机、物的全面互联，构建起全要素、全产业链、全价值链的新型生产制造和服务体系，是数字化转型的实现途径，是实现新旧动能转换的关键力量。在此背景下，企业生产运营管理的模式也在逐渐发生变化，急需对工业互联网、数字经济背景下的生产运营管理的理论和实践进行新的阐释。本书正是为满足我国管理类人才培养的需求编写的。

本书系统介绍了生产运营管理的理论和方法。全书共 15 章，主要包括生产运营管理概论、生产运营战略与竞争力、产品和服务设计、流程分析与生产能力设计、设施选址与设施布局、工作研究、需求预测、生产计划和作业计划、物料需求计划、库存管理、质量管理、项目管理、供应链管理、精益生产、数字化转型背景下的生产运营模式等内容。

本书由牟绍波、肖东华担任主编，具体编写分工如下：第 1 章由牟绍波、雷育川、易思佳编写；第 2 章由肖东华、聂芮娟、胥宇轩编写；第 3 章由谢寒编写；第 4 章由段华薇、周怡君编写；第 5 章由周凌、尹杰编写；第 6 章由周凌编写；第 7 章由潘恒编写；第 8 章由潘恒、刘静编写；第 9 章、第 10 章由尹良编写；第 11 章由陈昌华、曾雨爽编写；第 12 章由王琦君、王茜编写；第 13~15 章由何浩嘉编写。

本书的编写得到了西华大学工商管理国家一流本科专业建设项目的支持。

本书在编写过程中参考了大量文献资料，在此对相关作者表示衷心的感谢！由于编者水平有限，书中难免存在不足之处，敬请广大读者批评指正。

编 者

目录

前言

第1章 生产运营管理概论 ... 1
1.1 运营系统及生产运营管理概述 ... 1
1.2 生产运营管理的发展历程 ... 2
1.3 数字化转型背景下生产运营管理面临的形势及发展趋势 ... 5
思考题 ... 6

第2章 生产运营战略与竞争力 ... 7
2.1 企业战略 ... 7
2.2 生产运营战略 ... 8
2.3 生产运营战略的制定 ... 8
2.4 竞争力 ... 12
思考题 ... 12

第3章 产品和服务设计 ... 14
3.1 新产品的发展方向及其开发的内外部环境背景 ... 14
3.2 产品的生命周期与新产品开发策略 ... 15
3.3 新产品开发的重要性及开发设计阶段 ... 16
3.4 新产品设计过程中的组织模式和常用的技术开发手段 ... 18
3.5 服务的设计开发 ... 22
思考题 ... 26

第4章 流程分析与生产能力设计 ... 28
4.1 流程分析 ... 28
4.2 流程优化 ... 36
4.3 生产流程设计与选择 ... 40
4.4 生产能力设计 ... 44
思考题 ... 51

第5章 设施选址与设施布局 ... 52
5.1 设施选址及其影响因素 ... 52
5.2 设施选址方案的评估方法 ... 55
5.3 设施布局 ... 68
5.4 设施布局设计 ... 71

思考题 ……… 79

第6章 工作研究 ……… 81
6.1 工作设计的基本思想与方法 ……… 81
6.2 工作环境设计 ……… 87
6.3 工时定额与工作测量 ……… 90
思考题 ……… 99

第7章 需求预测 ……… 100
7.1 预测概述 ……… 100
7.2 定量预测方法 ……… 104
7.3 定性预测方法 ……… 112
7.4 预测误差分析及监控 ……… 114
思考题 ……… 117

第8章 生产计划和作业计划 ……… 118
8.1 生产计划和作业计划概述 ……… 118
8.2 综合生产计划 ……… 122
8.3 短期生产计划 ……… 128
思考题 ……… 137

第9章 物料需求计划 ……… 138
9.1 概述 ……… 138
9.2 基本 MRP 的运算逻辑 ……… 140
9.3 MRP 的扩展 ……… 147
思考题 ……… 157

第10章 库存管理 ……… 159
10.1 库存的概念、作用和分类 ……… 159
10.2 库存成本及 ABC 分类法 ……… 160
10.3 常见的独立需求库存模型 ……… 163
10.4 随机型库存控制模型 ……… 166
思考题 ……… 169

第11章 质量管理 ……… 171
11.1 质量管理的发展历程 ……… 171
11.2 质量管理原理 ……… 173
11.3 质量管理方法与工具 ……… 176
11.4 统计过程控制与过程能力分析 ……… 187
11.5 ISO 9000：2015 族标准 ……… 191
11.6 6σ 管理 ……… 192
11.7 卓越绩效模式 ……… 196
思考题 ……… 198

第 12 章　项目管理 ··· 199
12.1　项目计划管理 ·· 199
12.2　项目计划管理的依据 ·· 199
12.3　项目计划管理的原则与过程 ·· 200
12.4　项目管理技术及网络图 ·· 205
12.5　项目管理软件 ·· 212
思考题 ·· 215

第 13 章　供应链管理 ··· 216
13.1　供应链的定义 ·· 216
13.2　供应链管理的定义 ··· 216
13.3　高效供应链的设计与运行 ··· 218
13.4　供应链管理的新发展 ·· 219
思考题 ·· 222

第 14 章　精益生产 ··· 223
14.1　精益生产概述 ·· 223
14.2　精益生产的主要内容 ·· 224
14.3　精益生产的常用工具 ·· 226
思考题 ·· 229

第 15 章　数字化转型背景下的生产运营模式 ································· 230
15.1　数字化转型 ··· 230
15.2　运营管理的新发展 ··· 231
思考题 ·· 236

参考文献 ··· 237

第 1 章

生产运营管理概论

1.1 运营系统及生产运营管理概述

1.1.1 运营系统概述

运营是企业生存和发展的基础。运营系统是企业为实现经营目标，通过输入、转换、输出等一系列运营活动所构成的有机整体，如图 1-1 所示。该系统通过一定的流程和方法将投入的资源转换为预订产品的系统。运营系统在企业中扮演着重要的角色，是企业实施战略、实现高效运营和持续发展的重要支撑，具有关联性、集合性和目的性等特征。运营系统的主要功能包括生产或服务提供、资源转换、价值增值等，旨在满足客户需求并实现经济效益。企业应高度重视运营系统的建设和完善，以适应不断变化的市场环境，实现可持续发展。

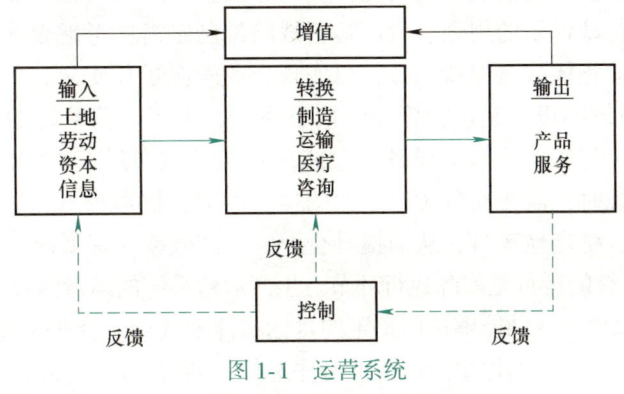

图 1-1 运营系统

（资料来源：马风才. 运营管理 [M]. 6 版. 北京：机械工业出版社，2023.）

1.1.2 生产运营管理概述

1. 概念

生产运营管理是对提供产品或服务的运营系统进行规划、设计、运行、控制和改进的一系列管理工作，也可理解为对运营过程的计划、组织、实施和控制，是与产品生产和服务创造密切相关的各项管理工作的总称。生产运营管理涉及企业的整个生产运营过程。从原材料采购到产品制造，再到销售和售后服务，整个运营过程都需要进行有效的管理和协调，以确保企业能够高效、稳定地运行，实现经营目标。

2. 重要性

生产运营管理在企业中发挥着至关重要的作用，是企业三大主要职能（财务、营销、运营）之一，负责将输入资源转化为产品或服务，是企业获得和维系持续竞争力的重要来源。生产运营管理直接关系到企业的生产效率、成本控制、产品质量以及市场竞争力，对于企业可持续发展具有重要作用。企业可通过引入先进的管理理念和技术手段，不断优化流程和提升管理水平，建立高效、稳定、可持续的生产运营系统，为企业的可持续发展奠定坚实的基础。

3. 目标

生产运营管理的目标是以有限的资源投入，通过转换，实现高效、低耗、灵活、环保和准时的合格产品生产或满意服务提供，包括快速响应并满足用户需求，减少人力、物力和财力的消耗，灵活适应市场变化，减少对环境的影响，以及在用户要求的时间和数量内精确提供所需的产品或服务。这些目标共同构成了企业生产运营管理的核心追求，也是企业实现可持续发展和市场竞争优势的重要保障。生产运营管理的目标充分反映了企业在追求经济效益的同时，也致力于实现社会效益和可持续发展。

4. 主要内容

生产运营管理的主要内容包括生产运营战略的制定、生产运营系统的设计、生产运营系统的运行、生产运营系统的优化等四个方面的内容。这四个方面相互关联、相互影响，共同构成了生产运营管理的完整体系。

1）生产运营战略的制定是运营管理的首要任务。从战略上重视运营管理，就是要科学地制定运营战略。生产运营战略的制定涉及对企业整体运营目标的设定，以及为实现这些目标所需采取的行动计划的规划。生产运营战略的制定需要考虑企业的长期发展，确保生产运营活动与企业整体战略保持一致，以实现企业的愿景和使命。

2）生产运营系统的设计是运营管理的核心环节。生产运营系统的设计包括产品和服务的设计、流程分析与生产能力的设计、设施选址与设施布局、工作研究等方面的内容。在设计生产运营系统时，需要充分考虑企业的生产需求、技术水平和资源状况，确保生产运营系统能够高效、稳定地运行，从而提升企业的生产效率，降低成本。

3）生产运营系统的运行是实际执行环节。生产运营系统的运行涉及对生产过程的组织、协调和控制，以确保生产活动能够按照预定的目标和计划进行。企业应按照生产运营系统的设计要求，组织生产活动，确保生产过程的有序进行。同时，还需要对生产进度、质量、成本等方面进行实时监控，及时发现问题并采取相应的措施，确保运营目标的顺利实现。

4）生产运营系统的优化是持续改进的过程。随着市场环境的变化和企业内部条件的改变，原有的生产运营系统可能需要进行适应性调整和优化。企业应定期对生产运营系统进行评估，查找存在的问题，通过改进生产流程、提高设备效率、优化人员配置等手段，不断提升生产运营系统的性能。此外，还应关注新技术、新工艺的发展，及时将先进的管理理念和技术引入生产运营系统中。

1.2 生产运营管理的发展历程

生产运营管理的发展同科学技术的进步、管理的科学化和现代化密不可分。其方针政策与方式方法与当时的生产力、政治经济体制及社会意识形态相适应。总体上，生产运营管理的发展历程可概括为工业革命、科学管理、人际关系学说、管理科学，以及21世纪初的运营管理五个阶段。

1.2.1 工业革命

生产运营管理的历史可追溯到古代埃及金字塔和中国万里长城的建造。第一次工业革命中蒸汽机的出现，标志着近代生产运营管理的开端。工业革命的核心在于机器取代人力，实现工厂大规模生产，转变了社会生产组织形式，提高了生产效率。蒸汽机、纺纱机、织布机这三大发明为生产自动化和机械化提供了动力，带来了纺织工业的革命。1776年，亚当·斯密的绝对优势论；1801年，惠特尼提出的标准化生产方式；1832年，巴贝奇的《论机器和制造业的经济》，进一步提升了生产效率。工业革命深刻影响了社会经济的发展，推动了现代化进程。这一时期产业发展以制造业为主，但管理思想和方法尚未成熟，需要更系统、切实可行的理论指导生产实践。

1.2.2 科学管理

随着美国南北战争结束和奴隶制度废除，劳动力流向城市，推动城市工业迅猛发展，美国进入新工业时代。新工业时代带来社会经济环境变化，给企业带来挑战，科学管理应运而生。以泰勒为代表的管理学家创立了科学管理原理，强调运用科学方法提高生产效率，实现整个社会财富的最大化，但存在让工人过度劳动以追求效率的问题。1911年，美国国会举行听证会，关注工人权益和劳动条件，泰勒被要求到会作证，同年他的著作《科学管理原理》出版。这次听证会促使科学管理原理在工业领域推广。

除泰勒外，还有不少从事科学管理运动的先驱做出了重大贡献。甘特发明了至今仍被广泛用于编制作业计划的甘特图。爱默生将泰勒的思想用于组织结构来提高组织的效率，并论证将科学管理用于铁路每天可节省数百万美元。福特通过将劳动分工、标准化生产方式和科学管理原理用于汽车制造，实现大量生产，降低成本，使汽车工业成为美国的支柱产业，改变了人们的生活方式。

1.2.3 人际关系学说

工业经济时代的传统管理方式，以机器为核心，工人被视为机器系统的配件。在此模式下，管理部门强调雇员成为"标准人"，抑制了人的创造性。然而，随着科技进步与信息社会的到来，人的因素在生产活动中越来越关键。科学管理强调运营系统规划、设计、运行与控制的技术因素，而人际关系学说则强调人这一因素的重要性。20世纪20年代，吉尔布雷斯夫妇通过动作研究，分解工人操作，优化动作，提高效率，减少体力消耗，其原则至今仍被应用。1924年，梅奥主导的霍桑实验研究工厂环境对工作效率的影响，并于1933年出版了《工业文明的人类问题》一书，标志着人际关系学说的创立，也为生产运营管理注入了新的元素。随后，20世纪40年代马斯洛的需求层次理论、50年代赫茨伯格的双因素激励理论、60年代麦格雷戈的X理论与Y理论、70年代乌奇的Z理论等，进一步丰富了人际关系学说，为运营管理提供了人的视角。

1.2.4 管理科学

20世纪，运筹学与管理科学的兴起奠定了运营管理定量分析的基础。1915年，哈里斯提出了第一个模型：库存管理的数学模型。20世纪30年代，在贝尔电话实验室工作的道奇、罗明格和休哈特提出了抽样和质量控制的统计抽样理论。1935年，蒂皮特进行的研究为统计抽样理论提供了基础工作。第二次世界大战期间，运筹学在战争物资调配中迅速发展，涉及数学规划、对策论、排队论、库存模型等数量模型，为后勤和武器系统提供有效方案。第二次世界大战后，预测技术、PERT、CPM、MRP等方法相继被提出。1951年，莫尔斯和金博尔的《运筹学方法》总结了这些成果，并广泛应用于工厂等领域，标志着运营管理进入了现代管理的新阶段。随着企业生产管理活动的复杂化和规模化，计划管理、物料管理、设备管理、质量管理、库存管理等各单项管理逐步形成，形成了专门的管理职能部门。

1.2.5 21世纪初的运营管理

21世纪以来，随着产品生命周期缩短、科技进步及多样化需求涌现，企业面临新挑战，大规模定制作为新生产方式应运而生。大规模定制是指以大规模生产的成本和速度，为单个客户或单件（或小批量）多品种的市场定制加工任意多数量的产品。其以低成本、高效率满足多样化需求，核心策略为模块化和延迟化。模块化实现高效率，低成本生产，延迟化确保快速响应顾客需求。大规模定制融合大量生产低成本与精益生产柔性化优势，能够提高产品竞争力和市场占有率。

从管理者关注点的变化来看，运营管理的发展历经关注成本、关注质量和关注定制化三个阶段，各阶段应用不同管理理论和技术实现目标。在关注成本阶段，关注降低成本，理论基础主要包括大规模生产、标准化生产流程等；在关注质量阶段，注重提高产品的质量，理论基础包括质量管理、精益生产等；在关注定制化阶段，致力于满足定制化需求，理论基础包括模块化设计、延迟化生产等。各阶段并非相互替代的关系，而是在先前阶段的基础上，更加全面地满足市场需求和顾客期望。三个阶段的理论基础和企业典范见表1-1。

表1-1 三个阶段的理论基础和企业典范

阶　　段	关 注 成 本 1776年—1980年	关 注 质 量 1981年—1990年	关 注 定 制 1991年至今
管理理论	• 劳动分工 • 标准化 • 科学管理原则 • 动作研究 • 甘特图 • 库存管理模型 • 运筹学理论 • 统计抽样理论 • 计算机技术	• 全面质量管理（TQM） • 卓越质量模式 • ISO 9000系列 • 质量工程 • 准时生产（JIT） • 团队理论与授权 • 计算机辅助设计（CAD）、计算机辅助制造（CAM）、计算机集成制造系统（CIMS）	• 供应链管理 • 互联网与电子商务 • 企业资源计划（ERP） • 敏捷制造 • 收益管理
企业典范	福特汽车公司	丰田汽车公司	戴尔公司

1.3 数字化转型背景下生产运营管理面临的形势及发展趋势

自20世纪70年代初,供求关系变化导致现代企业面临新环境和新形势,运营管理也呈现新特点和新发展方向。发展数字经济、推进数字化转型是提升国家竞争力的新动能,也是描绘国家经济发展蓝图的重要策略。数字化转型以数字技术为基础,通过数据驱动和智能化决策,重塑传统生产运营管理模式,实现更高效、精准和可持续运营。生产运营管理在数字化转型中也经历着深刻的变革。

1.3.1 生产运营管理面临的形势

1. 数字化转型加剧生产运营管理环境的复杂性和不确定性

随着大数据、云计算、物联网等技术的广泛应用,生产过程中的数据呈现出海量化、多维化和实时化的特点。这要求生产运营管理必须具备强大的数据处理和分析能力,以实现对生产过程的实时监控、预测和优化。同时,数字化技术的快速发展也带来了市场竞争加剧、客户需求多样化等新的挑战,要求生产运营管理必须具备更高的灵活性和创新性。

2. 数字化转型推动生产运营管理的智能化发展

通过引入人工智能、机器学习等技术,企业可以实现生产过程的自动化、智能化监控和预测性维护,从而提高生产效率和产品质量。此外,智能化生产运营管理还为企业提供了精准营销和个性化服务的可能。通过深度分析消费者行为和市场趋势,企业能够制定出更符合消费者需求的营销策略,提供定制化的服务,进而提升客户的满意度和忠诚度。这种以技术驱动的生产与运营管理模式,正在引领企业走向更加智能、高效和可持续的未来。

3. 数字化转型促进生产运营管理的网络化协同

通过构建数字化平台,可以实现企业内部各部门之间,以及企业与供应链上下游之间的信息共享和协同作业。这有助于打破"信息孤岛",优化资源配置,提高整个生产运营体系的效率和响应速度。同时,网络化协同也为跨地域、跨行业的合作提供了可能,有助于企业拓展市场、降低成本并提升创新能力。

1.3.2 生产运营管理的发展趋势

1. 数字化管理

在数字化转型的推动下,生产运营过程中产生的大量数据包含生产流程、设备状态、市场需求等多个方面。这些数据不仅是知识与技术传播的载体,其产生与流动也推动了知识与技术的溢出。在生产经营数据数字化的基础上,运用数据挖掘等技术,通过收集、整理和分析这些数据,企业可以深入了解生产运营的实际情况,深度挖掘数据背后的规律,洞察市场趋势和客户需求,发现潜在的风险和机会,从而精准地把握市场,为管理决策提供支持,为企业的生产经营提供指导,同时能够实现同类知识的智能借鉴和共享。因此,相较于传统的依赖经验和直觉的决策方式,数据驱动的决策更加客观、准确,能提高管理效率，实现资源优化配置，提高决策效果。

2. 智能化生产

人工智能、物联网、大数据、云平台等数字化技术与工业生产的深度融合，正创新工程实践形态，推动全面智能化生产模式的加速发展。智能化生产作为现代工业的重要趋势，借助前沿技术，正迅速改变传统制造业的面貌，有助于企业开发新产品、新服务和新业务模式，拓展市场空间。例如，企业引入智能设备、传感器和数据分析系统，可实现对生产过程的实时监控和精准控制，提高生产效率。智能化技术还助力精准库存、能源和人力资源管理，从而降低相关成本。智能化预警和预测系统可以解决潜在问题，降低生产风险。因此，企业应加大智能化技术投入和应用，提升智能化水平，增强核心竞争力，实现可持续发展。

3. 网络化协同

数字化转型要求企业在生产流程、核心技术及企业文化等方面实现数字化变革，从而实现企业的升级优化，其中企业需要具备较强的资源整合能力。加强内外部资源的整合和协同是网络化协同的重要内涵。在数字化时代，通过构建网络化协同平台，企业可以打破与各部门、供应商、客户、合作伙伴之间的壁垒，各部门可以自由获取知识与信息。网络技术的普及使研发部门可直接与用户互动，企业可以引进智能工具，生产高知识含量、个性化的产品，适应市场多样化需求。此外，企业采用的智能生产系统能促进与消费者的直接联系，实现按需设计与制作，降低成本，有效应对市场变化，提升经营灵活性。因此，网络化协同将成为生产运营管理的重要手段，企业需要加强内外部资源的整合和协同。

数字化转型为生产运营管理带来了前所未有的机遇和挑战。企业需要加强对数字经济知识的学习和交流，紧跟数字经济发展浪潮，真正将引进的数字化技术转化为企业自身的生产力，实现核心竞争力的提升。

思考题

1. 运营系统的主要功能是什么？如何理解运营系统在企业中的重要性？
2. 简述生产运营管理的基本概念，以及其在企业整体运营中的作用。
3. 生产运营管理的主要目标是什么？这些目标如何影响企业的决策？
4. 简述生产运营管理的主要内容。
5. 生产运营管理的发展分为哪些阶段？各阶段的典型理论和技术实现目标分别是什么？
6. 生产运营管理的发展历程对你有何启示？
7. 数字化转型对生产运营管理有何意义？请举例说明数字化转型在生产运营管理中的具体应用。
8. 在数字化转型背景下，生产运营管理面临哪些挑战和机遇？企业应如何应对并抓住机遇以实现更高效和可持续运营？

第 2 章

生产运营战略与竞争力

2.1 企业战略

2.1.1 企业战略的概念

关于企业战略的含义,学者们从不同的角度进行了表述,代表性的观点如下:

艾尔弗雷德·D. 钱德勒:企业战略是决定企业的长期基本目标与目的,选择企业达到这些目标所遵循的途径,并为实现目标与途径而对企业的重要资源进行分配。

魁因(Quinn):企业战略是一种模式或计划,是将一个组织的重要目的、政策与活动,按照一定的顺序结合成为一个紧密的整体。

亨利·明茨伯格:企业战略可以从五个不同角度进行定义,即计划(Plan)、计谋(Ploy)、模式(Pattern)、定位(Position)、观念(Perspective)。这五个方面的定义从不同的角度对企业战略进行了阐述,有助于加强对企业战略管理及其过程的理解。

企业战略是企业根据市场环境、目标及内部资源能力,为实现长期经营目标而制定的全局性、方向性和纲领性的规划,主要涉及企业未来发展的方向、目标、路径和资源配置等。企业战略通常由企业最高管理层制定,具有权威性、纲领性和指导性,能够帮助企业在复杂多变的市场环境中保持清醒的头脑和坚定的步伐,实现企业可持续发展。

2.1.2 企业战略的层次

企业战略可以划分为三个层次:总体战略、业务战略和职能战略。总体战略、业务战略和职能战略之间是相互作用、相互影响的。企业要想获得长期发展,必须实现企业战略三个层次的有机结合。

总体战略是企业最高层次的战略,决定了企业未来的发展方向和资源配置方式,主要包括企业所从事的经营范围和领域的选择、资源在各事业部之间进行的配置。总体战略不仅关注企业当前的经营状况,还着眼于未来发展和市场竞争力的提升。

业务战略是在公司总体战略的指导下,各个业务单位根据自身的特点和市场环境而制定的具体战略。业务战略的核心是获取竞争优势,主要包括成本领先战略、差异化战略和集中化战略这三种战略。

职能战略是在公司战略和业务战略的指导下,针对企业内部的各项职能活动所制定的战略。其目的是通过发挥各部门的优势,提高组织的工作效率和资源利用效率,以支持总体战略和业务战略的实现。职能战略主要包括生产运营战略、市场营销战略、财务战略和人力资源战略等。

2.2 生产运营战略

2.2.1 生产运营战略概述

生产运营战略是在企业战略的总体框架下，通过运营活动来实现企业的整体经营目标的总体规划，包括运营系统的规划与设计、运营系统的运行与控制，以及运营系统的优化，其目的是使企业在运营活动中建立持久的竞争优势。生产运营战略也可以理解为企业在使命、价值观、愿景的引领下，围绕如何利用资源和能力支持企业长期竞争战略，制定各项政策和计划，包括目标市场定位、价值主张、核心能力培养、产品和服务提供。生产运营战略可进一步细分为研发战略、区域布局战略、能力战略、制造战略、质量战略、供应链战略等。生产运营战略不仅关注当前的运营效率和成本控制，还着眼于企业的未来发展和市场竞争力的提升，具有从属性、相关性和长期性等特征。

生产运营战略对企业竞争力的提升具有重要影响。例如，通过优化资源配置来提升企业的竞争力；通过制定严格的质量管理标准和流程，提升企业的产品和服务质量；通过制定研发战略和技术创新战略，加大研发投入，推动技术创新和产品升级，从而在市场上获得竞争优势；通过优化生产流程、提高生产效率、降低库存和物流成本等方式，降低运营成本，提高盈利能力。

2.2.2 生产运营战略与企业总体战略的关系

企业总体战略是基于企业长期发展愿景，结合企业面临的内外部经营环境，由企业高层管理者做出的企业层面的总的发展规划，是对企业整体性、长期性问题的规划。生产运营战略则是企业总体战略中的一个重要组成部分，主要关注如何将投入转化为产出，即如何将材料、人工和其他资源转化为满足市场需求的产品或服务。

生产运营战略与企业总体战略是相辅相成、密不可分的关系。生产运营战略为企业总体战略提供了具体的实施路径和保障，同时企业总体战略也为生产运营战略提供了指导和方向。制定有效的生产运营战略对于实现企业总体战略目标具有重要意义。同时，企业也需要根据总体战略的要求和市场环境的变化，不断调整和优化生产运营战略，以适应新的竞争环境和发展需求。

2.3 生产运营战略的制定

2.3.1 生产运营战略的制定程序

（1）编制战略任务说明书　战略任务说明书主要包括生产运营战略的目标、要求和约束条件，为后续的战略制定提供指导。根据企业的规模不同，任务说明书的详略也不同。

（2）进行环境分析　环境分析主要包括外部环境和企业内部条件分析。通过分析外部环境发现企业面临的机会与威胁，通过分析内部条件总结出企业的优势和劣势。

（3）制定战略目标　根据企业的战略使命、企业的总体战略目标和竞争战略目标，在环境分析的基础上，制定生产运营战略的具体目标，如产能利用目标、质量目标、产量目标和物资消耗目标等。

（4）评价战略目标　为保证生产运营战略目标的科学性，对制定的战略目标进行可行性评估，确保其与企业整体战略一致，同时考虑实现目标所需的资源投入和潜在风险。

（5）提出备选方案　根据战略目标，在环境分析的基础上，设计多个备选的生产运营战略方案。备选方案的数量要考虑企业规模、实力及企业的性质，并针对不同的条件，体现方案的差异性。每个方案都应包含具体的实施措施和预期效果。

（6）选择战略方案　对企业拟订的备选方案，从成本、收益、风险及它们对企业长期竞争优势的影响等方面进行全面评估，通过对比分析各备选方案的优劣，结合企业的实际情况和战略目标，选择最适合的生产运营战略方案。

（7）实施战略方案　制订详细的实施计划（包括时间节点、责任人、所需资源等），建立协调和调控机制，确保战略方案得到有效执行。

2.3.2　生产运营战略的制定方法

1. SWOT 分析法

SWOT 分析法是一种用来确定企业本身的竞争优势（Strength）、竞争劣势（Weakness）、市场机会（Opportunity）和威胁（Threat）的分析方法，该方法将企业的战略与企业内部资源、外部环境有机结合。

（1）竞争优势　竞争优势是指一个企业超越其竞争对手的能力，或者是指企业所特有的能提高企业竞争力的方面。

竞争优势体现在以下几个方面：

1）技术技能优势：独特的生产技术，低成本的生产方式，领先的革新能力，雄厚的技术实力，完善的质量控制体系，丰富的营销经验，上乘的客户服务，大规模的采购。

2）有形资产优势：先进的生产流水线，现代化的车间和设备，拥有丰富的自然资源储备，位于核心区域的不动产，充足的资金，完备的资料信息。

3）无形资产优势：优秀的品牌形象，良好的商业信用，积极进取的企业文化。

4）人力资源优势：在关键领域拥有技能专长、工作积极上进、有很强的组织学习能力、经验丰富的工作人员。

5）组织体系优势：高质量的控制体系，完善的信息管理系统，忠诚的客户群，强大的的融资能力。

6）竞争能力优势：产品开发周期短，强大的经销商网络，与供应商良好的伙伴关系，对市场环境变化的灵敏反应，市场份额的领导地位。

（2）竞争劣势　竞争劣势是指某种企业缺少或做得不好的方面，或者是指某种会使企业处于劣势的条件。可能导致企业竞争劣势的因素如下：

1）缺乏具有竞争意义的技能技术。

2）缺乏有竞争力的有形资产、无形资产、人力资源和组织资产。

3）关键领域里的竞争能力逐渐下降。

（3）市场机会　市场机会是影响企业战略的重大因素。企业管理者应当确认每一个机会，评价每一个机会的成长和利润前景。最佳机会就是那些可与企业财务和组织资源匹配、使企业获得竞争优势的潜力最大的机会。

潜在的发展机会如下：

1）客户群的扩大趋势或产品细分市场。
2）技能技术向新产品、新业务转移，为更大客户群服务。
3）前向或后向整合。
4）市场进入壁垒降低。
5）获得并购竞争对手的能力。
6）市场需求增长强劲，可快速扩张。
7）出现向其他地区扩张，从而扩大市场份额的机会。

（4）威胁　威胁是指在企业的外部环境中，总是存在某些对企业的盈利能力和市场地位进行影响的因素。企业管理者应当及时确认危及企业未来利益的威胁，做出评价，并采取相应的战略行动来抵消或减轻它们所产生的影响。

企业的外部威胁如下：

1）出现将进入市场的强大的新竞争对手。
2）替代品抢占企业的销售额。
3）主要产品市场增长率下降。
4）汇率和外贸政策的不利变动。
5）人口特征、社会消费方式的不利变动。
6）客户或供应商的谈判能力增强。
7）市场需求减少。
8）经济萧条和业务周期的冲击。

当然，SWOT 分析法不是仅仅列出四项清单，最重要的是通过评价企业的优势、劣势、机会和威胁，最终得出以下结论：在企业现有的内部、外部环境下，如何最优地运用自己的资源，如何建立企业的未来资源。

SWOT 分析法实际上是对企业的内部、外部条件进行综合和概括，进而分析组织的优势、劣势，以及面临的机会、威胁的一种方法。其中，优势、劣势分析主要是着眼于企业自身的实力及其与竞争对手的比较，而机会、威胁分析将注意力放在外部环境的变化及其对企业的可能影响上。但是，外部环境的同一变化给具有不同资源和能力的企业带来的机会与威胁可能完全不同。因此，两者之间又有紧密的联系。

SWOT 分析的步骤如下：

1）罗列企业的优势和劣势、可能的机会与威胁。
2）将优势、劣势与机会、威胁相组合，形成 SO 策略、ST 策略、WO 策略、WT 策略。
3）对 SO 策略、ST 策略、WO 策略、WT 策略进行甄别和选择，确定企业目前应该采取的具体战略与策略。

由于具体情况包含的各种因素及其分析结果形成的对策都与时间范畴有着直接的关系，所以在进行 SWOT 分析时，可以先划分一定的时间段，分别进行 SWOT 分析，最后对各个时间段的分析结果进行汇总，并进行整个时间段的 SWOT 矩阵分析。这样，有助于使分析的结果更加精确。

2. 波士顿矩阵法

波士顿矩阵法是指在企业内，通过研究产品的市场占有率和产品的市场增长率，把企业现有的产品划分为四种类型，对产品进行策划和采取不同的四种策略，使企业的资源能够得到合理有效的分配。波士顿矩阵有两个维度，即市场占有率和市场增长率。波士顿矩阵是以市场占有率为横轴、以市场增长率为纵轴的矩阵坐标图，如图 2-1 所示，将坐标图化为四个象限，分别为金牛产品、明星产品、问题产品和瘦狗产品。

针对明星产品、问题产品和瘦狗产品，企业可以采取以下三种不同的战略：首先是发展战略。目

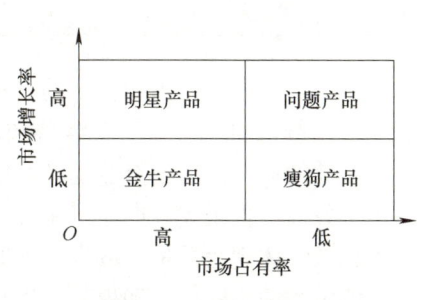

图 2-1　波士顿矩阵

的是扩大产品在目标市场上占有的市场份额，甚至放弃短期内获得利润来实现这一目标。其次是稳定战略。金牛产品能够长期为企业获得高额利润，企业应该保障金牛产品稳定占领市场份额，持续为企业提供大量现金。稳定战略在一定条件下同样适用于问题产品和瘦狗产品。最后是撤退战略。当企业的产品在目标市场上出现连续亏损时，并且市场占有率低、市场增长率低，企业出于风险控制和资源转移的目的，应该出售和清理瘦狗产品，逐步淘汰瘦狗产品。

波士顿矩阵是为了整合企业旗下的产品业务资源，分析产品未来的发展潜能。波士顿矩阵运用的具体措施如下：

（1）划分战略经营单位　划分战略经营单位能够帮助企业区分经营重点。划分现代企业不同的战略经营单位应该坚持以各项业务之间有无共同的经营主线作为唯一划分标准，经营主线主要是指产品和市场两个部分。

（2）定期开展市场调查　定期开展市场调查，确定每一经营单位的市场增长情况和市场占有率。综合来自市场、产品、消费者购买行为的数据并分析，就可以得到产品在目标市场上的市场增长率和市场占有率，方便企业进一步结合矩阵确立产品属性并根据反馈对市场变化做出战略布局的调整和改变。

（3）确定每个战略经营单位的经营规模　各个战略经营单位要根据产品的特征、市场的需求、本单位的组织结构等因素，切实研究确定产品对应目标市场的需求特征。

（4）绘制公司的战略经营单位组合图　战略经营单位组合图是一个经营单位在企业的战略指导下，从财务、客户、流程、学习成长四个层面定义公司的，并以目标市场的销售目标为统一引导，各个目标之间层层递进，企业以一种更为连贯、完整和更为系统的方式来审视自己的战略。

（5）根据每个战略经营单位在图中的位置，确定不同的经营方向　根据各个单位负责的产品处于的产品周期（引入期、成长期、成熟期、衰退期），结合不同用户的行为和习惯（创新者、早期采纳者、早期大众、晚期大众、落伍者）以及目标市场的逐步饱和、新技术新产品的出现，选择相互匹配的经营方向。

（6）定期对业务战略的实施情况进行检查，及时调整战略　应加大力度组织各个战略

经营单位对行业进行研究分析，编制企业总体战略规划以及各战略经营单位规划，合理分配企业的内部资源，实现资源的优化配置。

2.4 竞争力

竞争力是企业在自由和公平的市场环境下，区别于其竞争对手生产优质产品或提供优质服务，创造附加价值，从而维持和增加企业实际收入的能力。企业竞争力是一个多维度、综合性的概念，涉及企业的核心能力、产品或服务质量、附加价值创造，以及实际收入等多个方面。提供优质产品或服务是企业竞争力的直接体现。企业之间的竞争体现在多个方面，最终体现为质量、成本、准时交货率和柔性。为了在市场竞争中脱颖而出，企业应在这四个方面不断优化和提升，以赢得客户的信任和支持，实现可持续发展。

2.4.1 质量

质量是指产品或服务的质量，主要依靠消费者的满意度来体现。产品或服务的质量是企业竞争力的关键。优质的产品或服务能够赢得消费者的信任和忠诚度，进而提升企业的市场份额和品牌形象。企业需要不断优化生产或服务流程，加强质量控制和检验，确保产品或服务符合标准和消费者的期望。

2.4.2 成本

成本是企业为了获得收益已付出或应付出的资源代价。成本控制是企业盈利能力的关键。低成本运营是以尽可能低的成本提供产品或服务，从而让消费者满意。企业可通过优化生产流程、提高生产效率、降低原材料和人力成本等方式来降低产品或服务的成本。

2.4.3 准时交货率

准时交货率是指企业在约定的时间内，按照客户的要求和数量，准确无误地完成产品交付的比率，是衡量企业运营效率和客户服务水平的重要指标，反映了企业在规定的时间内完成订单并交付给客户的能力。高准时交货率意味着企业能够有效地管理生产过程、优化库存水平、降低延误风险。企业可通过优化生产计划、加强生产调度和协调、提高员工素质和技能等方式来提高准时交货率。

2.4.4 柔性

柔性是指企业应对市场变化和客户需求变化的能力。随着市场竞争的加剧和消费者需求的多样化，企业需要具备更强的柔性来适应市场变化。在竞争激烈的商业环境中，具备高柔性的企业能够更快速地响应市场变化，捕捉商业机会，迅速调整生产计划和资源配置，满足客户的特定需求，从而赢得竞争优势。

思考题

1. 简述企业战略的概念。

2. 企业战略包含哪些层次？各层次间有何联系？
3. 如何理解生产运营战略在企业战略中的地位和作用？
4. 生产运营战略与企业总体战略之间有什么关联？
5. 试分析生产运营战略的制定程序。
6. 比较不同的生产运营战略制定方法的优劣。
7. 企业竞争力的含义是什么？其重要性体现在哪些方面？

第 3 章

产品和服务设计

3.1 新产品的发展方向及其开发的内外部环境背景

在当前市场竞争国际化与企业经营全球化的环境下,新产品的开发能力和市场占有能力是企业的生存与发展的基本条件。我国许多企业在过去相当长的时间内存在缺乏核心技术开发和先进的生产工艺与装备研制的能力,这些基础能力的缺乏极大地限制了企业的新产品研发,如受制于欧美的芯片技术导致电子制造业发展受限,民航飞机发动机严重依赖进口导致飞机制造业的发展受限等。这些限制让各行业发现,企业开发的产品要有竞争力,就必须掌握核心技术和先进的工艺装备。近年来,在我国企业奋起直追下各行业都有了新突破,尤其是芯片、发动机等。不少企业走出国门,代表着"中国力量",如格力、华为、联想等企业以产品研发能力在国际市场上为国争光。"中国制造 2025"国家战略明确提出建设制造强国,更多依靠中国装备、依托中国品牌,实现中国制造向中国创造的转变,中国速度向中国质量的转变,中国产品向中国品牌的转变,完成中国制造由大变强的战略任务。新中国成立一百年时,制造业大国地位更加巩固,综合实力进入世界制造强国前列。制造业主要领域具有创新引领能力和明显竞争优势,建成全球领先的技术体系和产业体系。

由于市场竞争压力增加、产品生命周期缩短、消费者个性化需求增加,如何高效、低成本地开发出满足消费者需求的产品,是许多企业面临的一个非常重要的问题。许多企业投入大量的资金进行新产品开发。一般企业开发的新产品主要有三种类型。

(1) 创新性新产品　这类产品是目前市场中还没有的全新的产品。开发这类产品需要有技术性突破,改变原有产品的某些原理、功能和结构,创新程度最高。例如,苹果公司推出的许多产品都是带有技术突破性的创新性产品。

(2) 派生新产品　这类产品通过改变已有的产品结构、功能等形成新产品。常见的新药品开发在大多情况下就是通过改变或增加某一成分或分子结构派生出的新产品。

(3) 换代新产品　这类产品与原产品有相似性,但性能或者功能比原产品更好。常见的如操作系统 Windows10 就是 Windows7 的换代产品,军用飞机的歼 20 以及神舟飞船的"神舟十号"等都是之前产品的升级换代产品。

新产品的开发类型也根据新产品类型的不同有所区别。新产品开发有如下分类:

(1) 创新性新产品开发(针对创新性新产品的开发)　创新性新产品开发是新产品从 0 到 1 的开发,所以从产品的创意、概念、结构设计、工艺设计到生产流程组织等都要进行全新设计。这类开发周期长、投资大、成功率低且风险大。但这类开发一旦成功,给企业带来的竞争优势非常大。许多有专门研发部门的企业非常注重创新性产品的研发工作。

(2) 改进型新产品开发(针对派生新产品和换代新产品的开发)　改进型新产品是在原来产品的基础上进行改进优化的开发,不需要从 0 开始开发,所以节省大量的开发时间和资源，缩短开发周期，加快产品上市，对市场的反应可以预估。但这类产品开发只能在原产品生命周期的末期到来前进行，当原产品到了生命周期的末期，再进行改进就没有价值了。

（3）平台化新产品开发　平台化新产品开发是把创新性新产品开发和改进型新产品开发结合起来的组合开发新产品的开发策略。普遍操作是通过统一的产品平台，企业衍生开发多种产品，扩大产品品类，达到规模化。例如，软件、汽车、电器、药品等行业普遍采用这种产品平台战略。企业采用平台化新产品开发策略可以实现生产成本降低、不同产品之间共享零件、产品开发复杂性降低，有利于产品开发团队更好地进行跨项目学习，提高产品更新的能力。

3.2　产品的生命周期与新产品开发策略

产品的生命周期是指产品从无到有再到兴盛，然后消亡的整个过程。根据产品的生命周期规律，产品在市场中的销量、利润的变化分为四个阶段：引入期、成长期、成熟期和衰退期，如图 3-1 所示。

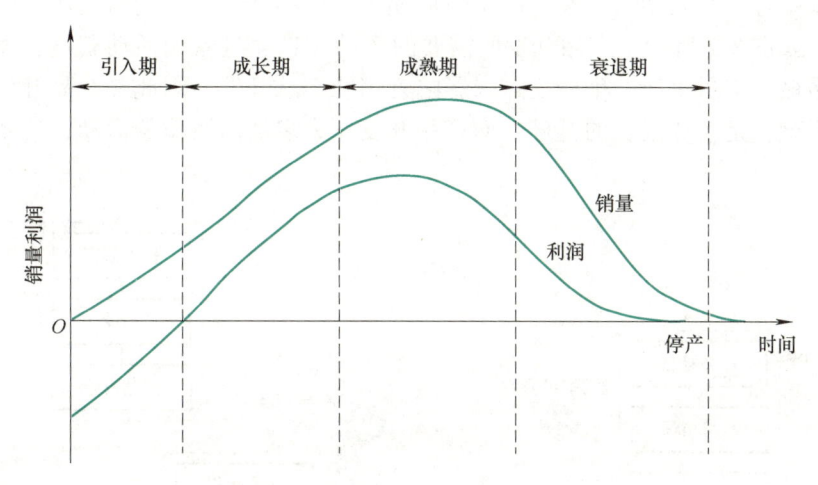

图 3-1　产品的生命周期

产品在生命周期的不同阶段有不同的特点，如在引入期，由于这一时期市场对产品的需求尚不清楚，故而在销量方面情况不好，利润为负数。随着产品进入成长期，市场对产品需求增长，利润也随之增长。当产品进入成熟期时，销量和利润均达到峰值。此后，产品进入了衰退期，有更新的产品出现，产品的销量和利润都急剧下降，进一步发展会停产。至此，产品到达生命周期的尾声，整个产品在市场上趋于消亡状态。在产品生命周期的不同阶段，产品开发的重点与策略是不同的。

1. 引入期

由于市场需求尚不明朗，因此产品开发的重点为：对产品进行创新设计，确定最有竞争力的产品型号；消除设计中的缺陷；缩短生产周期；完善性能。

2. 成长期

由于需求增长较快，需要扩大生产，因此产品开发的重点为：改进产品工艺，降低成本，产品结构标准化与合理化，稳定质量。

3. 成熟期

由于销量与利润达到最高水平，成本竞争力是关键，因此产品开发的重点为：产品系列化与标准化，提高工艺稳定性，服务创新与质量创新，产品局部改革。

4. 衰退期

由于销量下降，利润降低，预示着更新换代的开始，因此产品开发的重点为：很少进行产品细分，精简产品系列，决定淘汰旧产品。

企业新产品何时开发、何时投放市场都要根据产品生命周期来做出决策。一般情况下，可以是第一代产品处于成长期的时候开始开发第二代新产品，就可能出现当第一代产品进入衰退期时，第二代产品恰好是成熟期的情况，对企业的经营和市场保有量有一定的意义。所以，企业可以采用"生产一代、研制一代、设计一代、构想一代"的策略来保证市场份额、产品销量与利润的均衡增长。

产品开发属于生产前的准备工作，它包括从产品概念提出到产品结构设计、生产工艺确定、试产等一系列活动。在产品生命周期中，产品开发、营销与生产之间存在着密切的关系，如图3-2所示。产品开发所需要的产品信息通过营销活动获得，而产品开发完成的产品最终交付生产，生产反过来影响营销和产品开发。因此，产品开发作为营销和生产的桥梁，是企业成长的基础；而产品开发作为多部门协作的活动，需要各部门通力协作。

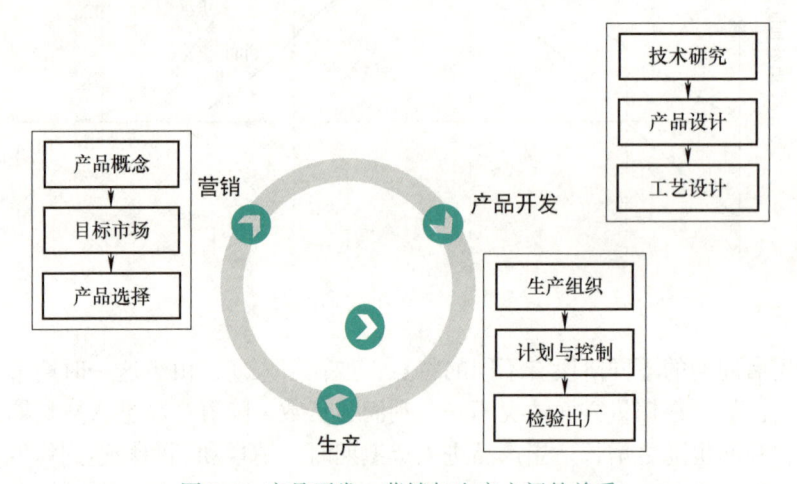

图3-2 产品开发、营销与生产之间的关系

3.3 新产品开发的重要性及开发设计阶段

企业成功的关键是拥有一个有市场前途的独特产品，这个产品可以是有形的或无形的。例如，一个独特的菜肴、一套独特的系统、一个独特的实物产品甚至一个新的服务模式，都可以成为一家企业成功的关键产品。所以，新产品的开发至关重要。

不同行业的新产品开发过程不同，没有统一的模式，开发重点也不一致，如加工装配企业开发的重点在于产品结构；流程工业（如纺织、化工、钢铁等）开发的重点在于工艺或配方的设计及优化；服务业开发的重点在于服务理念及过程的创意设计。新产品开发虽然没有统一的模式，但所有新产品开发都有预研（或新产品选择）、设计性试制、生产性试制和试生产四个阶段。

在新产品开发的过程中，第一阶段预研（或新产品选择）非常重要。选择产品是方向性问题，正确的选择会给企业带来巨大利润，错误的选择则会让企业蒙受巨大损失。在新产品引入、现有产品改进，以及过时产品淘汰等不同的产品选择组合决策中，首先需要考虑的是新产品引入。在当今市场竞争日益激烈，消费者需求日益多样化的环境下，企业在选择新产品发展方向时必须考虑消费者、技术、销售、竞争对手的产品、公共产品信息等。新产品的构想或方案的数量比最后真正能投入生产的产品数量要多得多。如某公司的53个候选方案经过评审后剩下20个，进一步进行经济分析后、剩下9个，在开发、研制过程中成功完成了5个，测试通过了3个，在最后的生产工艺设计、市场开发及近一年的商品化完成之后，只剩下了1种产品。最终，新产品投放市场后，其成功率仅为2/3左右。为此，企业在一开始进行新产品选择时，应该考虑尽可能多的可能性。显然，进行这样的决策需要考虑多种因素，还需要考虑产品矩阵。

产品组合决策是指，根据产品投产后其随着成本、盈利、市场占有率、竞争能力等的变化，对一定时期内企业的生产品种、生产量所做的调整和重新组合。进行组合决策还需要从市场条件、生产运作条件和财务条件三个方面去考虑，企业在进行决策时也会从多个候选方案中进行选择，以下两种方法可用来支持组合决策。

3.3.1 分级加权法

在使用分级加权法时，首先要罗列影响产品决策的主要因素，并根据重要程度赋予权重。然后对每一个影响因素进行分级（给予评判标准），并对每一级进行打分，让企业决策者对这些影响因素进行选择，每个因素的分值与权重的乘积为该因素的得分。最后统计全部因素的得分，从而得到整个方案的得分，对所有候选方案均进行打分并排序。这个方法简单可行，较易从众多方案中选择最优方案。表3-1为某企业进行新产品研发时考虑的因素。表中，企业对产品的竞争力看得比较轻，相应的权重也比较小。不同情况下主要考虑因素有不同的选择，权重也会有所不同。

表3-1 某企业进行新产品研发时考虑的因素

主要考虑因素	(A)权重	(B) 分级 很好 40	好 30	尚可 20	不好 10	坏 0	(A)×(B)
竞争力	0.1	√					4
专利	0.1	√					4
产品成功	0.2		√				6
材料供应	0.2		√				6
附加价值	0.1		√				3
与主要业务的相似性	0.2		√				6

(续)

主要考虑因素	（A）权重	（B）分级 很好 40	好 30	尚可 20	不好 10	坏 0	（A）×（B）
对现有产品的影响	0.1				√		1
总计	1.0						30

这种方法简单易操作，但得出的结论较为主观，可以采用专家法或德尔菲法得到最终打分或者进行权重的确定，以保证最终得出的结论的客观性。

3.3.2 损益平衡分析法

成本效益分析在产品决策中是必不可少的，尤其是在引入新产品时。新产品的定价、销量、开发和生产成本是多少，都需要进行详细分析。损益平衡分析法就是用来帮助企业分析新产品是否可以给企业带来利润的方法。

假定：企业生产某种产品的全部成本为固定成本和变动成本。固定成本主要是指设施设备成本（如折旧、利息、保险费用等），有时还包括不随产量而变化的部分人员费用、促销费用等。变动成本是指随产量而变化的成本。当全部生产成本等于全部销售成本时，就是损益平衡点，如式（3-1）所示。

$$pQ = F + cQ \tag{3-1}$$

式中，p 是单位产品的销售价格；c 是单位产品的变动成本；F 是年固定成本；Q 是年销售量。

从式（3-1）可得出损益平衡点的销售量为：

$$Q = \frac{F}{p - c} \tag{3-2}$$

新产品的销售量只有超过这个量，企业在固定成本不变的情况下，才有可能盈利。如果预估的销售量达不到这个量，就要重新考虑是否需要进行降成本、提价格的设计。因此，企业可以用损益平衡分析法做产品的敏感性分析，对多种可能的成本、价格、销售量进行假设，做损益平衡分析，以确定每个因素对产品利润的影响，从而决定新产品的设计方向。

损益平衡分析法可以针对分级加权法筛选出来的候选方案做进一步的分析比较，但采用损益平衡分析法的前提是关于固定成本和变动成本的数据是真实可靠的。

对于非制造业无形产品的选择，同样可以采用这两种方法进行类比使用。

另外，购买专利或特许生产也是产生新产品的一个快捷途径。

3.4 新产品设计过程中的组织模式和常用的技术开发手段

3.4.1 新产品设计过程中的组织模式

在新产品设计过程中，主要的活动包含以下四个方面：

1. 构想或方案的产生

构想或方案的产生有可能来自市场调研结果、企业的实际情况、消费者的抱怨或建议、一线销售人员或生产与运作人员的建议、竞争对手的行为以及技术进步等，通常由企业市场营销部门先研究这些构想或方案，形成概念产品，然后进行可行性研究。

2. 可行性研究

可行性研究是具有战略意义的决策过程，需要从企业的市场条件、生产运作条件和财务条件三个方面考虑产品的可行性。如果可行，则进入产品设计阶段。

3. 产品设计

产品设计阶段需要确定产品的基本结构、材料、功能以及性能指标等，对其中的关键技术要进行研究、测试和试制，以进一步确认技术构思。在这一阶段，产品基本定型。这一步完成以后，就要开始进行工艺设计。

4. 工艺设计

工艺设计的具体内容包括工艺路线、所需设备、工夹具设计、技术文件准备等。这一步骤与本书后面所述的生产运作流程选择设计有密切的关系。

在必要时，还应该进行样品试制或小批量、中批量试生产，然后才能开始正式生产。

3.4.2　常用的技术开发手段

1. "并行工程"

在新产品开发设计过程中，以上四个方面的活动都是必要的。在传统产品开发设计中，这四个步骤是依次在企业内不同职能部门由不同人员进行的，第一个部门的工作全部完成后，才能进行下一个部门的工作，部门之间无积极的沟通和反馈，这种方式称为"串行工程"。随着新技术的发展，产品的复杂性越来越高，很多企业进行了更细致的分工，把产品设计和工艺设计分开。同时，产品设计也细分为结构、外观等。但设计过程仍然采用"串行工程"的方式，导致不合理的问题要等到设计的下一阶段才能得到解决，设计过程中存在多次返工、开发周期延长，以及成本高等问题。因此，需要一种新的方法来解决这些问题。

"并行工程"就是针对以上问题提出的解决方案。"并行工程"是指从产品设计初始阶段开始，公司各个部门的人员甚至外部并行工程用户代表共同联动，组成设计团队，从各自角色的角度出发，共同参与产品的设计。"并行工程"的方式方便从一开始就可以发现、寻找新产品存在的问题，结合计算机辅助设计、网络集成技术等手段，企业可以采用全新的方法来开发设计产品。

汽车车体外壳设计就是典型的采用"并行工程"的例子。20世纪70年代前，汽车的基本组成部分是车体外壳，它一般由薄钢板制成，最终形状采用冲压机冲压出来，冲压机对模具的要求很高，所用钢材需要专门订购，且外壳设计和模具设计、模具生产分属于不同部门。所以，整个设计流程是先设计出车体外壳，再设计模具，最后再进行模具制造。汽车的设计时间常常接近两年，成为汽车公司更新产品的瓶颈。20世纪70年代，日本汽车公司开始采用"并行工程"。公司组成外壳设计与模具设计制造两个小组，让两个小组组成团队，共同工作。模具小组一旦知道外壳小组的大致设计和材料就开始打造模具初加工，等外壳最终定型后开始最后一道精加工。这样的"并行工程"方式让设计周期缩短一半，极大地缩短了新产品的开发周期，为日本汽车公司在国际上获得了极大的竞争优势。但日本汽车公司并不满足，其对"并行工程"进行了进一步的拓展。20世纪80年代，美国汽车公司的做法是自行设计81%的零部件，而日本公司仅自行设计31%的零部件。美国公司的传统做法是设计好零部件，包含零部件的具体尺寸、型号、材料等，然后进行公开招标，寻找合适的供应商。日本公司采用"并行工程"，邀请供应商加入新产品的开发中，在开始整车设计后就把零部件的要求提供给供应商，要求供应商自行设计并提供试制样本，借助供应商对单个零部件的专业化力量，辅助新产品设计。运用这种做法，日本汽车的设计周期几乎只是美国的一半，再一次极大地改进了新产品的设计周期，为日本汽车在世界市场上取得了更大的竞争优势。

"并行工程"与"串行工程"的另一个主要区别是产品价格和成本的确定方法。

在"串行工程"中，产品定价采用"成本加法"。首先，可行性研究采用估计的产品市场价格。然后，在产品设计完成后，计算出累计成本和目标边际利润，再形成一个新价格，检查两个价格是否存在差距。如果有差距，就要考虑新价格销售的可行性，如果不可行，就需要重新设计。这样就会增加设计成本，增长设计周期。

在"并行工程"中，产品定价采用"价格减法"。首先根据市场研究结果预设市场可接受的价格，以此为基础，制定目标成本，把成本分解到产品和材料中。这种做法从一开始就考虑成本，并运用价值工程实现目标。

但在运用"并行工程"开发设计产品时，要注意并不是所有的设计步骤都可以同时并行。一些工作需要按顺序进行，一些工作可以并行，这极大地增加了工作任务和日程安排的复杂性，尤其是大型的、复杂的产品设计，这时就需要运用项目管理工具进行设计。

2. 产品设计与制造工艺设计的结合（DFM）

在传统产品设计中，虽然包含制造工艺设计，但在实际操作中，产品设计、制造工艺设计和实际生产是分离的，很多时候，设计的新产品不能生产出来，导致开发周期变长，成本增加。在当前产品生命周期越来越短的情况下，设计周期的长短非常重要，于是产生了产品设计与制造工艺设计的结合的方法。

产品设计与制造工艺设计的结合要求产品制造工艺设计的第一步是产品设计，产品设计必须从"易于制造""经济地制造"的角度出发，零部件设计必须考虑"易于装配"。

产品设计与制造工艺设计的结合的基本原则：从制造角度出发进行产品设计。

要求：

1）使产品的零部件数量尽量少。
2）进行模块化设计。
3）尽量使一种零部件有多种用途。
4）尽量使用标准件。
5）尽量使操作简单化。
6）使零部件具有可替代性。
7）尽量使装配流程简单化。
8）使用可重复、易懂的工艺流程。

这些简单的原则在设计的时候，如果加以运用就会产生意想不到的结果。例如，IBM

运用这些原则在某印刷设备产品的设计中减少了 65% 的零部件数量，并且使产品装配时间比其竞争对手缩短了 90%。福特采用这些原则设计的某车型的前缓冲器只有 10 个零部件，而 GM 相近车型的前缓冲器则有 100 多个零部件。

3. 装配设计（DFA）

装配设计可以用来减少产品装配所需的零部件数量、评价装配方法和决定装配顺序。装配设计提供了一种根据装配方法和所需装配时间来分类的通用零部件产品目录。在这个目录中，不仅给出通用零部件产品的设计样本、尺寸，还给出装配指导原则、顺序等。设计师在设计的过程中，可以尽量多地采用通用零部件进行设计。

此外，装配设计还包括一种"装配线评价方法"。这种评价方法由日立公司提出，用点数来评价装配中每个操作步骤的操作难易程度。例如，用螺丝刀拧两圈的操作难度大于直接推进去，因此点数就高。运用这种方法，可预先给定整个装配流程的最大点数，如果在现有产品设计下装配方式的点数超过了最大点数，就要重新设计。

4. 缺陷树分析（FIA）

在试制样品中出现问题时可以采用缺陷树分析。缺陷树分析采用树状图来分析产品的缺陷、产生缺陷的原因、可采取的措施以及改正方法。例如，某薯片生产公司生产的薯片出现了易碎的缺陷，该公司采用了缺陷树分析，如图 3-3 所示。

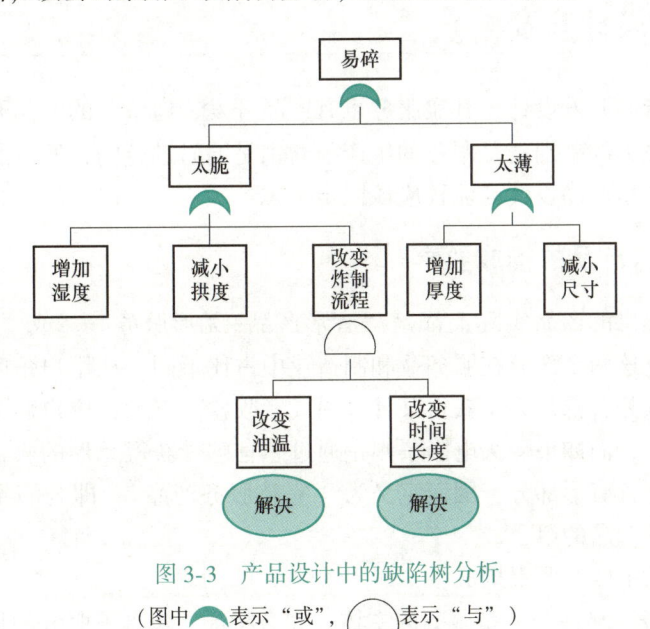

图 3-3 产品设计中的缺陷树分析

(图中 ⌒ 表示"或"，⌢ 表示"与"）

在图 3-3 中，薯片公司发现现在薯片存在的问题是易碎，分析可能是由太薄或者太脆造成的。为了解决太薄的问题，可以采用增加厚度或者减小尺寸的方法，但得出的结果不理想。解决太脆的问题可以采用三种方法：增加湿度、减小拱度、改变炸制流程。在改变炸制流程中，进行了改变油温和改变时间长度的测试。最终易碎的问题得到了解决。

5. 价值分析（VA）

价值分析又称为价值工程，在 20 世纪 40 年代由 GE 提出，当时只是为了去除产品中不必要的功能和特性，后来就发展成为新产品设计工具。

价值分析的基本思想是：产品的价值只跟产品的关键功能的价值有关，于是，采用关键功能的价值以及获得这个功能的成本的比值来分析产品的价值。在设计的过程中，通过提高关键功能价值、降低其生产成本来提高这个比值。在产品设计中，每一个材料、每一个零部件，以及制造设计中的每一个操作步骤都有可能是价值分析的对象。

6. 需要考虑的新问题（DFE）

环境是保证人类社会可持续发展的基础，在当今的生产与运作管理中应该把这个因素当作一个基本因素来看待，在产品设计中也要将其考虑进去。

需要考虑的新问题强调，在产品设计的过程中需要考虑产品对环境的影响，如零部件或原材料的可重复使用、易修理、包装的绿色化等。如今，很多企业已经对需要考虑的新问题给予了足够的重视。

易拉罐拉环设计就是很典型的需要考虑的新问题设计的例子。20世纪90年代的易拉罐风靡全球，很快，生产企业发现在很多休息人群密集的地方，用过的易拉罐大多丢进了废物箱，但小环却丢得到处都是。于是，生产企业从环保的角度重新设计了小环，新的设计开罐后小环仍然附在罐上，从而减少了对环境的污染。

3.5 服务的设计开发

前面讨论了产品开发设计，其实服务也有产品开发，但服务的产品开发与制造类产品有很大的不同。最大的差别就是服务的生产与营销是同时进行的，所以服务产品设计要充分利用营销策略，新产品设计与流程应该同步考虑。

▶ 3.5.1 服务产品的构成要素

任何企业所提供的产品实际上都是"有形产品+无形服务"（或"可触+不可触"）的混合体，只不过这两个部分在服务业和制造业中占比不同。从用户角度来说，无论是有形产品还是无形服务，都是为了获得某种效用或者收益。例如，用户购买冰箱，主要从有形产品来体现收益，而如果购买电影票则是通过感官感受获得无形的收益。服务产品，既包含无形部分又包含有形部分，因而定义为"完整服务产品"，即为满足顾客需要而提供的无形服务和有形产品的组合。

完整服务产品由四个要素构成：

（1）显性服务　显性服务是服务的主体、固有特征，包含了服务的最主要和最基本的内容，如餐饮业的就餐服务，旅游业的旅游服务等。

（2）隐性服务　隐性服务是服务的从属、补充特征，属于服务的非定量因素，如餐饮业进行就餐活动时获得的心理、精神的感受。

（3）物品　物品包含服务对象要购买、使用、消费的物品和服务对象提供的物品（修理品等）。

（4）环境　环境提供服务的支持性设施和设备，存在于服务提供地点的物质形态的资源。

表3-2列出了几种典型行业中完整服务产品的基本要素及其内容。任何一个服务业都

包含这四个要素,但表现形式及各因素的重要程度不同。服务企业主要通过突出构成服务的要素来显示经营特色。

表 3-2 几种典型行业中完整服务产品的基本要素及其内容

行业	基本要素及其内容			
	显性服务	隐性服务	物品	环境
餐饮	饱腹,解决饥饿	卫生、美味、快捷、服务态度等	食物、餐具、包装等	周边环境、装修、氛围等
酒店	短时居住	安全、舒适、服务态度等	生活用品、家具等	周边环境、酒店设施等
航空	到达目的地	安全、便捷、舒适、服务态度等	为乘客提供的餐食、休息用具等	机场环境、机场设施、飞机设施等
零售	为顾客提供满足其需求的商品	便利、服务态度、商品品质、结账速度等	商品、购物车、购物袋等	店铺周边环境、交通情况、店铺装修、货架布置等

3.5.2 服务产品的分类

关于服务产品有不同的分类方法,其中最典型的服务产品分类方法是根据消费者交互和定制程度及劳动密集程度进行分类。根据这两个维度的关系,可以把服务产品分为四种类型:服务工厂、服务作坊、大量服务、专业化服务,如图 3-4 所示。

1) 服务工厂指的是提供标准化服务,服务过程就像工厂生产线一样。这一类服务的劳动密集程度低,消费者交互和定制程度低,即不同消费者基本上接受统一服务。

2) 服务作坊指的是提供一定的标准化服务,同时存在一些个性化服务的机构。这一类服务劳动密集程度低,但消费者交互和定制程度高。

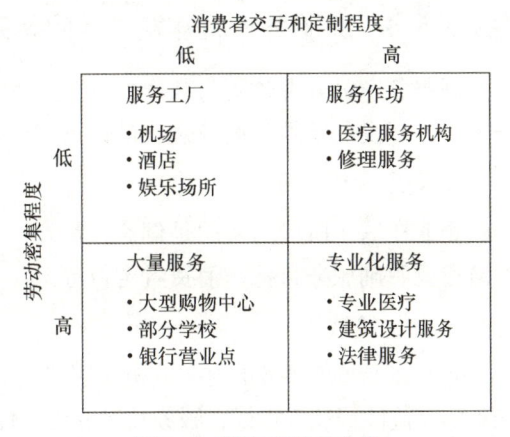

图 3-4 服务产品的分类

3) 大量服务也称大众化服务,这一类服务的劳动密集程度高,但是消费者交互和定制程度低,提供标准化服务,但与服务工厂相比,由于劳动密集、自动化程度低,因此生产率比较低。

4) 专业化服务也叫个性服务,是一种标准化程度低,消费者交互和定制程度及劳动密集程度都比较高的服务,所以劳动生产率低。

当然,以上服务产品的划分不是绝对的,随着服务流程技术的发展,劳动密集程度与消费者交互程度也会随之发生变化。

3.5.3 新服务产品开发

服务业企业要想在市场中长期保持竞争力,必须不断开发新产品。新服务产品与原来的产品相比，服务内容或者服务过程不同。因此，从这两个维度来进行新服务产品的分类，如图 3-5 所示。

1）粉饰型新服务指的是服务内容和过程变化都不大的新服务。例如，银行代理的新的理财业务，商店卖各类贺卡等。这些新产品对企业现有的运营服务影响较小，只能对现有项目起到点缀作用。

2）多样化新服务指的是提供全新的服务内容，而服务过程的变化很小。这一类产品就像制造业生产多元化产品一样，在同一个流程中生产不同产品，但过程不变。例如，游乐场推出不同的游乐项目，让消费者有新鲜感。

	服务过程变化	
服务内容变化	小	大
小	粉饰型新服务	渠道开发型新服务
大	多样化新服务	创新型新服务

图 3-5　新服务产品分类矩阵

3）创新型新服务指的是在服务内容与过程上都是全新的，与原来的服务产品完全不同。开发这种新服务产品需要有创新思维。例如，现在很多书店进行了创新型服务，不仅卖书，还提供咖啡、酒水、小吃甚至餐食、住宿等服务。

4）渠道开发型新服务指的是服务内容没有什么变化，但是服务过程发生了变化。例如，银行取款服务是柜台式服务的一项，现在采用了自动取款机，服务内容没变，但方式变了，所以服务过程变了。

3.5.4　新服务产品开发设计的特殊性

新服务产品开发过程与新产品开发过程相似，与新产品开发不同的是服务是无形的，服务产品开发的重点是服务过程的设计。新服务产品开发设计分为以下几个阶段。

1. 概念设计阶段

企业在这个阶段需要的是创意，需要考虑提供新内容还是新服务过程（新技术），这一阶段要明确服务目标、消费者定位等。

2. 分析阶段

企业需要考虑服务的财务分析及服务过程的资源分析，即分析服务项目的盈亏平衡点、未来的收益性等经济指标，服务技术的先进性和合理性，以及服务资源的可利用性等。

3. 开发与试运行阶段

在这个阶段企业需要进行详细的服务内容与服务过程的设计，包括服务资源规划、服务人员培训、服务检验和初步运行。

4. 全面服务阶段

经过试运行后，所有的服务设施和服务过程都已经通过检验，可以全面投入开业，进入正常服务营业阶段。

那么在进行新服务产品开发的过程中，首先要注意的是新服务产品开发的特殊性，即需要进行服务产品与服务提供系统综合设计。这一点与有形产品设计有区别，有形产品设计并不包含生产制造系统的设计。在有形产品的生产中，同一个产品可以用不同的制造系统制造出来，所以在有形产品开发中产品设计与生产制造系统设计是分开的。但是服务提供系统与服务产品并不完全隔离，不同服务提供系统给客户提供的体验是不一致的，不同的体验感常常会形成服务特色。所以，在新服务产品开发中，必须综合考虑服务产品与服务提供系统。

在新服务产品的开发设计中，需要充分考虑消费者在系统设计中的重要地位。从完整服务产品的四个组成要素："显性服务""隐性服务""环境"和"物品"来看，前两个要素可以满足消费者对无形服务的需求，而后两个要素相当于服务提供系统的设计。这四个要素的有机结合，才能最终决定服务质量，甚至企业的生存和发展。

服务提供系统可以分为消费者接触和非接触两部分，如消费者接触机场设施、飞机设施、乘务人员、机场服务人员，而不接触飞机整备、机场指挥、餐食准备等服务。但不管是消费者接触的还是不接触的服务，都需要在新服务产品开发过程中进行相应的设计，让消费者在接收新服务产品的同时有相应的服务提供系统进行支撑，从而提升服务体验。消费者直接接触的服务提供系统设计应该与服务产品设计紧密结合，而非接触部分可以参考有形产品设计进行设计。

3.5.5 几种不同的新服务产品设计方法

新服务产品的种类很多，有的新服务产品需求量很大，但个性化要求不高，而有的新服务产品几乎是一对一的个性化服务，还有的新服务产品以上两种需求都有。因此，不同的新服务产品需要采取不同的设计方法。

1. 工业化设计方法

工业化设计方法的基本思路是将工业企业的管理方法应用于服务业企业，即对于大批量的服务需求，尽量使用标准化的设备、物料和服务流程，以提高服务效率，保证服务质量的稳定性。例如，餐饮、零售、银行、酒店、航空等需求量大且需求易于标准化的服务行业，就广泛采用了这种设计方法。

工业化设计方法的要点是标准化和流程化。其中标准化包括服务产品标准化和服务系统标准化。服务产品标准化意味着尽量减少服务过程的可变因素，为顾客提供稳定、一致的服务。服务系统标准化意味着在服务过程中尽量采用机械和自动化设备，以替代随意性较大的人工劳动；在必须有人工服务的部分，尽量制定标准操作规程，以减少服务的差异性和人工差错。流程化的含义类似于工业企业的生产流程设计，对服务运作过程的各个阶段和步骤都预先进行周密设计并在运作过程中加以控制，以增加流程的稳定性，提高流程效率。

麦当劳就是运用工业化设计方法设计的典型例子。麦当劳对完整服务产品的四个要素都进行了标准化设计，对其遍布全球的几万家店铺的设施布局、物料供应、食品加工、操作规程也都进行了标准化和流程化设计，并在运作过程中严格执行和控制。现如今，在其遍布全球的几万家店铺中，走进任何一家都可以体验到同样标准的店铺布局、同样整洁的就餐环境、口味一致的汉堡包，以及同样细致的服务流程。

2. 顾客化设计方法

顾客化设计方法的要点是重视每一个消费者的偏好、特点和需要。

在采用顾客化设计方法时，首先要充分理解和把握消费者的个性化需求，考虑消费者在接受服务过程中可能出现的情况（如银行要进行自动取款机的布设，要考虑消费者可能是小孩或残疾人，对自动取款机操作不熟练，以及取款机故障等）。

采用顾客化设计方法要给予服务人员更大的自主权，使其在面对不同消费者时能够自主发挥作用。虽然很多企业规定了服务中的礼貌及规范，但在服务过程中消费者的情况千差万别，一句幽默的话语、一个温馨的提示、临时采取的一个小小措施等都会给消费者留下美好的印象，成为消费者再次光顾的原因。

此外，采用顾客化设计方法也要考虑发挥消费者的自主性，为消费者参与留下相应的空间。例如，航空公司的自动值机系统的消费者自选座位功能，满足了不同消费者对座位位置的不同需求。

总的来说，顾客化设计方法可以更好地满足消费者的偏好，提供个性化服务，并提高部分服务效率，但个性化服务必然影响服务系统的效率，故而需要合理确定消费者参与环节与参与程度，来满足整体效率的目标。

3. 技术核分离方法

技术核（Technical Core）分离方法的基本思想是以消费者接触程度将系统分为高接触和低接触两个部分。高接触部分采用顾客化设计方法，低接触部分采用工业化设计方法。高接触部分可以定义为前台，低接触部分可以定义为后台。

服务系统按照与消费者的接触程度分为三类：

1) 接触程度较高的纯服务类型，以前台服务为主，如牙科看诊、咨询服务等。

2) 接触程度较低的制造型服务类型，以后台运营为主，如仓储、批发、通信等。

3) 混合服务类型，如在航空业中，售票、机上服务属于前台运作，必须充分考虑不同消费者的个性化需求；而飞机维修、导航，以及机上所需物料的备办则属于后台运作，可以集中、高效处理。在零售业，导购、结账、商品包装属于前台运作，每个消费者的要求可能都不相同；而采购、码货等属于后台运作，更应该追求高效率。因此，对于混合服务类型设计的要点首先是合理划分服务系统的前后台，然后才是进行不同部分的设计。

在技术核分离设计方法的具体应用中，需要注意：一是与消费者接触程度高低的确定。在具体应用时，应根据具体服务类型的特点，综合考虑各方面的因素。二是前台与后台的衔接，这是影响服务系统整体运行效率的关键。在某些服务类型中，前后台的边界很容易找出，可以沿用传统的管理和设计方法，如邮政服务中的前台接待与后台分拣、收发。而有的服务类型就不易确定前后台的边界，如餐饮业，结账、开票、收拾餐桌等工作应属于后台工作，但它们与前台接待工作的联系极为紧密，对服务结果有直接影响。

除此之外，如何实现物料与信息在前后台之间的及时、准确传送，如何明确环境、消费者、前后台之间的相互作用关系，如何应用整体优化的方法提高服务系统的综合效率，也是设计时的考虑重点。

思考题

1. 制定产品组合策略要考虑市场条件、生产运作条件和财务条件三个方面，举例说明如何综合考虑这三个方面。

2. 试述产品设计中的并行工程方法与传统设计方法的主要区别。采用这种方法给企业带来的最大好处是什么？

3. "并行工程"产品开发的组织结构有什么特点？要使"并行工程"组织结构高效运行，需要解决什么问题？

4. 实施"并行工程"需要获得哪些技术保证与支持？

5. 什么是"成本加法"？什么是"价格减法"？这两种方法的本质区别是什么？

6. 服务业如何进行新产品开发？

第 4 章

流程分析与生产能力设计

4.1 流程分析

4.1.1 运营流程的概念与流程思想

运营流程是指能够把一定的投入（Input）交换成一定的产出（Output）的一系列活动，这些活动由物流和信息流有机地连接在一起。运营流程的选择设计，就是要选择和设计把投入变换成产出所需的资源、资源的组合方式、任务的进行方式、物流和信息流的流动方式等方案。

价值是通过流程（Process）形成的。产品从原材料到半成品，再到成品，要经过一系列加工环节，即经过一个流程才能形成。同样，服务也要经过一个流程才能完成。在经过流程的各个环节，产品和服务应该不断升值，即按照顾客的需要不断增值。同时，经过流程的各个环节，也在不断地消耗人力、物力和财力，成本也在不断升高。

4.1.2 流程的分类

在进行流程分析之前，有必要对流程进行归类，这样有利于我们掌握不同类型的流程的特点。

第一种流程分类方法是确定它是一个单阶段流程还是多阶段流程。单阶段流程是指在整个流程中，所有的活动都在一个阶段内完成，没有分解为多个环节或步骤。多阶段流程包括多组活动，通过流程联系起来。"阶段"一词表示多个活动集成在一起进行分析。多阶段流程之间或许需要缓冲。缓冲区（Buffering）是指两个阶段之间用于存储的区域，上一阶段的产出在进入下一阶段之前暂时存放在这个区域。缓冲区使各个阶段可以独立运行。如果一个阶段的产出直接用于下一个阶段，中间没有缓冲，我们就认为这两个阶段是直接相连的。如果流程中没有设计缓冲，最常产生的问题就是阻塞和停工待料。阻塞是因为无处存放刚完工的半成品，流程中的活动不得不停止。停工待料是因为无工作可做只好停工待料。下面通过一个加工汉堡包的工艺流程来说明不同流程的特点。

【例 4-1】假设加工汉堡需要完成下面一些工作：切发面饼、将干酪放入饼中、切菜、将蔬菜放入饼中、加调味品、用纸包装。现在由三个工人来完成这些工作，工作分工如下：第一个工人负责切发面饼和放干酪；第二个工人负责切菜和将菜放入饼中；第三个工人负责加调味品和用纸包装。

图 4-1 中是汉堡加工的两种不同流程。在流程 a) 中工序之间可以存在缓冲区，缓冲区是两个工序之间的存储区域，其中存储的是上一工序的产出，并将用于下一工序，它使两个工序可以独立工作，生产节拍可以由工人设定。在流程 b) 中，如果使用传送带进行

传运，生产节拍是由传送带设定的，上一工序的产出直接送入下一个工序，因此工序之间没有缓冲区，工序之间必须紧密衔接。如果每项工作的时间如下：

1) 切发面饼 0.5min。
2) 放干酪 2.5min。
3) 切菜 3min。
4) 将菜放入饼中 2min。
5) 加调味品 1min。
6) 用纸包装 1min。

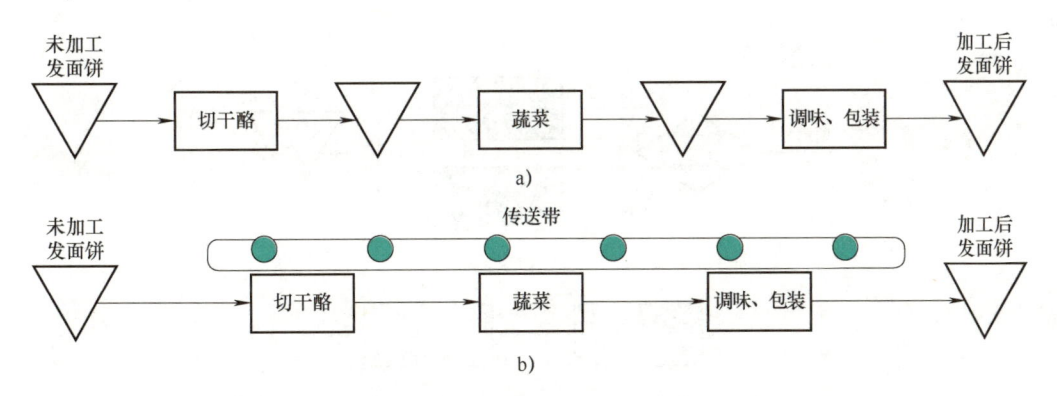

图 4-1 汉堡加工的两种不同流程

a) 工序之间有缓存区　b) 工序之间没有缓存区

这样工序 1 的工作时间为 3min，工序 2 的工作时间为 5min，工序 3 的工作时间为 2min，如图 4-2 所示。如果每个工人都以最大的努力工作，那么在这个流程中会出现什么情形呢？由于第一个工人加工时间短，而第二个工人加工时间长，导致在前两个工序之间出现积压的在制品；由于第二个工人加工时间长，第三个工人加工时间短，从而导致第三个工人有 60% 的空闲时间。由此可见，在这样一个简单的例子中反映出很多流程中普遍存在的一些问题，即库存问题与空闲问题。我们需要考虑如何分析一个流程的问题，从而为流程的改进提供依据。

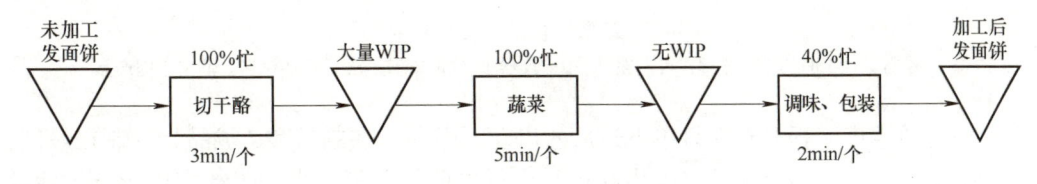

图 4-2 汉堡生产流程

（注：WIP 是 Work In Process 的缩写，意为"进行中的工作"或"未完成的作品"。）

下面介绍流程业绩测量指标的概念，它们是很重要的，无论是对运营方面还是财务方面，管理者只有通过对这些反映系统绩效的内部指标进行有效控制，才能达到改进流程的目的。

通常，活动阶段甚至整个流程都可以并行操作。例如，并行操作两个同类型的活动在理论上能使产能加倍，或者两个不同类型的活动也能并行操作。在分析一个系统时，如果系统中有并行的活动或步骤，那么了解它们之间的关系是很重要的。当并行流程代表不同选择时，如流程图中的菱形显示了流向不同方向的流，以及流向每个不同方向的流的比例，有时两个或两个以上不同的流程可能终止于同一个库存缓冲区，这通常表示两个流程生产的产品是相同的，而且都流入这个缓冲区。如果并行流程生产的产品不同，则应在流程图中设计不同的库存缓冲区。

第二种流程分类方法是把流程分为面向库存生产或面向订单生产。为了阐述这两个概念，我们以美国三家主要的快餐连锁店——麦当劳、汉堡王和温迪生产汉堡的流程为例。其中，麦当劳于1909年开始采用新的生产流程——面向订单生产，但后来又将流程改为混合式生产。首先让我们回顾一下这三家快餐连锁店使用的传统流程方法。如图4-3所示。

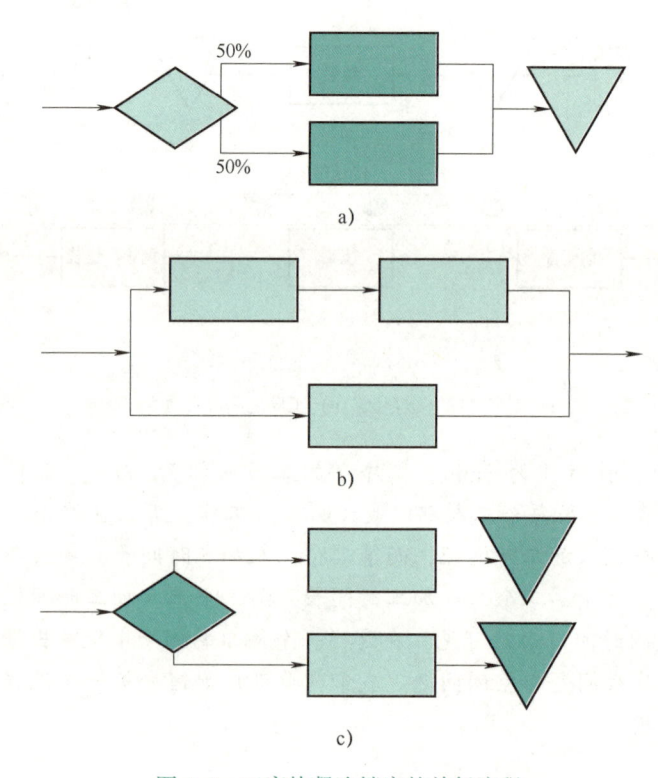

图 4-3 三家快餐连锁店的并行流程
a) 麦当劳——旧的生产流程：可选路径　b) 汉堡王：同步活动　c) 温迪汉堡：产出不同产品

面向订单生产流程只有在订单下达后才启动，库存（在制品和产成品）控制在最低程度。理论上，响应时间会很长，因为在产品交付之前，必须一步一步地完成所有的活动。所以，服务特性决定了它通常采用面向订单生产流程。

在麦当劳的传统里，汉堡是按批烘焙的。标准的汉堡（如巨无霸，它包括两块牛肉饼、沙司、生菜、奶酪、泡菜、洋葱，以及两片撒有芝麻的面包）制作好后放在存储箱内，随时可以送到消费者手中。有专门的人员根据当前需求下达订单，使存储箱中的汉堡保持在合适的量，以此来控制整个流程。这就是高效率的面向库存生产流程，它可以生产标准化的产品并能迅速送到消费者手中。这一快速生产流程颇受有儿童的家庭欢迎，因为对其而言，交付速度是很重要的。通常，面向库存生产流程最终将建立起一定数量的成品库存，然后消费者订单就可以直接使用库存成品。我们可以根据实际或预期的成品库存量来控制面向库存。例如，我们可以设定一个目标库存量，然后周期性地进行生产以维持这个目标库存量。面向库存生产的流程也被用于季节性需求，在淡季提高库存量供旺季使用，以使流程在全年保持稳定的运行速度。

第三种流程分类方法是节拍流程和非节拍流程。节拍是指流程中每一道工序所用的时间都是固定的。在串行流程中，为了和整个流程相协调，每项活动（或步骤）的节拍往往是用机械方式实现的。以装配流水线为例，它每45s移动一次。另一种方法是用一个计时器计算倒计时，当计时器显示的剩余时间为零时，产品就以人工的方式进入下一道工序。用给定的生产时间除以要求产量就可以得到流程的周期。例如，一汽车制造厂要在一个班中生产1000辆汽车，一个班装配流水线运行420min，则节拍就是25.2s（=420min/1000辆×60s）。

4.1.3 流程图

流程图（Flow Diagram）是以图形的方式来表现流程的。绘制流程图可以帮助管理者对运作系统进行分析。流程分析和流程改善是在绘制流程图的基础上进行的。

企业的流程细节可以通过流程说明书反映出来，再复杂的流程也可以通过研究物料或产品本身予以描述。流程图将物料或产品作为流程单位，关注物料或产品经过整个流程的过程。

为了绘制流程图，首先要确定具体哪一部分流程，这就需要确定流程边界和相关细节。流程边界的设定取决于研究流程的目的。例如，研究一个医院患者排队等待的项目，在这个项目中，病人与医生见面时，医生要求的体检报告就不在分析边界之内。然而，另一个与手术质量有关的项目详细关注病人与医生见面的全过程，但是可能忽略体检情况，或很少关注体检细节。流程是指一个流程单位从开始到结束的运作过程。流程图由一系列符号来表示流程的细节，常用的符号有圆圈、倒三角、方框、菱形和箭头，具体内容如下：

"○"：圆圈表示活动，是流程中有助于使原材料向产品方向转化的活动。

"▽"：倒三角表示库存，是原材料、在制品和产成品的滞留与储存。

"□"：方框表示检查，确认活动是否被有效地执行。

"◇"：菱形表示决策点，引导其后流程的不同路径。

"→"或"↷"：实线箭头表示物流方向。

"--→"：虚线箭头表示信息流方向。

"⌂"：表示延迟符号，人员或物品等待下一个活动。

4.1.4 流程绩效的指标

在分析流程之前，首先要定义分析流程的单位。在不同的行业中，流程的单位千差万别。例如，在面包生产线中，一个面团就是流程单位；在医院的服务中，病人就是流程单位；在汽车制造厂的组装流水线中，车辆就是流程单位。流程单位的选择一般是根据生产流程所提供的产品或服务的类型而确定的，如航班的乘客数、餐厅的消费者人数、快餐店的原材料，以及啤酒厂生产的啤酒数量等。

流程单位在整个流程中流动，从投入开始，最终转化为产出，从而结束流程。明确了流程的概念后，以下三个基本流程的度量指标就可以用于评价流程的绩效：

（1）库存　流程中积累的流程单位的数量称为库存，在生产线上以在制品为表现形式。另外，在麦当劳餐厅就餐的人数也是库存。

（2）流程时间　流程时间即一个流程单位通过流程所需要的时间。流程时间包括该流程单位可能等待加工的时间，因为其他在同一道工序上的流程单位（库存）也在争夺同样的资源。流程时间是一项非常重要的流程绩效度量指标，在服务业环境中应用广泛。例如，病人在医院就诊时就非常关心流程时间，它表明了病人从到达医院一直到可以离开的时间。

（3）单位时间产出或生产率　单位时间产出或生产率即流程生产产品的速度，如每天或每小时的产出量。流程所能达到的最大生产率成为流程的能力。例如，一家综合性医院的单位时间产出就是一天可以服务的病人人数，一家汽车制造厂的单位时间产出就是一天可以生产的汽车数量。

4.1.5　流程的律特定律

律特定律（Little's Law）也叫利特尔法则，是由麻省理工学院斯隆商学院教授约翰·利特尔（John Little）于1961年提出并证明的。律特定律表明了流程绩效的三个指标的内在联系，可用下式表示：

$$I = R \times T \tag{4-1}$$

式中，I 是平均库存；R 是平均单位时间产出；T 是平均流程时间。

从式 4-1 可以看出，当已知其中两个参数时，可以推算出另一个参数。表 4-1 所示为应用律特定律的四个实例。

表 4-1　律特定律的应用实例

项　　目	中 餐 厅	保 险 公 司	汉 堡 店	苹 果 公 司
流程单位	用餐人数	保险索赔	每千克肉	手机
平均单位时间产出	1500 人/天	10000 份/年	5000kg/周	5000 台/天
平均流程时间	45min	3/50 年	0.5 周	60 天
平均库存	约 47 人	600 份	2500kg	300000 台

4.1.6　流程的主要参数

一个流程的效能可以用以下主要参数来描述：

1. 流程能力

流程能力表示单位时间一个流程可以完成工作的最大比率。从生产的角度看，企业最关心的问题是在给定的单位时间内能够生产多少产品或给多少顾客提供服务，这个指标就是流程能力。流程能力的表达式如下：

$$流程能力 = \min(生产设施 1 的能力, \cdots, 生产设施 n 的能力) \tag{4-2}$$

如果需求小于供应，流程就按需求生产，而与流程能力无关，这种情形被称为需求约束；如果需求大于供应，供应从输入、输出两个方面可能约束流程。输入约束是指原材料输入不足，输出约束是指流程能力不足。

2. 节拍

节拍是指连续完成相同的两个产品（服务或两批产品）之间的间隔时间，即完成一个产品所需的平均时间，生产线的节拍取决于各工序中的最慢节拍。

3. 瓶颈

整体流程能力由生产设施中最小的生产设施能力决定，这个最小的生产设施能力被称为瓶颈。瓶颈是一个流程链条中最薄弱的环节，也是一个流程中生产节拍最慢的环节。流程能力取决于最薄弱环节的能力大小。一个流程的瓶颈是动态变化的，瓶颈无时不在，也无处不在。

4. 空闲时间

空闲时间是指在工作时间内，设备或人没有执行有效工作任务的闲置时间。

5. 流程的平衡

流程的平衡是把一个流程中各个工序的单位时间的产出基本调整相同的过程。

6. 生产周期

生产周期是指要加工的产品从以原材料的状态进入一个生产运作流程，直到变为成品，在运作流程中经过的全部时间。

【**例 4-2**】 海绵宝宝是通过一个批量流水线生产出来的。10 名填充机操作员同时工作，制成基本的长方体放入装载盒里，每盒 20 只。在另一个工作地点，2 个操作工人用带有塑料皮的电线制成海绵宝宝的眼镜。接下来的作业过程是一个流水线。4 个塑形工人从盒子中取出长方体，塑造鼻子和耳朵。在塑形工人的旁边有 3 个工人在长方体上制作眼睛，并把先前做好的眼镜戴在鼻子上，并且转交给 2 个工人进行涂染，然后放在晾干架上，经过 6h 的自然晾干后，3 名包装工人进行包装。工业工程部门测定的在各个生产设施中工作的工人的单位产品的操作时间为填充 1.5min、制作眼镜 0.5min、塑形 1min、制作眼睛 0.8min、涂染 0.3min、包装 0.2min。一天工作 9h，按实际工作时间为 8h 计算。

表 4-2 中总结了每个步骤的能力。根据瓶颈和流程能力的定义，现在能够确定制作眼睛为海绵宝宝生产的瓶颈。整体流程能力是每个生产设施的能力的最小值（单位：个/天）：

流程能力 = min {3200, 1920, 1920, 1800, 3200, 7200} = 1800

表 4-2 能力计算

流程步骤	计算/个	能力（个/天）
填充	10×(8×60)/1.5 = 3200	3200
制作眼镜	2×(8×60)/0.5 = 1920	1920
塑造鼻子和耳朵	4×(8×60)/1 = 1920	1920
制作眼睛	3×(8×60)/0.8 = 1800	1800
涂染	2×(8×60)/0.3 = 3200	3200
包装	3×(8×60)/0.2 = 7200	7200

4.1.7 流程利用率和生产设施利用率

从【例 4-2】可以看出，若每天按一个班次 8h 工作时间计算，该生产线每天具备生产 1800 个海绵宝宝的生产能力，而市场需求每天只有 1600 个，因此需求和潜在供应能力（流程能力）不匹配。流程利用率就是量化这个不匹配的度量指标，流程利用率可由式 4-3 表示：

$$流程利用率 = 单位时间产出 \div 流程能力 \quad (4-3)$$

可以算出【例 4-2】中流程利用率为：1600/1800 = 88.9%。

一般地，以下原因造成流程没有达到 100% 的利用率：

1）需求小于供应，流程能力不能满负荷运转。

2）如果流程的输入不充足，流程也不能全力产出。

3）如果一个或几个流程环节能力有限，全部工序运转时流程有可能达到全力，但是有些工序不运转时流程就进入不生产任何产出的阶段。生产设施利用率可由式（4-4）表示：

$$生产设施利用 = 单位时间产出 \div 生产设施的能力 \quad (4-4)$$

瓶颈环节决定了整个流程的产出能力，瓶颈通常是利用率最高的流程环节。在【例 4-2】中，根据式（4-4）可以计算出海绵宝宝各工序的流程环节利用率，见表 4-3。需要说明的是，瓶颈环节的产出能力就是整个流程的产出能力，在这个例子中海绵宝宝的产出能力为 1800 个/天。

表 4-3 海绵宝宝的各工序的流程环节利用率

流 程 环 节	流程能力（个/天）	流程利用率
填充	3200	1600/3200 = 50%
制作眼镜	1920	1600/1920 = 83.3%
塑造鼻子和耳朵	1920	1600/1920 = 83.3%
制作眼睛	1800	1600/1800 = 88.9%
涂染	3200	1600/3200 = 50%
包装	7200	1600/7200 = 22.2%
瓶颈	1800	88.9%

在资本密集型的行业中，度量设备利用率较为普遍，而度量工人利用率则在劳动密集型行业中常见。在【例 4-2】中，给定有限需求为 1600 个/天，在原料充足的情况下，海绵宝宝生产流程的瓶颈也只利用了 88.9%。如果有充足的市场需求和物流供应，在不允许有在制品库存的情况下，只有瓶颈环节能够达到 100% 的利用率。

一般地，企业追求利润最大化，这同生产设施利用率最大化是有区别的。若海绵宝宝的瓶颈环节利用率为 100%，那么就可以得到整体单位时间产出为 1800 个/天，对应的各流程环节的能力利用率见表 4-4。

表 4-4　各流程环节的能力利用率

流 程 环 节	流程能力（个/天）	流程利用率
填充	3200	1800/3200 = 56.3%
制作眼镜	1920	1800/1920 = 93.7%
塑造鼻子和耳朵	1920	1800/1920 = 93.7%
制作眼睛	1800	1800/1800 = 100%
涂染	3200	1800/3200 = 56.3%
包装	7200	1800/7200 = 25%

从以上计算过程中可以看出，提高流程中瓶颈环节的产出能力才是提高生产线产出能力的关键所在，企业的资源应该投入到流程的瓶颈环节。当然瓶颈环节是动态的，消除了某个瓶颈后，又会出现新的瓶颈环节。

4.1.8　流程分析步骤

1. 表述流程

对新产品或新服务的流程，团队可以根据产品加工工艺要求或业务的逻辑关系，明确每道工序的投入和产出情况，绘制流程图。对于已有的流程，团队可以巡视一遍实际生产（从头至尾）的整个过程或服务流，然后绘制流程图。

2. 确定每道工序的工序特征

在绘制出流程图的基础上，详细收集每道工序实际的和观察到的数据，包括每道工序的工人数、每道工序的生产时间、切换时间、班次、设备可利用率、工序总工作时间、有效工作时间、负荷率等。

3. 确定工序之间的特征

工序之间的特征包括工序之间的传送批量、转运时间、工序之间的库存等数据，也包括工序之间的指令信息的传递方式。在探讨精益生产时我们会看到两种不同的系统：推式（Push）系统和拉式（Pull）系统。所谓推式系统，是指上道工序将加工好的加工件交给下道工序，指令信息是顺工艺方向。拉式系统是指每道工序需要向上一道工序索取加工件进行加工，指令信息是反工艺方向。

4. 确定流程的瓶颈

通过对各工序（资源）能力的计算，找出瓶颈。

5. 分析流程的绩效

在完成了前面几步的收集数据和分析之后，我们可以对流程的绩效做出评价，包括流程能力、流程效率、库存和流程时间（制造提前期）等。

6. 提出改进流程的措施

如果对流程绩效的测量不能达到期望目标或顾客的要求，团队可以提出改建的建议或措施并实施选定的措施。

4.2 流程优化

4.2.1 流程优化概述

1. 流程优化的内涵

流程优化是一项策略，通过不断发展、完善、优化业务流程，保持企业的竞争优势。在流程的设计和实施过程中，要对流程进行不断的改进，以期达到最佳的效果。对现有工作流程的梳理、完善和改进的过程，称为流程优化。流程优化不仅是指做正确的事，还包括如何正确地做这些事。

流程即一系列共同给客户创造价值的相互关联活动的过程，在传统的以职能为中心的管理模式下，流程隐蔽在臃肿的组织结构背后，流程运作复杂、效率低下、消费者抱怨等问题层出不穷，整个组织形成了所谓的"圆桶效应"。为了解决面对新的环境企业在传统的以职能为中心的管理模式下产生的问题，必须对业务流程进行重整，从质上反思业务流程，彻底重新设计业务流程，以便在当今衡量绩效的关键因素（如质量、成、速度、服务）上取得突破性的改变。

对流程的优化，无论是对流程整体的优化还是对其中部分的改进，如减少环节、改变时序，都是以提高工作质量、提高工作效率、降低成本、降低劳动强度、节约能耗、保证安全生产、减少污染等为目的。其优化内容包括工期优化、工艺优化、成本优化、技术优化、质量优化等。流程优化是整体的全面优化，或某个指标优化，但不能某一个指标得到了优化而使其他指标下降。因此，在进行流程优化时，要综合平衡，以取得整体优化的成效。

2. 流程优化的方法

1）标杆瞄准法。标杆瞄准法/基准化分析法，又称竞标赶超、战略竞标，是将企业各项活动与从事该项活动最佳者进行比较，从而提出行动方法，以弥补自身的不足。

2）DMAIC 模型。DMAIC 模型是实施 6σ 的一套操作方法。

DMAIC 模型是 6σ 管理中最重要、最经典的管理模型，主要侧重在已有流程的质量改善方面。所有 6σ 管理涉及的专业统计工具与方法，都贯穿在每一个 6σ 质量改进项目的环节中。

3）ESIA 分析法。环境和社会影响评价（Environmental and Social Impact Assessment，ESIA）是一套用于评估项目对环境和社会影响的系统性方法。这种方法被广泛应用于各类项目和开发活动中，特别是那些可能对环境和社会造成重大影响的项目。ESIA 分析的目标是确保项目的环境和社会影响被充分考虑，并为决策者提供必要的信息以助其做出合理的选择。

4）ECRS 分析法。ECRS 分析法，即取消（Eliminate）、合并（Combine）、重排（Rearrange）、简化（Simplify）。

5）SDCA 循环。SDCA 循环就是标准化维持，即"标准、执行、检查、总结（调整）"模式，包括所有和改进流程的更新（标准化），并使其平衡运行，然后检查过程，以确保其精确性,最后做出合理分析和调整,使流程能够满足愿望和要求。

4.2.2 流程优化的操作实例

根据上文提出的流程优化原则,流程优化的方法有多种方案可以选择。例如,可以考虑用价值流分析的方法,聚焦于在流程中增值的服务,去除在流程中非增值的活动,消除浪费;也可以用流程表分析方法改善作业步骤。

【例 4-3】 某医院请管理学院的学生为其优化病人就诊过程,学生们打算利用流程表来进行分析。该过程从病人进入医院开始,排队缴费挂号后至候诊室等待叫号;医生问诊后,开具检查单,病人凭检查单到缴费处排队缴费,完成缴费后至检查处检查,再回到医生处问诊,医生根据检查报告开具处方;病人领取处方后再次进入缴费环节,最后取药治疗。该医院的现有就诊流程见表 4-5。

表 4-5 某医院的现有就诊流程

流程	▽	○	⇒	备注
1. 病人进入医院	*			
2. 寻找挂号窗口			*	
3. 排队缴费		*		挂号费
4. 候诊室等待			*	
5. 医生问诊并开具检查单		*		
6. 排队缴费		*		辅助检查费
7. 检查处候检			*	
8. 检查		*		
9. 医生根据检查报告开具处方			*	
10. 排队缴费		*		医药费
11. 取药		*		排队
12. 病人离开医院	*			

门诊病人要排 4 次队(挂号、候诊、付费、取药),付 3 次费(挂号费、医药费、辅助检查费),看一次病花费时间少则 1.5~2.5h,多则 1 天。门诊就诊普遍存在"三长一短"现象,在自然流程模式下,形成了门诊流程的 3 个"高峰",即挂号、就诊、检查的高峰。一个流程下来,除去医生诊查的 15~20min,其他时间均消耗在非医疗时间上。

流程改进思考:
1) 流程对顾客增值的环节有几个?
2) 效率低下的瓶颈环节在哪几个环节?
3) 哪些环节可以被清除、简化、整合?

4）能否有自动化的方式简化流程？

对上述门诊流程模式进行了验证，优化后的就诊流程见表4-6。对门诊流程优化前后进行对比，结果表明：病人平均在门诊停留时间从1.5~2.5h下降为0.5~1h，门诊医疗服务满意度平均上升4.5%，收费满意度平均上升12%，接诊医生、门诊、药房和门诊医技满意度平均上升3%~5.4%，门诊人数增长13%，业务总收入增长22.4%。

表4-6 优化后的就诊流程

流　程	▽	○	⇨	备　注
1. 病人进入医院	*			
2. 挂号			*	
3. 候诊室等待	*			
4. 医生问诊并开具检查单		*		
5. 检查处候检			*	
6. 检查		*		
7. 医生根据检查报告开具处方		*		
8. 缴费取药		*		
9. 病人离开医院			*	

【例4-4】 IBM的信贷公司是IBM公司的一个全资子公司，负责为IBM公司的计算机硬件、软件和其他服务提供资金融通。就其信贷额而言，可以排在《财富》杂志"100家最大财务公司"之列，该公司毫无疑问有着众多流程，但其中最重要的是贷款申请落实流程（见图4-4）。在这种分工体制下，每份贷款申请，无论业务的大小、贷款金额的多少，完成整个业务流程平均需要一周时间，甚至有时需要两周时间。从市场销售的立场来看，这样的过程实在太长了。客户可能去寻找其他的融资渠道，致使IBM信贷公司失去一笔贷款业务，更为严重的后果是，客户可能因为对融资服务的不满而放弃与IBM的合作，转而与竞争对手公司进行交易，尤其是小订单的客户。但是，公司每一个工作人员在处理分工业务范围内每一份申请所需的时间都不长，整份申请的累计实际处理时间，即使加上各个部门重复花费在计算机系统输入和查询上的时间，总共也只需要90min，其他的时间都消耗在部门之间的表格传递和等待传递上。

贷款流程优化后，IBM信贷公司取消按劳动分工设立的业务流程部门（见图4-4），设立"交易员"岗位，每笔业务从头到尾的全部工作都由交易员负责。同时，开发出适应新要求的计算机支持系统和专家小组支持交易员的工作。在绝大多数情况下，交易员在计算机系统的支持下完成工作，在交易员遇到确实很棘手的问题时，则可以从专家那里得到帮助，或将这些特殊项目移交给专家解决。在流程优化后，IBM信贷公司为普通客户提供融资服务的平均周期缩短了90%（由原来的一周压缩到4h），其业务量整整增加了100倍。

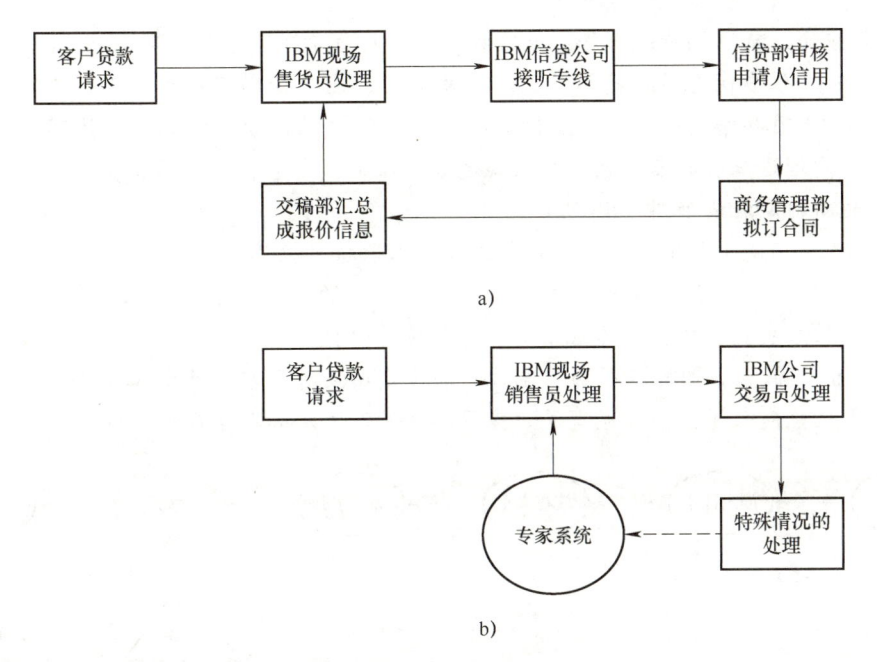

图 4-4　IBM 公司贷款流程

a）优化前　b）优化后

【例 4-5】 福特北美应付款部门原来雇用员工 500 余人，冗员严重，效率低下。其最初制定的改革方案是运用信息技术，减少信息传递，以实现裁员 20%的目标。相关人员参观了 Mazda 之后，他们震惊了：Mazda 是家小公司，其应付款部门仅有 5 人，按公司规模进行数据调整，福特公司多雇用了 5 倍的员工。于是，他们推翻了第一种方案，决定彻底重建流程。

福特的传统付款流程如图 4-5a 所示。

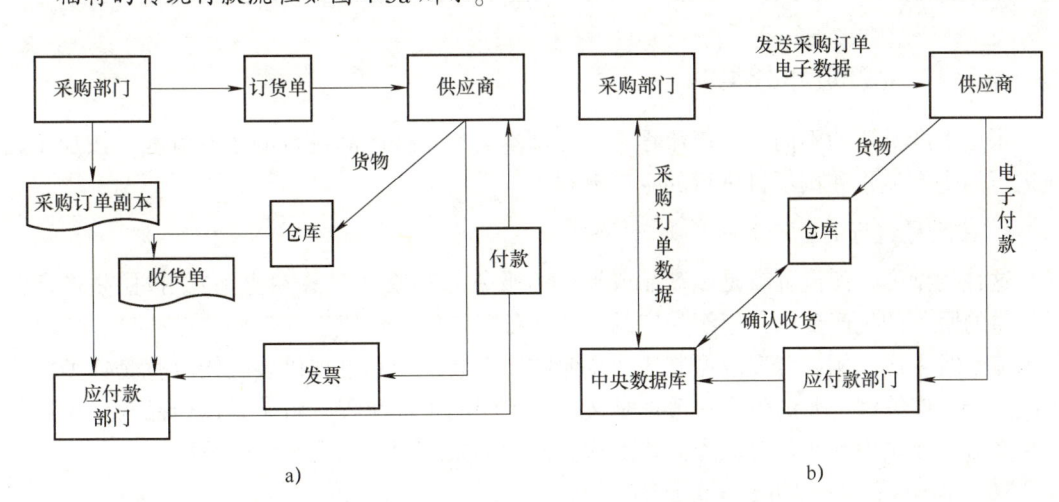

图 4-5　福特改造前后付款流程

a）改造前　b）改造后

1）采购部门向供应商发出订货单，并将订货单的副本送往应付款部门。

2）供应商发货，福特的仓库进行验收，并将收货单送到应付款部门。

3）同时，供应商将产品发票送至应付款部门。应付款部门核对订单、收货单以及发票，共审查14项数据，当三者一致时，应付款部门才能付款。实际上，该部门的大部分时间花费在处理这三者的不一致上，从而造成了人员、资金和时间的浪费。

福特的新付款流程如图4-5b所示。

1）采购部门发出订单，同时将订单内容输入联机数据库。

2）供应商发货，仓库核查来货是否与数据库中的内容吻合，如果吻合就确认收货，并把信息输入中央数据库，计算机系统会自动按时付款。

【例4-6】 假如我们要泡茶喝。当时的条件是：没有开水，开水壶要洗，茶壶、茶杯也要洗，火已生起来了，茶叶也有了。应该怎么做？做法如图4-6所示。

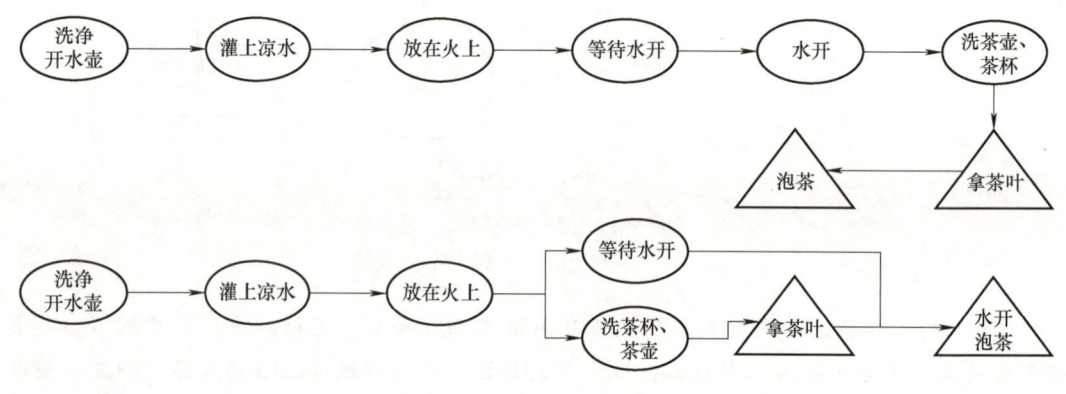

图4-6 泡茶流程优化

4.3 生产流程设计与选择

4.3.1 生产流程分类

根据生产类型的不同，生产流程有三种基本类型：按产品进行的生产流程、按加工路线进行的生产流程和按项目进行的生产流程。

1. 按产品进行的生产流程

这种类型的生产流程就是以产品或提供的服务为对象（对象专业化），按照生产产品或提供的服务的生产要求，组织相应的生产设备或设施，形成流水般的连续生产，有时又称为流水线生产。例如，离散型制造业企业的汽车装配线和电视机装配线等就是典型的流水线生产。连续型企业的生产一般都是按产品组织的生产流程。由于是以产品为对象组织的生产流程，国内又叫作对象专业化形式。这种形式适用于大批量生产类型。

2. 按加工路线进行的生产流程

对于多品种生产或服务情况，每种产品的工艺路线都可能不同，因而不能像流水作业那样以产品为对象组织生产流程，只能以所要完成的加工工艺内容为依据来构成生产流程。设备与人力按工艺内容组织成一个生产单位，每一个生产单位只完成相同或相似工艺内容的加工任务，国外企业称为"Job Shop"（单件生产车间）。不同的产品有不同的加工路线，它们流经的生产单位取决于产品本身的工艺过程，因而国内又叫作工艺专业化形式。这种形式适用于多品种、中小批量或单件生产类型。

3. 按项目进行的生产流程

对于有些任务，如拍一部电影、组织一场音乐会、生产等，每一项任务都没有重复，所有的工序或作业环节都按一定秩序依次进行，有些工序可以并行作业，有些工序又必须按顺序作业（项目型）。

三种生产流程的特征比较见表 4-7。

表 4-7 三种生产流程的特征比较

特征标记	对象专业化	工艺专业化	项目型
产品			
订货类型	批量较大	成批生产	单件、单项定制
产品流程	流水型	跳跃型	无
产品变化程度	低	高	很高
市场类型	大批量	顾客化生产	单一化生产
产量	高	中等	单件生产
劳动者			
技能要求	低	高	高
任务类型	重复性	没有固定形式	没有固定形式
工资	低	高	高
资本			
投资	高	中等	低
库存	低	高	中等
设备	专用设备	通用设备	通用设备
目标			
柔性	低	中等	高
成本	低	中等	高
质量	均匀一致	变化更多	变化更多
按期交货程度	高	中等	低
计划与控制			
生产控制	容易	困难	困难
质量控制	容易	困难	困难
库存控制	容易	困难	困难

4.3.2 产品-生产流程矩阵

产品-生产流程矩阵（Product-Process Matrix）最初由海斯（Hayes）和惠尔赖特（Wheelwright）提出，说明了生产流程设计的一个重要内容，就是要使生产系统的组织与市场需求相适应。什么样的需求特征，应该匹配什么样的生产过程，管理者应该遵循一定的原则来进行生产系统的决策。产品-生产流程矩阵如图4-7所示。

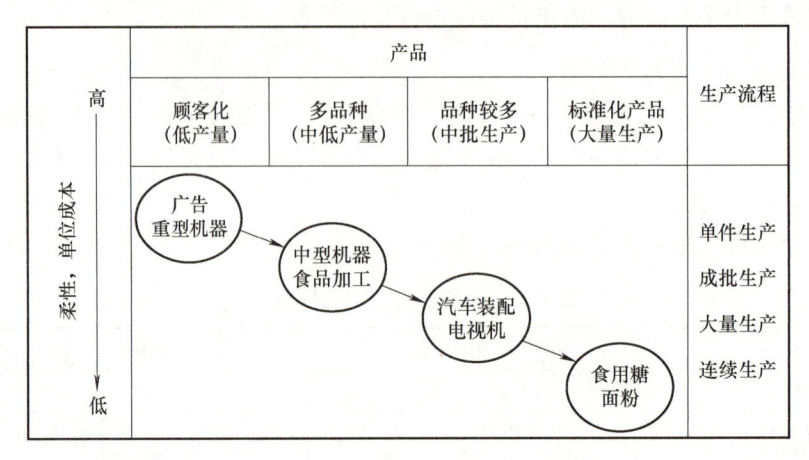

图 4-7 产品-生产流程矩阵

该矩阵后来得到了广泛应用，反映了两个主要的方面：

一是，根据产品结构性质，沿对角线选择和配置生产流程，可以达到最好的技术经济性。换言之，偏离对角线的产品结构-生产流程匹配战略，无法获得最佳的效益。

二是，那种传统的根据市场需求变化仅仅调整产品结构的战略，往往不能达到预期目标，因为它忽视了同步调整生产流程的重要性。因此，产品-生产流程矩阵可以帮助管理人员选择生产流程，对制定企业的生产战略有一定的辅助作用。

4.3.3 影响生产流程设计的主要因素

影响生产流程设计的因素有很多，其中最主要的是产品/服务的特征，因为生产系统就是为生产产品或提供服务而存在的，离开了用户对产品的需求，生产系统也就失去了存在的意义。

1. 产品/服务需求的性质

生产系统要有足够的能力满足用户的需求。首先要了解产品/服务需求的特点，从需求的数量、品种、季节波动性等方面考虑对生产系统能力的影响，从而决定选择哪种类型的生产流程。有的生产流程具有生产批量大、成本低的特点，而有的生产流程则具有适应品种变化快的特点。因此，生产流程设计首先要考虑产品/服务的特征。

2. 自制-外购决策

从产品成本、质量生产周期、生产能力和生产技术等几个方面综合考虑，企业通常要考虑构成产品所有零件的自制-外购问题。本企业的生产流程主要受自制件的影响。企业自己加工的零件种类越多、批量越大，对生产系统的能力和规模要求越高，不仅企业的投资额高，生产准备周期还长。因此，现代企业为了提高生产系统的响应能力，只抓住关键零件的生产和整机产品的装配，而将大部分零件的生产交由外部，充分利用其他企业的力量。这样一来，既可以降低本企业的生产投资，又可以缩短产品设计、开发与生产周期。所以说，自制-外购决策影响着企业的生产流程设计。

3. 生产柔性

生产柔性是指生产系统对用户需求变化的响应速度，是对生产系统适应市场变化能力的一种度量，通常从品种柔性和产量柔性两个方面来衡量。所谓品种柔性，是指生产系统从生产一种产品快速地转换为生产另一种产品的能力。在多品种、中小批量生产的情况下，品种柔性具有十分重要的实际意义。为了提高生产系统的品种柔性，生产设备应该具有较大的适应产品品种变化的加工范围。产量柔性是指生产系统快速增加或减少所生产产品产量的能力。在产品需求数量波动较大，或者产品不能依靠库存调节供需矛盾时，产量柔性具有特别重要的意义。在这种情况下，生产流程的设计必须考虑到具有快速且低廉地增加或减少产量的能力。

4. 产品/服务质量水平

产品质量过去是、现在是而且将来还是市场竞争的武器。生产流程设计与产品质量水平有着密切的关系。生产流程中的每个加工环节的设计都受到质量水平的约束，质量水平决定了采用什么样的生产设备。

5. 接触消费者的程度

对绝大多数服务业企业和某些制造业企业来说，消费者是生产流程的一个组成部分。因此，消费者对生产的参与程度也影响着生产流程设计。例如，理发店、诊所、裁缝铺的运营，消费者是生产流程的一部分，企业提供的服务就发生在消费者身上。在这种情况下，消费者就成了生产流程设计的中心，营业场所和设施布局都要把方便消费者放在第一位。另外一些服务企业，如银行、快餐店等，消费者参与程度很低，企业的服务是标准化的，生产流程的设计则应追求标准、简洁、高效。

4.3.4 生产流程选择决策

1. 选择适宜的生产流程方案

在选择生产单位形式时，影响最大的因素是品种数量的多少和每个品种产量的大小。品种-产量变化与生产单位形式的关系如图 4-8 所示。一般而言，随着从图 4-8 中的 A 点到 D 点的变化，单位产品成本和产品品种柔性都是不断增加的。在 A 点，对应的是单一品种的大量生产，在这种极端的情况下，采用高效自动化专用设备组成的流水线是最佳方案，它的生产效率最高、成本最低，但柔性最差。随着品种的增加及产量的下降（B 点），采用对象专业化形式的批量生产比较适宜，品种可以在有限范围内变化，系统有一定的柔性，尽管操作上的难度较大。另一个极端是 D 点，它对应的是单件生产情况，采用工艺专业化形式较为合适。C 点表示多品种、中小批量生产，采用成组生产单元和工艺专业化混合形式较好。

2. 对生产流程方案进行成本分析

不同的生产流程方案成本必定不同，图 4-9 中的纵轴表示费用，横轴表示产量。产量等于零时的费用是固定费用，通常是指生产系统的初始投资。从图 4-10 中可以看出，对象专业化生产过程方案的固定费用最高，这是因为对象专业化生产系统一般采用较为昂贵的自动化加工设备和自动化的物料搬运设备。由于对象专业化生产系统的生产效率很高，单位时间产出量很大，劳动时间消耗少，因此单位产品的变动费用相对最低（成本曲线变化最平缓）。以图 4-9 中的数字为例，生产同一种产品，对象专业化系统投资额为 245 万元，成组生产单元系统投资额为 131 万元，工艺专业化系统投资额为 70 万元。当产量在 15 万件以下时，选择工艺专业化最经济；当产量在 15 万~30 万件时，选择成组生产单元最经济；当产量在 30 万件以上时，选择对象专业化最经济。当然还有一种选择，当以上几种方案都不能得到满意的投资回报时，则应放弃该产品的生产。

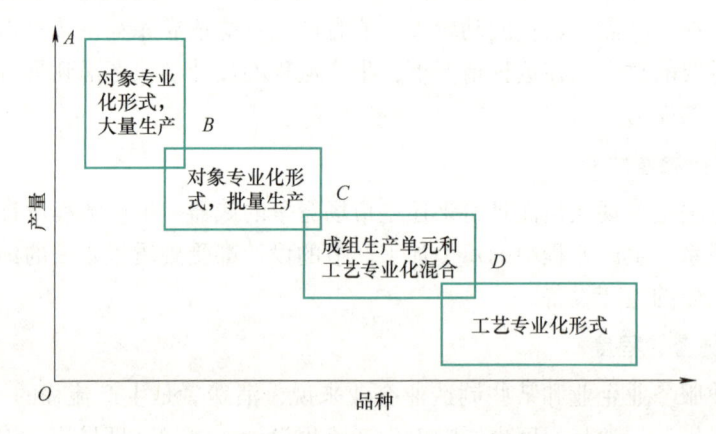

图 4-8 品种-产量变化与生产单位形式的关系

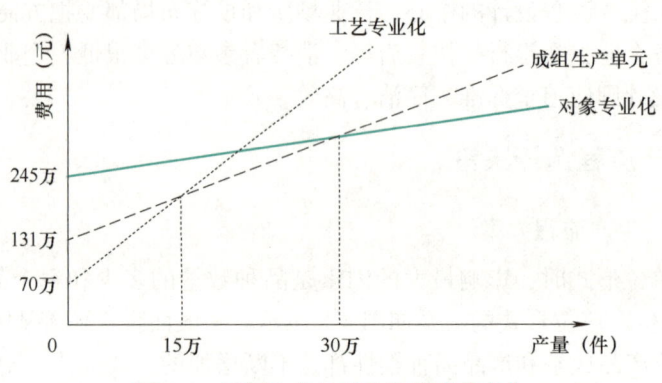

图 4-9 不同生产过程方案的成本变化

4.4 生产能力设计

4.4.1 生产能力的定义

生产能力是指在一定时期内（通常是一年），在一定的生产组织条件下，企业的全部生产性固定资产经过综合平衡后，所能生产的一定种类的合格产品的最大产出量，或者能够加工处理的一定原材料的最大数量。生产性固定资产可以是一台设备、一个设备组、一条生产线、一个小组、一个车间，甚至整个企业组织。生产能力是在企业可能达到的技术组织条件下确定的，不考虑劳动力不足或物料供应中断等不正常现象，以实物指标产出为计量单位，一般以最大产品数量来表示，有时也以加工的原材料的最大数量表示。

4.4.2 生产能力的影响因素

生产能力受多方面因素的影响。内部因素，从宏观上来看有工厂的设施规划、产品/服务设计组合、工厂的科技水平、系统运营环境（如质量管理、物料管理、设备管理等政策）；从微观上来看有产品的生产工艺、设备的技术水平和完好状况、对设备的技术改造、新设备的添置、员工的受培训程度、员工的熟练程度、员工的劳动动机、临时增加工人数量、加班等。外部因素有产品标准、安全条例、国家政策等。

（1）工厂设施因素　设施的设计限制着企业的生产规模；工厂的选址影响着原材料和产成品的运输效率、劳动力获取的难易程度等；工厂的布局影响着企业的生产效率；各种环境因素，如光、热、声、色等会影响工人的工作状态，进而影响生产能力。

（2）产品/服务　例如，产品的种类多少及不同产品之间的相似性高低影响着生产能力，单一品种大批量生产无疑比多品种小批单件生产更有效率。产品品种的组合与搭配也影响设备能力的利用。

（3）生产过程　生产过程的加工能力和质量的保证能力决定着企业有效产出的多少，要提高生产能力，就必然要提高加工速度和保证加工质量。

（4）人力因素　生产离不开人的参与，而人的技术能力、生理状态、受激励程度等因素都会影响产出。

（5）管理政策　此处指的是内部管理政策，如企业是否可以改变工作班次，以两班制改为三班制，是否允许加班等。

（6）运营　保质保量的物料供给、生产设备长时间无故障运行、快速高效的维修维护工作、时间利用效率更高的作业排程等，无疑可以提高企业的生产能力。

（7）供应链　供应商的供应能力直接影响着企业生产能力的高低。生产能力的提高也要建立在供应能力提高的基础上。

（8）外部因素　除企业的内部因素以外，还有多种外部因素以各种形式对企业的生产能力造成影响。例如，产品标准必然会对生产过程和生产质量提出要求，工会与企业的谈判会影响工作状态和效果，进而影响生产能力。

4.4.3 生产能力设计与核定的意义

生产能力设计与核定是企业拟准备形成的生产能力或核清现有生产能力的过程。这是一项基础性工作，是企业经营决策的前提，是实现企业经营目标的物质基础。它有利于发现生产中的薄弱环节和富余环节，做到心中有数，是企业管理中"知己知彼"的"知己"环节。

生产能力核定始于基层，是自下而上进行的。首先确定设备和设备组的生产能力，然后才能计算生产线和工段的生产能力，最后才能确定车间的生产能力和企业的生产能力。

4.4.4 生产能力的分类

企业生产系统的能力，是按照一定的目标或任务设计并实现的，但这并不意味着实际完成的生产系统会符合设计的生产能力，而且在实际运行过程中生产能力也是会改变的。从这个意义上来说，企业的生产能力可以分为三种：设计能力、查定能力和现实能力。

1）设计能力是指工业企业在基本建设时，设计任务书与设计文件中所规定的生产能力。它是企业新建、改建和扩建后应该达到的最大年产量。

2）查定能力是指企业生产了一段时间以后，重新调查核定的生产能力，是企业的产品方向、固定资产、协作关系、资源条件、劳动状况等方面发生了重大变化后，在这种新的条件下可能实现的最大生产能力。

3）现实能力，又称为计划能力，是指企业在年度内依据现有的生产技术组织条件实际能够达到的生产能力。它是根据现有的生产条件，并考虑到在年度内能够实现的各种技术的、组织的措施的效果来确定的。

企业在编制长远规划时，一般以设计能力或查定能力为依据；在编制年度生产计划或生产作业计划时，则以现实生产能力为依据。

▶ 4.4.5 生产能力的测定

本节主要讨论测定生产能力的基本方法、生产能力平均利用率和可持续性生产能力等概念。

1. 测定生产能力的基本方法

还没有一种方法可以适用于所有情境下生产能力的测定。表4-8列出了一些常用的生产能力的测定举例，它们的使用取决于实践中所应用的对象。

表4-8 一些常用的生产能力的测定举例

企业组织类型	生产能力测定	
	输入表达方式	产出表达方式
车辆制造商	每个工作班次的机器小时数	每个工作班次生产的车辆数量
医院	可供治疗的床位数量	每天治疗的病人数量
航空公司	飞机数量	每周飞行的公里数
餐饮店	可供就餐的座位数量	每天服务的客人数量
零售商店	可供商品展示的空间规模	每天商品销售额
影剧院	观众座位数量	每周的观众数量

从表4-8可以看出，测定生产能力的方式是因行业而异的，如影院可能是每周的观众数量或每场售出的票数，饭店是每天服务的客人数量，而钢铁工厂则可能是每天生产钢铁的吨数。一般而言，生产能力的测定可以用产出或输入的方式来表达。

（1）产出方式 在标准化程度很高的产品专业化流水线式生产方式中，一般以产出形式表达生产能力。但是在有多种产品生产情况下，生产能力的表达应当能反映出企业的综合产出水平。例如，某钢结构加工厂一天可以加工35t A型钢或45t B型钢，也可以同时提供20t A型钢和30t B型钢，或者其他形式的产出与订单需求的组合，这时所选取的表达方式就需要明确显示出它的综合能力。

（2）输入方式 在工艺专业化加工装配型生产方式或服务业中，用输入方式测定生产能力更合适。例如，将工厂所拥有的机器数量或所能开动的机器小时数作为测定生产能力的标准。正如当进行多品种混合生产时会使产出形式的表达变得复杂一样，需求量也会导致输入形式表达生产能力的测定复杂化。以产出率表示的需求量必须能够转换成以输入形式测定的生产能力，只有这样，管理者才能够在相同基础上将生产需求与生产能力进行比较和衡量。

【例 4-7】 已知辊式破碎机的一种生产能力计算公式为

$$Q = 3600v \cdot F \cdot \varphi$$

式中，Q 为辊式破碎机生产能力，单位为 t/h；v 为齿辊表面线速度，单位为 m/s；F 为齿辊间物料通过面积，单位为 m^2；φ 为物料松散系数。

现有一 A 型辊式破碎机，齿辊表面线速度为 1.5m/s，齿辊间物料通过面积为 $0.25m^2$，物料松散系数取 0.3，则该破碎机的生产能力为

$$Q = 3600 \times 1.5 \times 0.25 \times 0.3 = 405$$

【例 4-8】 某自动化立体仓库按照 4 层设计，共 4 个巷道，每个巷道 14 列，配备 4 台巷道堆垛机，如图 4-10 所示。已知单一作业循环平均时间为 83.45s，复合作业循环平均时间为 145.26s，设备开动率为 85%。试求该车身调度中心单一作业和复合作业每小时的生产能力。

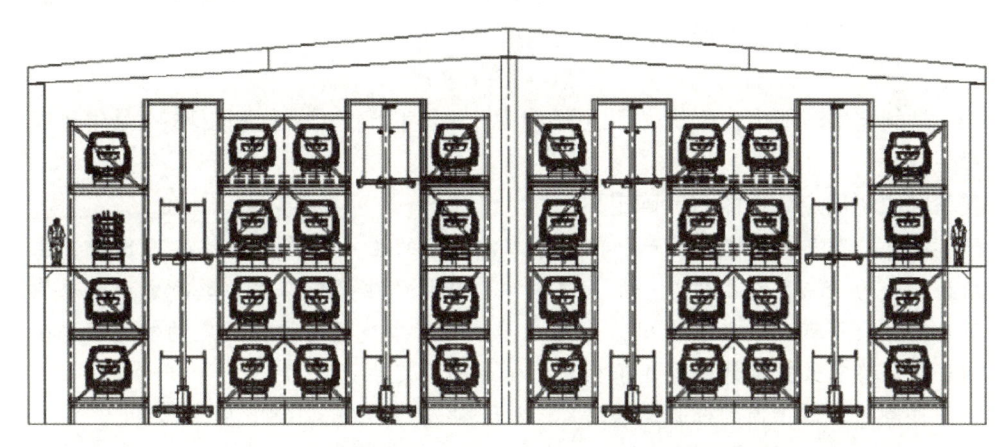

图 4-10 自动化立体仓库结构示意图

需要明确单一作业是出库或入库，复合作业是出库和入库。

单一作业出库或入库每小时生产能力为：3600÷83.45×85%×4 = 146.7（台）。

该车身调度中心单一作业，可实现每小时 146 台车身的出库或入库。

复合作业的每小时生产能力为：3600÷145.26×85%×4 = 84.3（台）。

该车身调度中心复合作业，可实现每小时 84 台车身的出库和 84 台车身的入库，总生产能力为 168 台/h。

2. 生产能力平均利用率

制订生产能力计划需要了解当前生产能力水平和生产能力的利用程度，通常是以设备生产空间和劳动力的利用程度来反映生产能力的利用情况的，采用统计调查的结果来衡量生产能力平均利用率，可表示为

$$u = \frac{p}{p_c}(\%) \tag{4-5}$$

式中，u 是生产能力平均利用率（百分比）；p 是平均产出率；p_c 是生产能力。

生产能力平均利用率是对有效生产能力的衡量。需要注意的是，式（4-5）中平均产出率和生产能力的衡量必须采用相同的计量单位，例如时间、消费者数量、生产数量等。在后面的内容中将会看到，生产能力平均利用率或者反映对增加额外生产能力的需要，或者表明现有生产能力过剩需要处置。

另一个相关的概念是生产能力使用效率。生产能力使用效率取决于生产设施的使用和管理方式，通常很难或不可能达到100%的水平。一般生产能力使用效率可以表示为

$$e = \frac{q}{u} \tag{4-6}$$

式中，e 是生产能力使用效率；q 是实际产出率；u 是生产能力平均利用率。

为了设计适宜的生产能力平均利用率，管理人员首先需要测定生产能力。

3. 可持续性生产能力

当生产能力的测定只是就生产设备而言时，常以额定生产能力来衡量。额定生产能力是指从工程角度进行测算，在扣除了正常维修时间的条件下，生产设备连续运转所能达到的最大年产出量。额定生产能力的计算公式如下：

$$C_u = C_d \cdot u \cdot e \tag{4-7}$$

式中，C_u 是额定生产能力；C_d 是设计生产能力；u 是生产能力平均利用率；e 是生产能力使用效率。

现举例说明额定生产能力的确定。

【例 4-9】 某汽车配件厂生产一种汽车零件，它的生产设施使用效率为80%，生产能力平均利用率为75%。该配件厂一共有4条生产线用于生产该零件，每条生产线每周可以工作7天，每天4班，每班工作6h。每条生产线在基本建设时设计规定的能力为每小时可生产300件合格零件，试计算这4条生产线1周的额定生产能力。

解：每条生产线1周的工作运转时间 = 7天 × 4班/天 × 6h = 168h/周

利用式（4-7）可计算额定生产能力为

$$C_u = C_d \cdot u \cdot e = 300 \times 4 \times 168 \times 0.75 \times 0.8 = 120960（件/周）$$

但是额定生产能力并非意味着经济上的可持续性。生产运作经理必须确定在相当长的时间内可持续的经济生产能力水平。经济生产能力可能是1个班次运作，也可能是3个班次运作，视不同企业而异。从这种意义上说，生产能力可以定义为利用实际现有人员和设备在保持适当可持续性条件下所能达到的最大生产能力水平。当然，企业还可以采用增加工作班次或延长工作时间、减少机器维修次数，以及分包合同等形式来增加生产能力，使之超出可持续经济生产能力的水平，以此来应付高峰需求等特殊情况。由于员工并不期望长期处于加班状态，加班方式不能持久，也不具有经济性，只能在短期内应用。因此，需要对可持续性生产能力有一个合理的衡量并把握在适度的水平。

4.4.6 生产能力与企业运营的经济性

以下重点讨论生产能力与生产经济规模以及生产能力的经济性问题。

1. 生产经济规模

许多企业认同经济规模这一观点，即增加生产规模可以降低产品的单位平均成本，但

这在实践中并不简单。不同行业有着与其行业特点相对应的经济规模。在某些情况下并不是生产规模越大越经济。相反，当生产规模超过一定程度时，可能导致非经济因素的滋生。例如，过大的生产规模可能造成生产过程复杂，企业失去集中优势，导致效率低下，从而导致产品的单位平均成本上升。例如，在某市的三个医院住院部中，在相对长的时期内，拥有 500 个床位的医院具有最佳经济规模水平，因为其单位平均成本最低。由于确定最佳经济规模和作业水平并非易事，管理者对于给定设施通常会设定所允许的最大规模，这需要针对不同的设施规模和作业产出率测算成本的变化趋势，为此要求考察不同境况下影响经济规模的各种因素。这些因素通常包括固定成本分摊、建设成本和生产技术专业化等，在此不一一展开论述。

2. 生产能力的经济性

生产能力的实现是将企业的货币资产转化为生产设施的过程。一旦形成生产能力，企业一般通过提取折旧的方法收回固定资产投资，此时企业生产能力利用率就成为衡量生产能力经济性的主要指标。若生产能力利用率处于较低的状态，在企业产品的成本结构中，固定成本偏大，则企业成本结构不利，缺乏成本优势。

大规模生产虽然有助于降低生产成本，但存在生产设施柔性低、对市场需求变化的应变能力差等缺点。随着市场竞争特点的变化，仅有经济生产规模不再能够确保竞争优势，技术快速更新、产品生命周期缩短对生产设施柔性方面提出了越来越高的要求，这使得维持具有大规模生产能力设施的经济性越来越难。

面对这个挑战，世界级企业大多采用生产设施单元化（Cellular Layout）的模式来应对，这些企业中不乏世界级著名企业，如通用电气航空工程公司、惠普公司、美国电话电报公司等。生产设施单元化是指企业通过缩小生产设施的规模及范围，在保持其柔性的同时，集中精力在优势产品或项目方面提高生产经营绩效。自 20 世纪 70 年代起，许多企业开始从大规模生产设施转向生产设施单元化。例如，将原有生产各种类型产品的大型工厂重新组合成若干个专业技术性较强、分别只生产为数不多的几种产品的小型工厂或车间，以便将其精力集中在所生产的产品上以提高效率和绩效。即使是在一个大规模生产设施中，生产设施单元化可通过组建"厂中之厂"来实现。在每一个"厂中之厂"即生产设施单元中，机器设备和人员配备、工艺技术和生产过程根据所生产的产品进行设计与组合，突出特点与竞争优势。某一生产设施单元与其他生产设施单元之间的界限可以根据各自占有的空间来划分，也可以通过生产组织之间的关系来界定。

许多大型企业已经接受和采纳了生产设施单元化模式的理念。生产设施单元化模式的优点还包括减少管理层次、易于通过团队工作来解决问题、改善沟通方式和途径等。生产设施单元化的概念同样适用于服务行业。例如，专业连锁店在比较显眼的场所开设小型分店，充分利用自身特长，注重为特定顾客服务。

4.4.7 生产能力规划策略

常见的生产能力规划策略有激进型生产能力增长策略和保守型生产能力增长策略。

采用激进型生产能力增长策略，企业生产能力扩大的幅度较大，且扩大生产能力的时间超前于需求到来的时间，如图 4-11 所示。

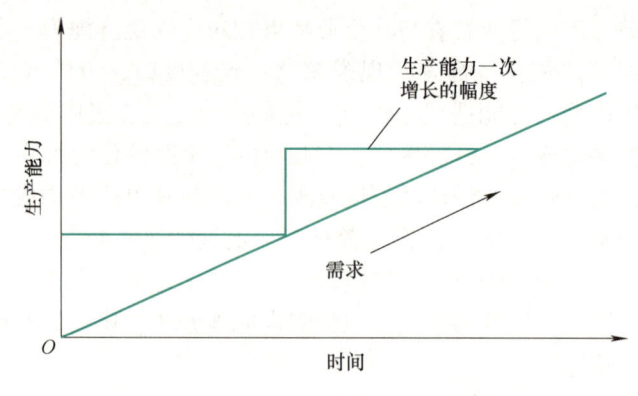

图 4-11 激进型生产能力增长示意图

采用保守型生产能力增长策略，在需求增长以后再扩大企业的生产能力，生产能力落后于需求增长，如图 4-12 所示。

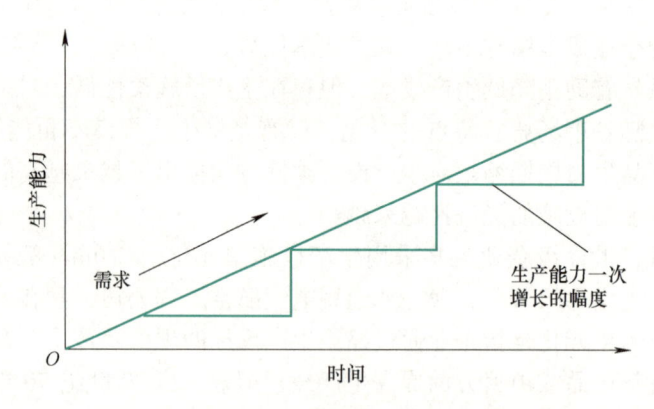

图 4-12 保守型生产能力增长示意图

若某种产品正处于导入期，或该产品在将来一个时期稳定增长的可能性较大，在此背景下企业通常采纳激进型生产能力增长策略。若该产品已处于成熟期且增长的可能性不大，甚至处于需求下滑阶段，则必须采用保守型生产能力增长策略。即使企业面临生产能力不足的情况，也可以通过生产外包、转包的方式应对。若采用激进型生产能力增长策略，则势必经常面临产能利用率不足的被动局面。

4.4.8 生产能力的决策模式和选择策略

在现实条件下，很可能会出现表 4-9 所示的生产能力与需求量之间组合情况。

表 4-9 生产能力与需求量之间组合情况

长期	短期		
	生产能力>需求量	生产能力≈需求量	生产能力<需求量
生产能力>需求量	Ⅰ	Ⅱ	Ⅲ
生产能力≈需求量	Ⅳ	Ⅴ	Ⅵ
生产能力<需求量	Ⅶ	Ⅷ	Ⅸ

对于表 4-9 出现的九种可能性，管理者可以做出如下选择：

Ⅰ：调出多余的设备和工人，或部分改变产品品种。

Ⅱ：及早抓好新产品的开发和研制。

Ⅲ：采取合理的加班加点、临时外协、协商推迟交货期等措施，同时及早研究今后生产能力不足的问题。

Ⅳ：承接临时外协或来料加工任务，也可提前进行生产准备。

Ⅴ：最理想的情况，产能与需求匹配。

Ⅵ：临时外协或加班加点，不要盲目扩大生产能力。

Ⅶ：当前应抽出力量进行技术改造、职工培训等，也可承接临时外协和提前准备。

Ⅷ：早做准备，在完成当前任务的同时，挤出力量进行技术改造和职工培训。

Ⅸ：采取措施扩大生产能力。

思考题

1. 解释运营流程的概念。举例说明一个在实际生活中常见的运营流程。这个流程是如何将投入转化为产出的？在这个过程中，哪些资源、资源的组合方式、任务的进行方式，以及物流和信息流的流动方式起到了关键作用？

2. 解释面向库存生产和面向订单生产这两种流程分类方法的区别。以麦当劳、汉堡王和温迪这三家快餐连锁店为例，说明它们在流程选择上的差异，并分析这些差异对各自运营效率和成本控制的影响。

3. 说明缓冲区在运营流程中的作用，并解释为什么在多阶段流程中需要缓冲。同时，结合汉堡包生产流程，分析如果没有缓冲区，可能会出现哪些问题？

4. 说明产品-生产流程矩阵的含义，以及在生产流程选择决策中发挥的作用。

5. 生产流程设计需要考虑的因素有哪些？生产能力与企业运营的经济性之间有什么关系？

第 5 章

设施选址与设施布局

5.1 设施选址及其影响因素

5.1.1 设施选址概述

设施是指生产运作过程得以进行的硬件手段,通常是由工厂、车间、办公楼、仓库、设备等物质实体构成的。一个产品从原材料制成零件、组装成部件、装配成产品,再经过分销、零售,最后到达消费者手中,要经过不同企业的劳动,克服地域和时间的限制,才能实现消费。这本身就是一个系统,如图 5-1 所示。

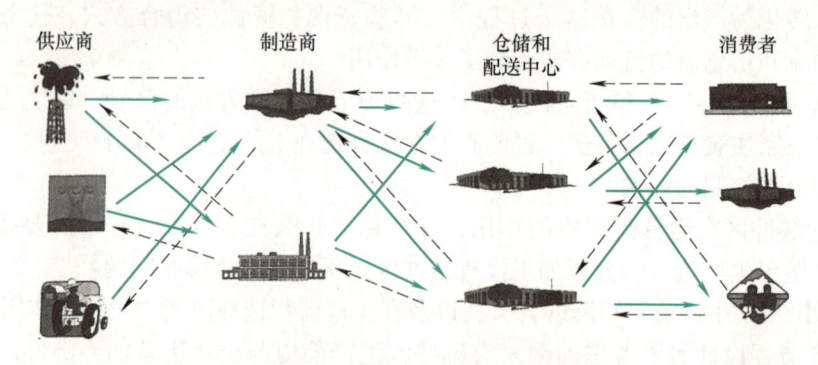

图 5-1 供应链结构示意图
→ 表示物流   ←-- 表示需求信息流

设施选址是指如何运用科学的方法确定在何处建厂或建立服务设施,使之与企业的整体运营系统有机结合,完成对仓储中心、供应基地、配送中心和制造基地的综合布局优化,以便有效、经济地达到企业的经营目的。除了少数原材料开采企业,如原木采伐企业、矿产企业必须将选址定在森林或者矿产资源的所在地之外,绝大多数企业面临着选址问题。

设施选址包括两个层次的问题,首先是选位,即选择在什么地区(区域)设置设施,是南方还是北方、是沿海还是内地等。在当前全球经济一体化的大趋势下,随着全球制造的出现,企业的选址问题涉及的范围已超出某一地区、某一国家,有些还要在全球范围内考虑选址问题。其次是定址,地区选定之后,需要考虑具体选择在该地区的什么位置设置设施,也就是说需要在已选定的地区内选定一块土地作为设施的具体位置。设施选址还包括两种问题:一种是选择一个单一的设施位置;另一种是在现有的设施网络中布新点。选址的具体流程如图 5-2 所示。

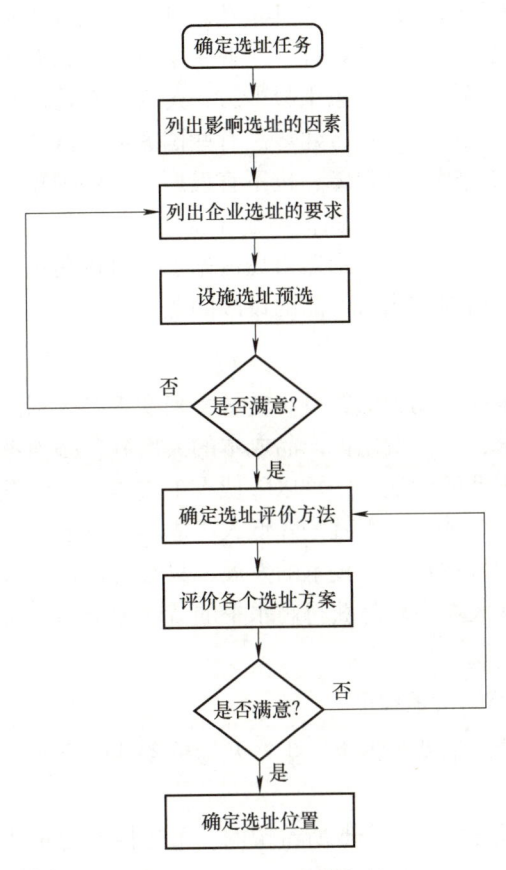

图 5-2 选址的具体流程

▶ 5.1.2 设施选址的重要性

在企业的运营管理中选址决策具有十分重要的地位。选址是企业实际投入运营前的重要一步，是一项耗资巨大的固定投资，是企业长期的战略决策，具有不可逆性。选址决策问题通常会影响企业的运营成本、投资收益、销售渠道、企业资源利用、税收政策优惠、企业的持续发展，以及企业竞争力等多个方面。考虑不周全的选址可能导致企业面临劳动力缺失、运营成本偏高、物流成本高、销售渠道不畅等问题，从而导致企业在行业中丧失竞争优势。

▶ 5.1.3 选址决策的影响因素

选址决策需要考虑很多因素，大致可分为以下几种：政治因素，劳动力因素，与消费者、供应商的接近程度，自然因素，竞争因素，战略因素，成本因素，以及基础设施因素。

1. 政治因素

政治因素主要包括当地的政治局面是否稳定、法制的健全情况、是否存在贸易壁垒、赋税是否公平、经济政策是否稳定、当地政府对外来企业经营范围是否有限制、是否有政

生产运营管理

策优惠，以及环境保护的政策法规等。尤其是在国外建厂，企业必须考虑政治因素。

政治局面稳定是发展经济的前提条件，企业要了解当地的有关法规，包括环境保护方面的法规。例如，德国的环境保护政策十分严厉，这就使在德国建厂的成本较高，导致许多德国企业选择在远离本土的其他地方建厂。有些国家或地区的自然环境很适合建厂，但其法律变更无常，资本权益得不到保障，也不宜设厂。一些国家政府为保护本国企业，设置了贸易壁垒。例如，巴西政府为了保护本土工业，对IT进口产品实行高关税政策，而冠捷科技集团生产的显示器在巴西显示器市场占据了30%的份额，因此冠捷科技集团选择在巴西设厂以应对巴西政府对进出口产品的设限问题。

2. 劳动力因素

生产不同产品所要求的劳动力的数量和受教育程度是有区别的。劳动密集型企业对劳动力的数量有较高的要求，人工费用占产品成本的大部分，必须考虑劳动力的成本，设厂在劳动力资源丰富、工资低廉的地区，可以降低人工成本。一些发达国家的公司纷纷在经济欠发达的国家设厂，一个重要原因就是降低人工成本。技术密集型企业对劳动力的受教育程度有较高的要求。随着现代科学技术的发展，只有受过良好教育的员工，才能胜任越来越复杂的工作任务。在大城市较易获得高水平的劳动力资源，所以选择在大城市的城郊建厂，可以解决劳动力问题。

3. 与消费者、供应商的接近程度

具有特殊的产品属性、消费者诉求、生产及运输条件的企业，选址要更接近消费者或供应商。

优质的原材料与合理的价格是企业所希望的。下述情况的企业应该接近供应商：原料笨重且价格低廉的企业，如砖瓦厂、水泥厂、玻璃厂、钢铁冶炼厂和木材厂等；原料易变质的企业，如水果、蔬菜的罐头厂；原料笨重，产品由原料中的一小部分提炼而成的企业，如金属选矿和制糖厂；原料运输不便的企业，如屠宰厂。

企业选址接近消费市场的主要目的是，节省运费并及时提供服务。在做选址决策时，企业要追求单位产品的生产成本和运输成本最低，不能追求只接近消费市场或只接近原料或材料产地。一般来说，下述情况的企业应该接近消费者：产品运输不便的企业，如家具厂、预制板厂；产品易变化和变质的企业，如制冰厂、食品厂；服务企业，如超市或商店等。

4. 自然因素

自然因素是影响企业选址决策的重要因素之一。自然因素包括气候条件、地理位置、水资源情况、土壤条件、动植物资源，以及矿物资源等。

有研究显示，气温在15～22℃时，人们的工作效率最高。气温过高或过低都会影响工作效率。有的产业对气候条件的要求较高，如纺织厂和乐器厂。英国的曼彻斯特是世界著名的纺织工业区，当地的温度及湿度是建立纺织工业区的一个主要原因。

建厂会受地理位置的限制。一般而言，地面下存在流沙层、淤泥层、地震断裂层、松土层等的地带，开采过矿和有地下工程的区域不适合建厂，因为这些地带的土壤承载力不高，容易造成翻浆、沉陷等严重后果。

有些企业耗水量巨大，应该靠近水资源丰富的地区，如发电厂、钢铁厂、造纸厂、化纤厂等。有的企业，对水质的要求较高，则不仅要靠近水源，而且要考虑水质，如啤酒厂。

5. 竞争因素

厂址条件还应考虑协作是否方便。和自然人一样，企业也需要"群居"，专业化分工让企业必然与周围其他企业发生密切的协作关系，与世隔绝的企业是难以生存的。例如，麦当劳和肯德基考虑到聚焦效应，倾向于选择在靠近彼此的地方建立门店。聚焦效应是指受聚焦于某区域的几个企业的吸引而来的消费者总数，大于这几个企业分散在不同区域的消费者总数。

6. 战略因素

企业的竞争战略会对选址决策产生重要影响。强调成本领先的企业倾向于将设施布局在成本最低的地方，即使这样做会使生产工厂远离市场；强调客户响应性的企业则倾向于在市场附近布置设施。红旗连锁超市将"为顾客提供购物便利"作为其竞争战略的一部分，故其设施面积相对较小，多集中在人口密集的居民小区；相反，好市多采用的是提供低价商品的竞争战略，因此多选在远离市区的郊区开设超市。

7. 成本因素

成本因素在企业选址决策中扮演着重要的角色。配送中心的选址则需要考虑运输成本。配送中心的位置应该尽量选在方便提供物流服务的地方，以达到缩短运输距离、降低运输成本的目的。对于劳动密集型企业而言，主要考虑劳动力成本。因此，这些企业不断地向劳动力供应充沛、工人能力强、工资水平低、综合运营成本低的地区转移。一些高耗能企业，如水泥、合金、电石等生产企业，能源的消耗成本可占生产成本的 35%～60%。因此，能源消耗成本是这些企业选址时重点考虑的因素。

8. 基础设施因素

基础设施因素主要考虑电力、排污、通信、交通和工业废物处理等设施的使用费用和可用性。良好基础设施的可获取性，是在一个特定区域进行选址的重要先决条件。不完善的基础设施会增加企业在一个特定地区从事商业活动的成本。从事物流运输的企业，首先要考虑交通网络是否发达。如果交通设施落后，就会影响物流效率，不利于企业经营。因此，物流中心最好邻近交通枢纽进行布局，如邻近港口、交通主干道枢纽、铁路编组站或机场等。例如，钢铁厂所在地必须具备较强的电、水、热、燃气的供应能力，以及污水、固体废物的处理能力。

5.2 设施选址方案的评估方法

选址方案的评估方法有很多，常用的是因素分析法、解释结构模型、从-至（From-to）表法。

5.2.1 因素分析法

因素分析法是一种对影响选址决策的诸多因素（包括定性因素和定量因素）进行综合评判的方法。

因素分析法的步骤如下：

1）确定选址决策的备选方案及影响因素。假设有 n 个方案 $a_i(i=1,2,\cdots,n)$，有 m 个影响因素。

2）根据各个因素对选址决策的重要程度，为各个因素确定一个权重 $w_j(j=1,2,\cdots,m)$。

3）确定一个评分范围，并为每个方案的各种因素评分 $u_{ij}(i=1,2,\cdots,n;j=1,2,\cdots,m)$。

4）计算每个方案的最终得分，即

$$u_{(a_i)} = \sum_{j=1}^{m} w_j u_{ij}, \ i=1,2,\cdots,n \tag{5-1}$$

5）选择使 $u_{(a_i)}$ 最大的方案 a^* 作为最优选择方案。

【例 5-1】 某运营中心拟新建一个工厂，现有 X_1、X_2、X_3 三个候选厂址可供选择。管理人员认为重要的几个关键选址因素、权重及三个候选厂址在各个因素下的得分情况，见表 5-1。请帮助管理人员确定最佳厂址。

表 5-1 选址因素、权重及三个候选厂址在各个因素下的得分情况

选址因素	权重	X_1	X_2	X_3
劳动力供应情况	0.30	70	70	80
土地费用和建设成本	0.20	70	80	60
交通情况	0.20	80	80	90
环境污染法规	0.15	90	70	70
扩展潜力	0.15	90	80	80
合计	1.00	—	—	—

解：利用表 5-1 的数据以及式（5-1）可以得到

$$u_{(X_1)} = \sum_{j=1}^{5} w_j u_{1j}$$
$$= (0.30 \times 70 + 0.20 \times 70 + 0.20 \times 80 + 0.15 \times 90 + 0.15 \times 90)$$
$$= 78$$

同理得

$$u_{(X_2)} = 75.5$$
$$u_{(X_3)} = 76.5$$

因为 $u_{(X_1)} > u_{(X_3)} > u_{(X_2)}$，故优先选址厂址 $u_{(X_1)}$。

5.2.2 解释结构模型

1. 解释结构模型概述

解释结构模型（ISM 模型）是一种系统工程研究方法，其作用在于研究系统结构关系情况。如图 5-3（有向图）所示，已知各要素间的相互影响关系情况，现希望使用解释结构模型将各种逻辑结构关系进行梳理，如找出各要素的层级关系情况，此时则可以使用解释结构模型。

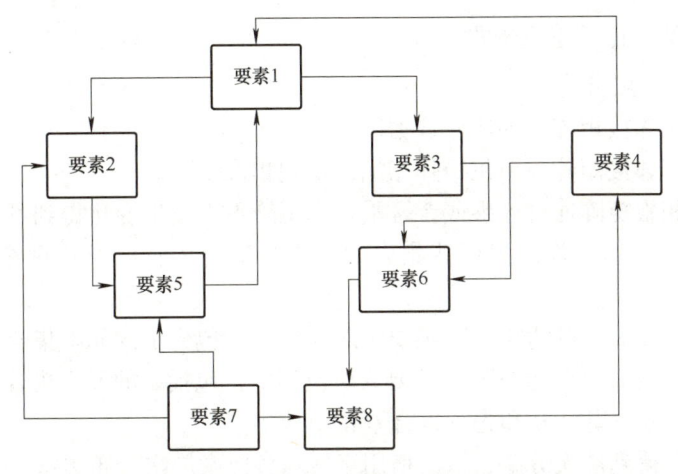

图 5-3　各要素间的相互影响关系

2. 建立模型的基本步骤

1）建立 ISM 小组，ISM 小组由领域的专家和有经验的工作人员构成。

2）确定影响因素。

3）通过咨询 ISM 小组的意见，确定各影响因素两两之间的关系，确定原始数据，构建邻接矩阵。

4）计算邻接矩阵与单位矩阵相加，得到相乘矩阵。

5）由相乘矩阵通过连乘直到矩阵不再发生变化得到可达矩阵 R，可达矩阵中的数字表示某要素与另一要素之间存在联系，可达矩阵中数字 1 表示该要素与另一要素之间存在相互影响的关系，数字 0 则表示该要素与另一要素之间不存在联系。

6）通过可达矩阵可得横行为可达集合 R，竖行为先行集合 Q，两个集合的交集为 T，即 $T = R \cap Q$。

7）计算得到最终的层级划分结果，该表格用于展示各要素层次分布关系。

8）建立结构模型并根据得到的级间划分结果和结构模型进行分析。

3. 选取影响因素的原则

（1）整体性原则　在做规划时要从系统的整体角度考虑问题，不仅要协调好各个子系统之间的关系，还要让各个子系统服务于整体规划目标，综合考虑其作用。

（2）科学性原则　科学性原则指的是必须科学反映研究对象的水平，选取的选址影响因素能够体现其合理性，影响因素的设计在名称、含义、内容、时空和计算范围、计量单位和计算方法等方面必须科学明确和没有歧义，才能尽量使最终的选址决策结果客观、准确，体现真实性。

（3）可比性原则　选取的选址影响因素应该在不同的时间或空间范围上具有可比性。为使建立的指标具有可比性，实现指标定量化，对于非定量指标，也需要建立相对优劣的评定标准。

（4）可操作性原则　选址影响因素的设计必须具有可操作性，必须考虑指标值的测量和数据搜集工作的可行性，同时还要求在建立指标体系时搭配好主观指标和客观指标的比例关系，尽可能地使用现行的统计指标。

4. ISM 模型的计算过程及步骤

ISM 模型分析一般分为六步：

第一步，提供邻接矩阵，即原始数据。

第二步，计算邻接矩阵与单位矩阵相加，得到相乘矩阵。

第三步，由相乘矩阵通过连乘或者幂乘直到矩阵不再发生变化得到可达矩阵 R。

第四步，通过可达矩阵得到可达集合 R、先行集合 Q，以及这两个集合的交集 T，即 $T=R\cap Q$。

可达集合 R：表示"可达矩阵"某要素对应行中，包含 1 的元素集合。

先行集合 Q：表示"可达矩阵"某要素对应列中，包括 1 的元素集合。

交集 T：表示可达集合 R 和先行集合 Q 的交集。

第五步，计算得到层次分解，该表格用于展示各要素层次分布关系。

第六步，绘制层级拓扑图。

解释结构模型计算流程如图 5-4 所示。

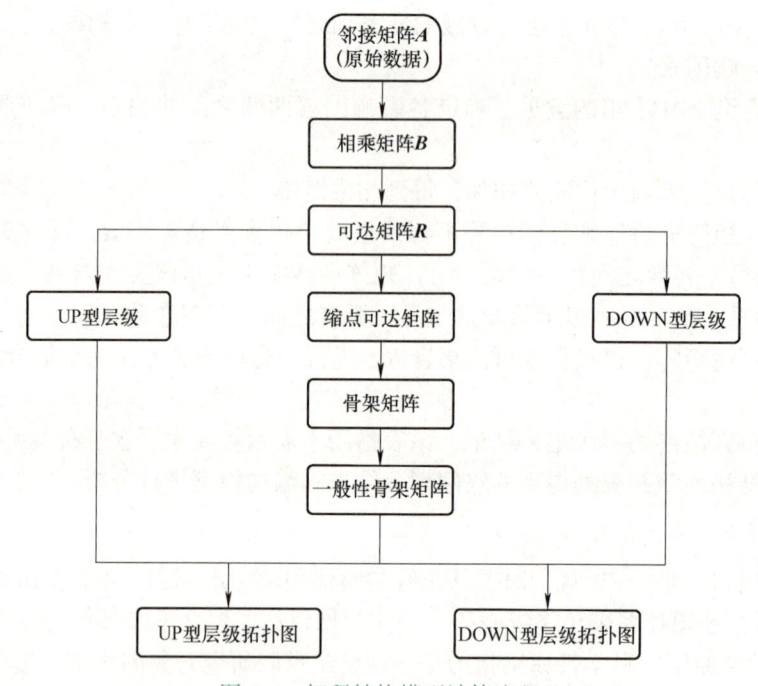

图 5-4 解释结构模型计算流程

【例 5-2】 通过咨询 ISM 小组的意见，确定各影响因素两两之间的关系。如果有 80% 以上的成员认为因素 S_i 对因素 S_j 存在影响关系，则令 $S_{ij}=1$，否则 $S_{ij}=0$。经过讨论与整理之后，得出各个影响因素之间的互相影响关系，两两比较得到原始邻接关系布尔矩阵，又称为原始矩阵或邻接矩阵 A，见表 5-2。

表 5-2 邻接矩阵

因素	S_1	S_2	S_3	S_4	S_5	S_6	S_7	S_8	S_9	S_{10}	S_{11}
S_1	0	0	0	0	0	1	0	0	0	0	0

(续)

因素	S_1	S_2	S_3	S_4	S_5	S_6	S_7	S_8	S_9	S_{10}	S_{11}
S_2	0	0	0	0	0	0	0	0	0	0	1
S_3	0	0	0	0	0	0	0	0	0	1	0
S_4	0	0	1	0	0	0	0	0	0	0	0
S_5	1	0	0	0	0	0	0	0	0	0	0
S_6	0	1	0	0	0	0	0	0	0	0	0
S_7	0	0	0	0	0	1	0	0	0	0	0
S_8	0	0	0	0	0	0	1	0	0	0	0
S_9	0	0	0	1	0	0	0	0	0	0	0
S_{10}	0	0	0	1	0	0	0	0	0	0	0
S_{11}	0	0	1	0	0	0	0	0	0	0	0

解：(1) 计算得到相乘矩阵 邻接矩阵与单位矩阵相加，即主对角线上全部变成1，得到相乘矩阵 B，见表5-3。

表5-3 相乘矩阵

因素	S_1	S_2	S_3	S_4	S_5	S_6	S_7	S_8	S_9	S_{10}	S_{11}
S_1	1	0	0	0	0	1	0	0	0	0	0
S_2	0	1	0	0	0	0	0	0	0	0	1
S_3	0	0	1	0	0	0	0	0	0	1	0
S_4	0	0	1	1	0	0	0	0	0	0	0
S_5	1	0	0	0	1	0	0	0	0	0	0
S_6	0	1	0	0	0	1	0	0	0	0	0
S_7	0	0	0	0	0	1	1	0	0	0	0
S_8	0	0	0	0	0	0	1	1	0	0	0
S_9	0	0	0	1	0	0	0	0	1	0	0
S_{10}	0	0	0	1	0	0	0	0	0	1	0
S_{11}	0	0	1	0	0	0	0	0	0	0	1

(2) 计算得到可达矩阵 相乘矩阵通过连乘或幂乘直到矩阵不再发生变化得到可达矩阵 R，$B^k = B^{(k+1)} = R$，见表5-4。

表5-4 可达矩阵

因素	S_1	S_2	S_3	S_4	S_5	S_6	S_7	S_8	S_9	S_{10}	S_{11}
S_1	1	1	1	1	0	1	0	0	0	1	1
S_2	0	1	1	1	0	0	0	0	0	1	1
S_3	0	0	1	1	0	0	0	0	0	1	0
S_4	0	0	1	1	0	0	0	0	0	1	0
S_5	1	1	1	1	1	1	0	0	0	1	1
S_6	0	1	1	1	0	1	0	0	0	1	1
S_7	0	1	1	1	0	1	1	0	0	1	1

（续）

因素	S_1	S_2	S_3	S_4	S_5	S_6	S_7	S_8	S_9	S_{10}	S_{11}
S_8	0	1	1	1	0	1	1	1	0	1	1
S_9	0	0	1	1	0	0	0	0	1	1	0
S_{10}	0	0	1	1	0	0	0	0	0	1	0
S_{11}	0	0	1	1	0	0	0	0	0	1	1

（3）可达集合与先行集合及其交集　通过可达矩阵能够得到可达集合 R、先行集合 Q，以及可达集合与先行集合的交集 T，$T=R \cap Q$，见表5-5。

表5-5　可达集合与先行集合及其交集

因素	可达集合 R	先行集合 Q	交集 T
S_1	$S_1, S_2, S_3, S_4, S_6, S_{10}, S_{11}$	S_1, S_5	S_1
S_2	$S_2, S_3, S_4, S_{10}, S_{11}$	$S_1, S_2, S_5, S_6, S_7, S_8$	S_2
S_3	S_3, S_4, S_{10}	$S_1, S_2, S_3, S_4, S_5, S_6, S_7, S_8, S_9, S_{10}, S_{11}$	S_3, S_4, S_{10}
S_4	S_3, S_4, S_{10}	$S_1, S_2, S_3, S_4, S_5, S_6, S_7, S_8, S_9, S_{10}, S_{11}$	S_3, S_4, S_{10}
S_5	$S_1, S_2, S_3, S_4, S_5, S_6, S_{10}, S_{11}$	S_5	S_5
S_6	$S_2, S_3, S_4, S_6, S_{10}, S_{11}$	S_1, S_5, S_6, S_7, S_8	S_6
S_7	$S_2, S_3, S_4, S_6, S_7, S_{10}, S_{11}$	S_7, S_8	S_7
S_8	$S_2, S_3, S_4, S_6, S_7, S_8, S_{10}, S_{11}$	S_8	S_8
S_9	S_3, S_4, S_9, S_{10}	S_9	S_9
S_{10}	S_3, S_4, S_{10}	$S_1, S_2, S_3, S_4, S_5, S_6, S_7, S_8, S_9, S_{10}, S_{11}$	S_3, S_4, S_{10}
S_{11}	S_3, S_4, S_{10}, S_{11}	$S_1, S_2, S_5, S_6, S_7, S_8, S_{11}$	S_{11}

（4）结果优先——UP型层级抽取过程　结果优先的层级抽取为 $R=T$，见表5-6～表5-11。

表5-6　抽取过程

因素	可达集合 R	交集 T
S_1	$S_1, S_2, S_3, S_4, S_6, S_{10}, S_{11}$	S_1
S_2	$S_2, S_3, S_4, S_{10}, S_{11}$	S_2
S_3	S_3, S_4, S_{10}	S_3, S_4, S_{10}
S_4	S_3, S_4, S_{10}	S_3, S_4, S_{10}
S_5	$S_1, S_2, S_3, S_4, S_5, S_6, S_{10}, S_{11}$	S_5
S_6	$S_2, S_3, S_4, S_6, S_{10}, S_{11}$	S_6
S_7	$S_2, S_3, S_4, S_6, S_7, S_{10}, S_{11}$	S_7
S_8	$S_2, S_3, S_4, S_6, S_7, S_8, S_{10}, S_{11}$	S_8
S_9	S_3, S_4, S_9, S_{10}	S_9
S_{10}	S_3, S_4, S_{10}	S_3, S_4, S_{10}
S_{11}	S_3, S_4, S_{10}, S_{11}	S_{11}

抽出 S_3，S_4，S_{10} 放在第一层，删除 S_3，S_4，S_{10} 后剩余的情况，见表 5-7。

表 5-7　删除 S_3，S_4，S_{10} 后剩余的情况

因　素	可达集合 R	交　集 T
S_1	S_1，S_2，S_6，S_{11}	S_1
S_2	S_2，S_{11}	S_2
S_5	S_1，S_2，S_5，S_6，S_{11}	S_5
S_6	S_2，S_6，S_{11}	S_6
S_7	S_2，S_6，S_7，S_{11}	S_7
S_8	S_2，S_6，S_7，S_8，S_{11}	S_8
S_9	S_9	S_9
S_{11}	S_{11}	S_{11}

再抽出 S_9，S_{11} 放在第二层，删除 S_9，S_{11} 后剩余的情况，见表 5-8。

表 5-8　删除 S_9，S_{11} 后剩余的情况

因　素	可达集合 R	交　集 T
S_1	S_1，S_2，S_6	S_1
S_2	S_2	S_2
S_5	S_1，S_2，S_5，S_6	S_5
S_6	S_2，S_6	S_6
S_7	S_2，S_6，S_7	S_7
S_8	S_2，S_6，S_7，S_8	S_8

再抽出 S_2 放在第三层，删除 S_2 后剩余的情况，见表 5-9。

表 5-9　删除 S_2 后剩余的情况

因　素	可达集合 R	交　集 T
S_1	S_1，S_6	S_1
S_5	S_1，S_5，S_6	S_5
S_6	S_6	S_6
S_7	S_6，S_7	S_7
S_8	S_6，S_7，S_8	S_8

再抽出 S_6 放在第四层，删除 S_6 后剩余的情况，见表 5-10。

表 5-10　删除 S_6 后剩余的情况

因　素	可达集合 R	交　集 T
S_1	S_1	S_1
S_5	S_1，S_5	S_5
S_7	S_7	S_7
S_8	S_7，S_8	S_8

再抽出 S_1，S_7 放在第五层，删除 S_1，S_7 后剩余的情况，见表 5-11。

表 5-11　删除 S_1，S_7 后剩余的情况

因　素	可达集合 R	交　集 T
S_5	S_5	S_5
S_8	S_8	S_8

最后抽出 S_5，S_8 放在第六层。

（5）原因优先——DOWN 型层级抽取过程　原因优先的层级抽取为 $Q = T$，见表 5-12～表 5-18。

表 5-12　抽取过程

因　素	先行集合 Q	交　集 T
S_1	S_1，S_5	S_1
S_2	S_1，S_2，S_5，S_6，S_7，S_8	S_2
S_3	S_1，S_2，S_3，S_4，S_5，S_6，S_7，S_8，S_9，S_{10}，S_{11}	S_3，S_4，S_{10}
S_4	S_1，S_2，S_3，S_4，S_5，S_6，S_7，S_8，S_9，S_{10}，S_{11}	S_3，S_4，S_{10}
S_5	S_5	S_5
S_6	S_1，S_5，S_6，S_7，S_8	S_6
S_7	S_7，S_8	S_7
S_8	S_8	S_8
S_9	S_9	S_9
S_{10}	S_1，S_2，S_3，S_4，S_5，S_6，S_7，S_8，S_9，S_{10}，S_{11}	S_3，S_4，S_{10}
S_{11}	S_1，S_2，S_5，S_6，S_7，S_8，S_{11}	S_{11}

抽出 S_5，S_8，S_9 放在最下层，删除 S_5，S_8，S_9 后剩余的情况，见表 5-13。

表 5-13　删除 S_5，S_8，S_9 后剩余的情况

因　素	先行集合 Q	交　集 T
S_1	S_1	S_1
S_2	S_1，S_2，S_6，S_7	S_2
S_3	S_1，S_2，S_3，S_4，S_6，S_7，S_{10}，S_{11}	S_3，S_4，S_{10}
S_4	S_1，S_2，S_3，S_4，S_6，S_7，S_{10}，S_{11}	S_3，S_4，S_{10}
S_6	S_1，S_6，S_7	S_6
S_7	S_7	S_7
S_{10}	S_1，S_2，S_3，S_4，S_6，S_7，S_{10}，S_{11}	S_3，S_4，S_{10}
S_{11}	S_1，S_2，S_6，S_7，S_{11}	S_{11}

再抽出 S_1，S_7 放在倒数第二层，删除 S_1，S_7 后剩余的情况，见表 5-14。

表 5-14　删除 S_1，S_7 后剩余的情况

因　素	先行集合 Q	交　集 T
S_2	S_2，S_6	S_2
S_3	S_2，S_3，S_4，S_6，S_{10}，S_{11}	S_3，S_4，S_{10}

(续)

因　素	先行集合 Q	交集 T
S_4	S_2, S_3, S_4, S_6, S_{10}, S_{11}	S_3, S_4, S_{10}
S_6	S_6	S_6
S_{10}	S_2, S_3, S_4, S_6, S_{10}, S_{11}	S_3, S_4, S_{10}
S_{11}	S_2, S_6, S_{11}	S_{11}

再抽出 S_6 放在倒数第三层，删除 S_6 后剩余的情况，见表 5-15。

表 5-15　删除 S_6 后剩余的情况

因　素	先行集合 Q	交集 T
S_2	S_2	S_2
S_3	S_2, S_3, S_4, S_{10}, S_{11}	S_3, S_4, S_{10}
S_4	S_2, S_3, S_4, S_{10}, S_{11}	S_3, S_4, S_{10}
S_{10}	S_2, S_3, S_4, S_{10}, S_{11}	S_3, S_4, S_{10}
S_{11}	S_2, S_{11}	S_{11}

再抽出 S_2 放在倒数第四层，删除 S_2 后剩余的情况，见表 5-16。

表 5-16　删除 S_2 后剩余的情况

因　素	先行集合 Q	交集 T
S_3	S_3, S_4, S_{10}, S_{11}	S_3, S_4, S_{10}
S_4	S_3, S_4, S_{10}, S_{11}	S_3, S_4, S_{10}
S_{10}	S_3, S_4, S_{10}, S_{11}	S_3, S_4, S_{10}
S_{11}	S_{11}	S_{11}

再抽出 S_{11} 放在倒数第五层，删除 S_{11} 后剩余的情况，见表 5-17。

表 5-17　删除 S_{11} 后剩余的情况

因　素	先行集合 Q	交集 T
S_3	S_3, S_4, S_{10}	S_3, S_4, S_{10}
S_4	S_3, S_4, S_{10}	S_3, S_4, S_{10}
S_{10}	S_3, S_4, S_{10}	S_3, S_4, S_{10}

最后抽出 S_3, S_4, S_{10} 放在第一层。最终层级划分结果见表 5-18。

表 5-18　最终层级划分结果

层　级	结果优先——UP 型层级	原因优先——DOWN 型层级
1	S_3, S_4, S_{10}	S_3, S_4, S_{10}
2	S_9, S_{11}	S_{11}
3	S_2	S_2
4	S_6	S_6
5	S_1, S_7	S_1, S_7
6	S_5, S_8	S_5, S_8, S_9

(6) 计算得到缩点可达矩阵 R' 缩点可达矩阵 R' 由可达矩阵 R 中所有的回路以一个要素替代,即将要素 S_3,S_4,S_{10} 缩为一点,见表 5-19。

表 5-19 缩点可达矩阵

因 素	S_1	S_2	S_3,S_4,S_{10}	S_5	S_6	S_7	S_8	S_9	S_{11}
S_1	1	1	1	0	1	0	0	0	1
S_2	0	1	1	0	0	0	0	0	1
S_3,S_4,S_{10}	0	0	1	0	0	0	0	0	0
S_5	1	1	1	1	1	0	0	0	1
S_6	0	1	1	0	1	0	0	0	1
S_7	0	0	1	0	1	1	0	0	1
S_8	0	1	1	0	1	1	1	0	1
S_9	0	0	1	0	0	0	0	1	0
S_{11}	0	0	1	0	0	0	0	0	1

(7) 计算得到骨架矩阵 S' 骨架矩阵由公式 $S' = R' - (R'-I)^2 - I$ 计算而得,见表 5-20。

表 5-20 骨架矩阵

因 素	S_1	S_2	S_3,S_4,S_{10}	S_5	S_6	S_7	S_8	S_9	S_{11}
S_1	0	0	0	0	1	0	0	0	0
S_2	0	0	0	0	0	0	0	0	1
S_3,S_4,S_{10}	0	0	0	0	0	0	0	0	0
S_5	1	0	0	0	0	0	0	0	0
S_6	0	1	0	0	0	0	0	0	0
S_7	0	0	0	0	1	0	0	0	0
S_8	0	0	0	0	0	1	0	0	0
S_9	0	0	1	0	0	0	0	0	0
S_{11}	0	0	1	0	0	0	0	0	0

(8) 计算得到一般性骨架矩阵 S 一般性骨架矩阵 S 由菊花链表示回路,即将一般性骨架矩阵 S' 带回可达矩阵 R,见表 5-21。

表 5-21 一般性骨架矩阵

因 素	S_1	S_2	S_3	S_4	S_5	S_6	S_7	S_8	S_9	S_{10}	S_{11}
S_1	0	0	0	0	0	1	0	0	0	0	0
S_2	0	0	0	0	0	0	0	0	0	0	1
S_3	0	0	0	1	0	0	0	0	0	0	0
S_4	0	0	0	0	0	0	0	0	0	1	0
S_5	1	0	0	0	0	0	0	0	0	0	0

（续）

因 素	S_1	S_2	S_3	S_4	S_5	S_6	S_7	S_8	S_9	S_{10}	S_{11}
S_6	0	1	0	0	0	0	0	0	0	0	0
S_7	0	0	0	0	0	1	0	0	0	0	0
S_8	0	0	0	0	0	0	1	0	0	0	0
S_9	0	0	0	1	0	0	0	0	0	0	0
S_{10}	0	0	1	0	0	0	0	0	0	0	0
S_{11}	0	0	1	0	0	0	0	0	0	0	0

（9）建立 ISM 模型　将要素放置在对应的层级上，把一般性骨架矩阵 S 中的边画上，得到 ISM 模型，如图 5-5、图 5-6 所示。

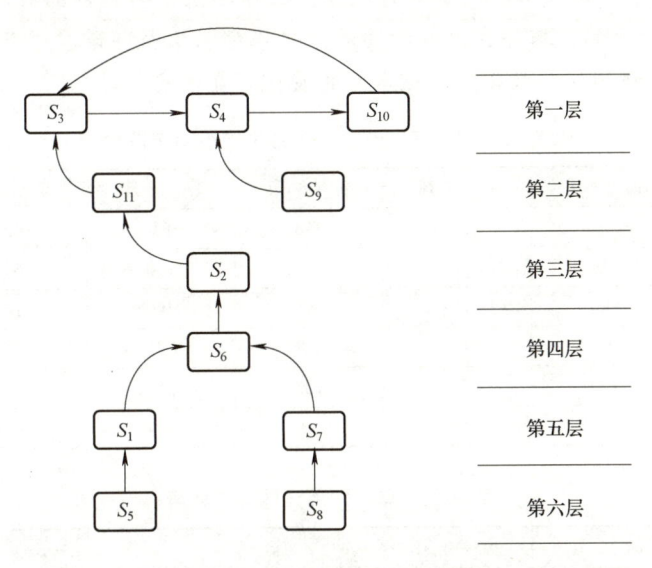

图 5-5　UP 型层级拓扑图

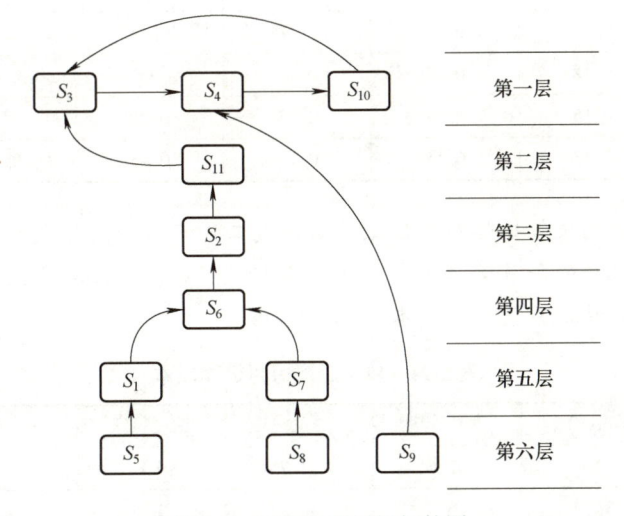

图 5-6　DOWN 型层级拓扑图

5.2.3 从-至表法

从-至表法是一种常用的生产和服务设施布局方法。利用从-至表列出不同设施、机器或部门之间的相对位置，以对角线元素为基准，计算各工作点之间的相对距离，从而找出生产单元或整个单位物料总运量最小的布置方法。这种方法比较适合小批量、多品种的生产情况。其基本步骤如下：

第一步，选择典型零件，制定典型零件的工艺路线，确定所用机床设备。
第二步，制定设备布置的初始方案，统计出设备之间的移动距离。
第三步，确定出零件在设备之间的移动次数和单位运量成本。
第四步，用实验法确定最满意的布局方法。

【例 5-3】 一个金属加工车间有六台设备，已知其生产的零件品种及加工路线，并据此给出如表 5-22 所示的，零件在设备之间的月平均移动次数矩阵，表 5-23 给出了单位距离运输成本矩阵。请用这些数据确定该车间的最佳布置方案。

表 5-22 零件在设备之间的月平均移动次数矩阵　　　　（单位：次）

设备	锯床	磨床	冲床	钻床	车床	插床
锯床	\	217	418	61	42	180
磨床	216	\	52	190	61	10
冲床	400	114	\	95	16	20
钻床	16	421	62	\	41	68
车床	126	71	100	315	\	50
插床	42	95	83	114	390	\

表 5-23 单位距离运输成本矩阵　　　　（单位：元）

设备	锯床	磨床	冲床	钻床	车床	插床
锯床	\	0.15	0.15	0.16	0.15	0.16
磨床	0.18	\	0.16	0.15	0.15	0.15
冲床	0.15	0.15	\	0.15	0.15	0.16
钻床	0.18	0.15	0.15	\	0.15	0.16
车床	0.15	0.17	0.16	0.20	\	0.15
插床	0.15	0.15	0.16	0.15	0.15	\

解：将月平均移动次数矩阵与单位距离运输成本矩阵的相同位置的数据相乘，得到从一台机器到另一台机器的每月运输成本，见表 5-24。然后，再按对角线对称的成本元素相加，得到两台机器间的每月总运输成本，见表 5-25。

表 5-24 单位距离每月运输成本　　　　（单位：元）

设备	锯床	磨床	冲床	钻床	车床	插床
锯床	\	32.6	62.7	9.8	6.3	28.8
磨床	38.9	\	8.3	28.5	9.2	1.5

(续)

设 备	锯 床	磨 床	冲 床	钻 床	车 床	插 床
冲床	60.0	17.1	\	14.3	2.4	3.2
钻床	2.9	63.2	9.3	\	6.2	10.9
车床	18.9	12.1	16.0	63.0	\	7.5
插床	6.3	14.3	13.3	17.1	58.5	\

表 5-25　单位距离每月总运输成本　　　　　　　　　　（单位：元）

设 备	锯 床	磨 床	冲 床	钻 床	车 床	插 床
锯床	\	71.5③	122.7①	12.7	25.2	35.1
磨床	\	\	25.4	91.7②	21.3	15.8
冲床	\	\	\	23.6	18.4	16.5
钻床	\	\	\	\	69.2④	28.0
车床	\	\	\	\	\	66.0⑤
插床	\	\	\	\	\	\

接着，确定紧密相邻的系数。其确定依据就是总运输成本的大小。按总运输成本的大小，从大到小降序排列，就得到了机器（或部门）之间的紧密相邻程度。如本例，根据表 5-25 中的①②③④⑤的顺序，应将锯床与冲床相邻布置、磨床与钻床相邻布置、锯床与磨床相邻布置、钻床与车床相邻布置、车床与插床相邻布置。最后布置结果如图 5-7 所示。

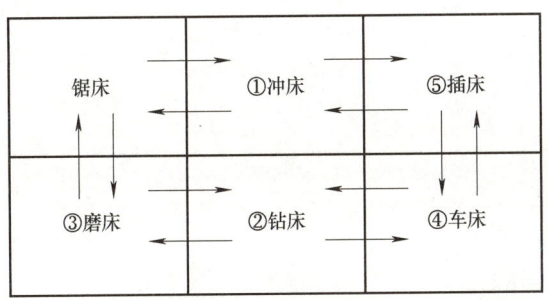

图 5-7　最后布置结果

从-至表法的另一种应用是扩展成物料运量图法。物料运量图法是按照生产过程中物料的流向及生产单元之间的运输量布置企业的车间及各种设施的相对位置，其步骤如下：

1) 根据原材料、在制品在生产过程中的流向，初步布置各个生产车间和生产服务单位的相对位置，绘出初步物流图。

2) 统计车间之间的物料流量，制定物料运量表，见表 5-26。

表 5-26　车间之间的物料运量表　　　　　　　　　　（单位：吨）

物料号	01	02	03	04	05	总　计
01	\	7	2	1	4	14

(续)

物 料 号	01	02	03	04	05	总 计
02	\	\	6	2	\	8
03	\	4	\	5	1	10
04	\	\	6	\	2	8
05	\	\	\	2	\	2
总计	0	11	14	10	7	\

3) 按运量大小进行初试布置，将车间之间运输量大的安排在相邻位置，并考虑其他因素进行改进和调整。

最后运量结果如图 5-8 所示。因为部门 01 和部门 02、部门 02 和部门 03、部门 03 和部门 04 之间的运量较大，所以应该相邻布置。

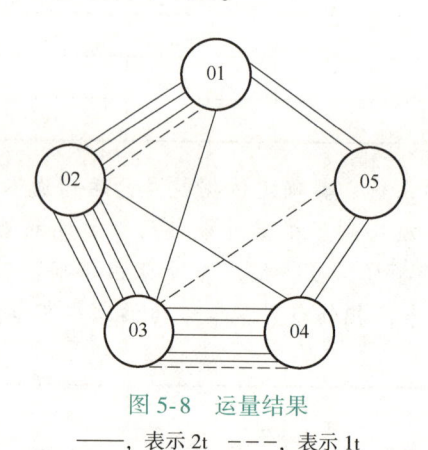

图 5-8　运量结果
——，表示 2t　---，表示 1t

5.3　设施布局

5.3.1　设施布局概述

生产和服务设备或设施布局是指合理安排企业或某一组织内部各个生产作业单位和辅助设施的相对位置与面积、车间内部生产设备的布局。生产和服务设施布局要在确定了企业内部生产单位组成和生产单位内部采用的专业化形式之后才能进行。

设施布局是在一个给定的设施范围内，对多个经济活动单元进行位置安排。所谓经济活动单元，是指需要占据空间的任何实体，包括人。如：机器、工作台、通道、桌子、储藏室、工具架等。所谓给定的设施范围，可以是一个工厂、一个车间、一座百货大楼、一栋写字楼或一个餐馆等。

设施布局的目的是要将企业内的各种物质设施进行合理安排，使它们组合成一定的空间形式，从而有效地为企业的生产运作服务，以获得更好的经济效果。设施布局在设施位置选定之后进行，它要确定组成企业的各个部分的平面或立体位置，并相应地确定物料流程、运输方式和运输路线等。

5.3.2 设施布局的重要性

设施布局最早诞生于制造业，一直都是工业工程降低成本、减少运输距离的方法之一。长期的探索发现，设施布局的好坏对生产中的成本、顺畅程度等都有很大的影响。起步较早的发达国家将设施规划看得十分重要，认为它是决定企业能否长期生存的指标之一。设施布局的好坏可直接影响企业的利益，被认为是生产过程中最重要的因素之一。

设施布局对企业至关重要。合理的设施布局可以帮助企业提高空间、设备和人员的利用率；为员工提供安全舒适的工作环境，提高员工的工作效率；增强产能；改进材料和人员的移动路线；改善与顾客之间的互动；增强生产柔性，降低成本等。

5.3.3 设施布局决策的原则

1. 安全原则

设施布局应该符合安全生产的原则，按照生产性质、防火、环保等要求来划分厂区。

2. 弹性原则

设施布局规划时需要考虑可能导致布局变更的各种因素，以便于以后的扩展和调整。

3. 工艺原则

设施布局应该符合生产工艺过程的要求，使上下工艺衔接合理、人员移动及物料运输的距离最短、人流和物流尽量畅通无阻，避免出现迂回和交叉现象。

4. 经济原则

设施布局应该尽可能地利用空间、人力，以及现有的设施来降低成本。

5. 人性化原则

设施布局要考虑人性化。工作环境应安全、健康、舒适，以满足工作人员的身心要求，提高工作效率。

5.3.4 影响企业生产单位构成的因素

本节以制造业企业为例讨论企业内部生产结构问题。从我国制造业企业的一般结构特点来看，企业内部的生产车间（或生产分厂）是基本生产单位，车间下设工段或生产小组，实行分层管理，分别完成各项生产任务。

企业生产单位的构成因行业不同差异较大，尤其是机械制造企业生产单位设置比较复杂。每家企业都有自身的特点，多受下列因素的影响。

1. 企业的专业化与协作化水平

企业的专业化是以生产的产品品种多少和工艺类型与方法的单一化程度来衡量的。专业化程度高的企业，年产量较大，生产单位（车间）的任务比较单一。企业的生产专业化形式不同，相应设置的生产单位也不同。采用产品专业化形式的企业，要求企业有较为完整的生产单位，应设置毛坯车间、机械加工车间、热处理车间、装配车间等，如汽车制造企业。采用零件专业化形式的企业，多数没有完整的加工过程、工艺阶段，可不设置装配车间或毛坯车间，如齿轮厂等。采用工艺专业化的企业，一般只设有相应工艺阶段的车间，如装配厂只有部件装配车间、总装车间等。

企业的专业化程度高，必然有大量的外协件需要协作化生产，企业将零部件的制造分发出去，采用外包的方式组织制造资源。这样，企业自身的制造活动就少了许多，这时就更强调企业间的合作。有时地理上的因素是一个很重要的考量，对选址和布局的要求更高了。

企业的协作化水平不同，相应地由不同的生产单位组成。协作范围越广，则企业的生产车间组成越简单。

2. 企业的生产规模

企业的生产规模是指劳动力和生产资料在企业的集中程度，如企业职工人数、固定资产总值、产品总产值等，企业按生产规模大小可分为大、中、小规模的企业。大型企业的车间规模大，为了便于组织生产，同类生产性质的车间往往设置多个，如机械加工一车间、机械加工二车间等；小型企业，则可将加工与装配设置在一个车间。

3. 产品的结构与工艺特点

生产单位应根据产品的结构要求，设置相应的制造车间，如生产机械产品的制造企业，生产单位可由毛坯车间、加工车间、装配车间组成；流程式的化工行业则严格按工艺流程的阶段组成车间。同类型的产品，结构相似，可能采用不同的工艺方法，如齿轮厂的毛坯，可以模锻而成或精密铸造，因而相应地设置锻造车间或铸造车间，或者锻造车间与铸造车间均设置。

▶ 5.3.5 生产单位的专业化原则和形式

生产单位的专业化原则和形式，影响企业内部的生产分工和协作关系，决定着运输量、物料流向和物流路线，它是企业与车间平面布局中必须考虑的重要因素。按照生产流程的不同类型，生产单位的专业化原则有对象专业化原则和工艺专业化原则。

1. 对象专业化原则

按照产品（零件、部件）建立的生产单位，形成对象专业化车间。对象专业化形式的生产单位内集中了完成同一产品生产所需的设备、工艺装备和工人，可以完成相同产品的全部或大部分加工任务，如汽车制造厂的发动机车间、曲轴车间、齿轮工段等生产单位。对象专业化生产单位便于采用高效专用设备组织连续流水作业，可缩短运输路线、减少运输费用，有利于提高生产效率、缩短生产周期，同时还简化了生产管理。但是，对象专业化生产单位只固定了生产一种或很少几种产品的设备，因而对产品品种变化的适应能力较差。

按对象专业化形式组成车间（工段）的主要优点是：有利于提高工作地的专业化程度，可以采用高效率的专用设备，提高工作效率，提高生产过程的连续性，缩短生产周期，简化生产管理工作。在以对象专业化形式建立的车间与工段内多采用流水生产组织形式。这种形式的主要缺点是：适应市场需求变化的应变能力较差。对象专业化原则布局形式适用于大量大批生产类型。

2. 工艺专业化原则

按照工艺专业化特征建立的生产单位，形成工艺专业化车间。按工艺专业化形式组成的生产单位内，集中了完成相同工艺的设备和工人，可以完成不同产品上相同工艺内容的加工，如制造业企业中的机械加工车间、锻造车间、车工工段、铣工工段等生产单位。工艺专业化生产单位具有对产品品种变化适应能力强、生产系统可靠性高、工艺管理方便的优点，但由于完成整个生产过程需要跨越多个生产单位，因而也有加工路线长、运输量大、运输成本高、生产周期长、组织管理工作复杂等缺点。同时，由于变换品种时需要重新调整设备，耗费的非生产时间较多，生产效率低。

事实上，现实中的企业，特别是机械制造企业，纯粹按工艺专业化形式或对象专业化形式布局的较少，常常是同时采用两种专业化形式进行车间或企业的布局。对象专业化原则适用于大量大批生产，工艺专业化原则适用于批量生产。

对象专业化原则和工艺专业化原则具有普遍的适用意义。例如，政府部门有各种不同职能部门，一般是按职能分工布局，可以认为是工艺专业化原则。在这种布局下，一份公文的审批要经过若干个部门，耗费时间长，效率较低。如果围绕某种特殊任务，如审批外商投资项目，为了提高办公效率，采用流水作业方式处理项目申请，很快就可以办完手续，这就是对象专业化原则的具体应用。

5.3.6 影响设施布局决策的因素

影响生产和服务设施布局决策的因素如下：

1）生产联系和协作关系密切的单位应布局得相互靠近，如机械加工和装配车间应该安排在相邻的位置上。

2）按照生产性质、防火和环保要求，合理划分厂区，如动力设施区、热加工车间区、冷加工车间区。为了减少居民生活区的污染，生活区应设在上风区。

3）工厂布局应考虑有扩建的余地。

4）在考虑防火和卫生条件下，总平面布置应力求占地面积小。

5）厂房的布局应满足生产过程的要求，以避免互相交叉和迂回运输，缩短生产周期，节省生产费用。

6）充分利用现有运输设施，如公路、铁路、港口及供水、供电等公共设施。

5.4 设施布局设计

5.4.1 设施布局的基本类型

1. 物料流程形式

如前所述，设施布局的目标是使物流成本最小。当物流成本最小是主要目标时，流程分析在布局中就很重要。物料流程形式可以分为水平和垂直两种：当所有的设备、设施都在同一个车间里时，就按水平方式考虑；当生产作业是在多个楼层周转时，就按垂直方式考虑。

2. 工艺导向布局

工艺导向布局是指按照工艺专业化生产流程来组织生产单元，即按照工艺专业化原则将同类机器集中在一起,完成相同工艺加工任务。工艺导向布局适用于多品种产品的加工或综合性的多样化服务。

工艺导向布局如图5-9所示。

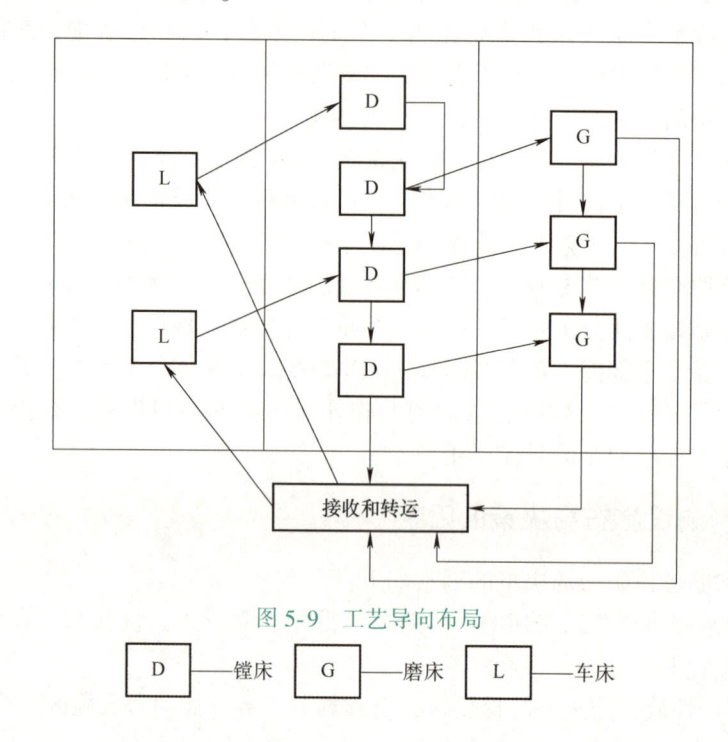

图 5-9 工艺导向布局

D —— 镗床　　G —— 磨床　　L —— 车床

3. 固定式布局

固定式布局(Fixed Position Layout)是指加工对象的位置固定,生产人员和加工设备随着加工对象位置的变化而不断移动的布局方式,如内燃机车的装配、造船装配等,这种布局形式适用于体积庞大、笨重、不易移动的加工对象。

由于某些产品体积庞大笨重,不容易移动,因此可保持产品不动,将工作地按产品的要求来布局,如图5-10所示。例如,大型飞机、航母、船舶、重型机床等就是如此。这样的项目,一旦基本结构确定下来,其他一切功能都围绕着产品而固定下来,如操作人员、装配工具、机器等。

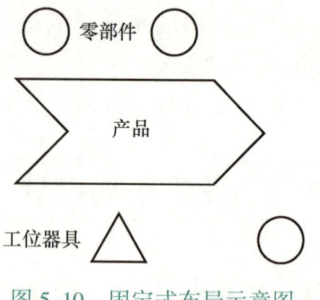

图 5-10 固定式布局示意图

4. 单元式布局

单元式布局是指将不同的机器和不同工种的工人组成一个生产单元。根据零件的分类,各个生产单元对工艺和形状相似的零件或产品进行加工生产。

按工艺专业化布局生产和服务设施,带来的问题是很明显的。它容易造成被加工对象在生产单位之间交叉往返运输,增加了费用。人们经过研究,创造了按成组制造单元布局(Layouts Based on Group Technology)的形式。它的基本原理是,先根据一定的标准将结构和工艺相似的零件组成一个零件组,确定零件组的典型工艺流程,再根据典型工艺流程的加工内容选择设备和工人,由这些设备和工人组成一个生产单元,如图5-11所示。成组制造单元类似对象专业化形式，因而也具有对象专业化形式的优点。但成组制造单元更适合多品种的批量生产，因而又比对象专业化形式具有更高的柔性，是一种适合多品种、中小批量生产的理想生产方式。

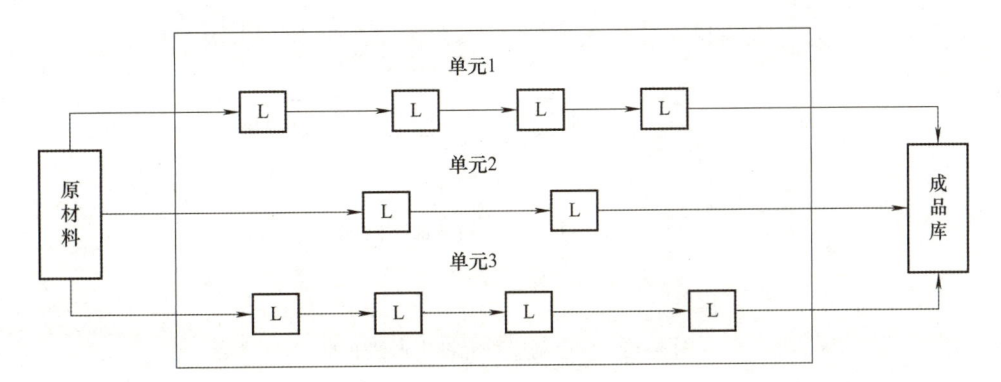

图 5-11　按成组制造单元布局示意图

（注：L 为车床。）

5. C 形制造单元布局

成组制造单元可以布局成 C 形，简称 C 形制造单元布局（C-line Cell），如图 5-12 所示。

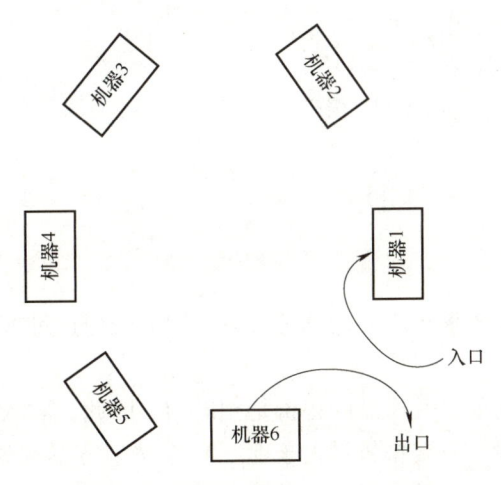

图 5-12　C 形制造单元布局示意图

6. U 形制造单元及生产线布局

U 形制造单元及生产线布局（U-line Cell）如图 5-13 所示。

7. 产品导向布局

产品导向布局是指按照产品专业化生产流程来组织生产单元，即将加工某种产品或零部件所需的全套设备和相关工种的工人集中在一个生产单元，完成相同产品大部分或者全部的加工任务。产品导向布局适用于大批量、高标准化的产品和单一化服务。生产流水线就是典型的产品导向布局，如图 5-14 所示。

73

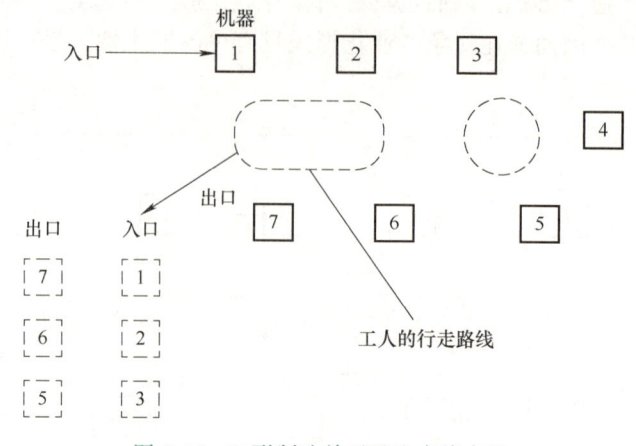

图 5-13　U 形制造单元及生产线布局

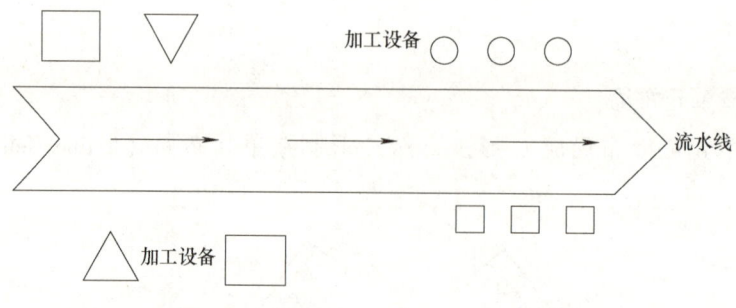

图 5-14　按产品（对象）布局示意图

5.4.2　设施布局的定量分析

1. 量本利分析法

量本利分析法可以用来评价不同的选址方案，因为任何选址方案都有一定的固定成本和变动成本。

假定无论厂址选在何处，其产品的售价是相同的。因此，收入曲线相同。对制造业来说，厂址不影响其销售量。只要销售量大于 V_0，两个选址方案都盈利。但是，由于厂址 1 的总成本较低，在销售量相同的情况下，其盈利较多。然而，我们并不能得出总成本最低的选址方案盈利最多的结论。因为以上结论是在售价和销售量都相同的假设下才成立。如果是服务业，如零售店，不同选址方案的销售量不同。

量本利分析法也能用于多个选址方案的比较，成本曲线和收入曲线也不一定为直线。

2. 评分法

量本利分析法只是从经济上进行比较。如前所述，选址涉及多方面的因素，有些因素是无形的、难以量化的。全面比较不同的选址方案，是一个多目标或多准则的决策问题。由于不同的目标对选址决策的重要程度不同，就要对不同的目标分配不同的权重。权重通过分配给不同目标以不同的最高分数来体现。表 5-27 为评分法举例。有 3 个候选厂址：

A、B 和 C，它们的经济因素相当。现按照 7 个难以量化的因素对它们进行进一步比较。这 7 个因素对选址的重要性不同，这种不同从表 5-27 中第 2 列"最高分数"中可以看出。由专家估计每个方案的分数，得出第 3~5 列中的数字。比较这些数字可以看出，厂址 C 的每项分数都没有超过厂址 B 的分数，厂址 B 与厂址 A 都有优于对方的因素，因此可以不考虑厂址 C。厂址 B 的总分数为 900，厂址 A 的总分数为 840，可以优先选择厂址 B。

表 5-27 评分法举例

选址因素	最高分数	候选厂址 A	候选厂址 B	候选厂址 C
未来燃料可获性	300	200	250	220
水源供应的充足程度	100	80	90	80
劳动力供应情况	250	220	200	200
生活条件	150	120	120	100
运输的灵活性及前景	200	160	160	140
环境污染法规	50	30	40	30
税收稳定性	50	30	40	30
共计	1100	840	900	800

评分法也可以采用其他形式，如表 5-28 所示的加权法。用加权法，每一个选址因素最多为 100 分，其重要程度由权重表示。这样专家评分时会感觉方便些。

表 5-28 加权法

选址因素	权重	候选厂址 A	候选厂址 B	候选厂址 C
交通条件	0.25	70	100	80
土地状况	0.10	80	70	100
停车场地可获性	0.20	70	60	60
公众态度	0.25	90	80	90
扩展潜力	0.20	90	80	80

对于多目标决策问题，如有多个备选方案（厂址），可以采取以下办法进行决策：

（1）淘汰法　如果多个备选方案中有一些方案的每项指标值（点数）都不优于某一方案对应的指标值，则这些备选方案都可以被淘汰，如表 5-27 中的厂址 C。

（2）设置最低指标值法　对某些评价指标设置最低值，任何方案的相应指标若低于这个最低值，则该方案被淘汰。这种方法在入学考试中经常采用，设定某门功课低于某一分数线，则不予录取。在厂址选择中有些因素也是不能太差的，比如水源，若达不到一个最低标准，则不能建厂。

（3）加权和法　将每个方案的各项指标分值乘以各项指标的权重之后求和，取加权和最大者。在表 5-28 所示的例子中，比较厂址 A 和厂址 B 就是采用的这种方法，只不过将权重体现在分数设置上。

3. 作业相关图法

作业相关图法是根据各工作地之间关系的密切程度进行设施布局的一种方法。作业相关图法是由穆德提出的，他是根据企业各个部门之间的活动关系密切程度布局其相互位置的。首先将关系密切程度划分为 A、E、I、O、U、X 六个等级，其意义见表 5-29。

表 5-29 关系密切程度分类

代 号	密 切 程 度	代 号	密 切 程 度
A	绝对重要	O	一般
E	特别重要	U	不重要
I	重要	X	不予考虑

然后，列出影响关系密切程度的因素，见表 5-30。使用这两种资料，将待布局的部门一一确定出相互关系，根据相互关系重要程度，按重要等级高的部门相邻布局的原则，安排出最合理的布局方案。

表 5-30 影响关系密切程度的因素

代 号	因 素	代 号	因 素
1	共用人员	6	人员接触频繁
2	共用场所	7	工作的相似性
3	共用记录	8	流程的连续性
4	公用设施	9	其他
5	文件接触频繁		

最后，确定各工作地之间的关系密切程度等级，并将等级关系绘制在如图 5-15 所示的网格中，然后根据"关系密切程度高的工作地相邻布局"这一原则布局设施。

【例 5-4】 一个工厂欲布局一条生产线。该生产线共分成 6 个模块，计划布局在一个 2×3 的区域内。已知这 6 个模块间的作业关系密切程度，如图 5-15 所示，请据此做出合理布局。

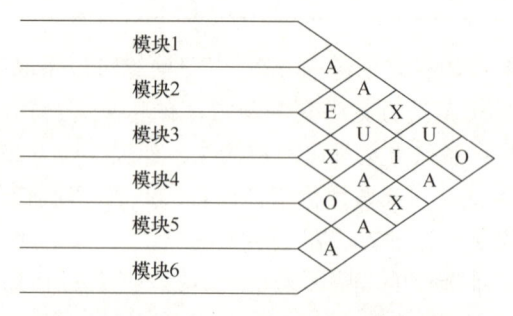

图 5-15 6 个模块间的作业关系密切程度

A——绝对重要　E——特别重要　I——重要　O——一般　U——不重要　X——不予考虑

解：第一步，列出各部门之间的关系密切程度分类表（只考虑 A 和 X），见表 5-31。

表 5-31 关系密切程度分类表（A 和 X）

A	X	A	X	A
1-2	1-4	2-6	3-4	4-6
1-3	3-6	3-5		5-6

第二步，根据列表编制主联系簇。编制原则是首先确定 A 关系中出现最多的部门，再找出与该部门的关系密切程度为 A 的其他部门，并根据各部门之间的关系绘制出主联系簇。例如，本例 A 关系中，模块 6 出现 3 次，首先确定模块 6，然后将与模块 6 的关系密切程度为 A 的模块 2、模块 4、模块 5 一一联系在一起，如图 5-16 所示。

第三步，考虑 A 关系中的其他模块，如能加在主联系簇上就尽量加上去，否则画在分离的子联系簇中。本例中，所有部门都能加到主联系簇上去，如图 5-17 所示。

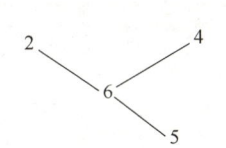

图 5-16 A 关系联系簇（一）

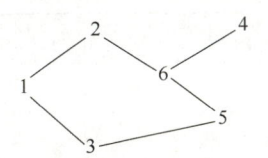

图 5-17 A 关系联系簇（二）

第四步，画出 X 关系联系簇图，如图 5-18 所示。

第五步，根据联系簇图和可供使用的区域，用试验法布局所有模块，结果如图 5-19 所示。

图 5-18 X 关系联系簇

图 5-19 模块布局

4. 装配线平衡法

装配线平衡法又称工序同期化，是对于某装配流水线，在给定流水线的节拍后，求出装配线所需工序的工作地数量和用工人数最少的方案。装配线平衡法还可以表述为：对于特定的产品，给定工作地数量，求出使流水线节拍最小的配置方案。这两种表达方式都是要使各工作地的单件作业时间尽可能接近节拍或节拍的整数倍。

装配线平衡法的具体步骤如下：

1）确定装配线节拍。

2）计算装配线上需要的最小工作地数。其计算公式为

$$S_{\min} = \left[\frac{\sum t_i}{r}\right] \tag{5-2}$$

式中，$S_{\min}$ 是最小工作地数；t_i 是单位产品在工序 i 的加工时间；Σt_i 是单位产品的总加工时间；r 是装配线节拍；$\left[\dfrac{\Sigma t_i}{r}\right]$ 是大于或等于 $\dfrac{\Sigma t_i}{r}$ 的最小整数。

3）将工序分配到各工作地，分配原则如下：

① 保证各工序的先后顺序。

② 在每一次分配前，需要保证先行工序已经分配完毕，并且分配工序的加工时间不能超过该工作地的剩余时间。

③ 分配到每个工作地的各工序作业时间之和（T_e）不能大于节拍，且应尽可能地接近或等于节拍。

④ 运用装配线平衡的启发式方法进行分配，见表 5-32。

表 5-32 装配线平衡的启发式分配方法

方　　法	原　　则
最长作业时间	从现有作业中选择作业时间最长的
最多紧后工作	从现有作业中选择紧后作业数最多的
位置权重排序	从现有作业中选择紧后作业时间总和最长的
最短作业时间	从现有作业中选择作业时间最短的
最少紧后作业数	从现有作业中选择紧后作业数最少的

4）计算装配线的平衡率。其计算公式为

$$\varepsilon = \dfrac{\Sigma t_i}{S_t r} \times 100\% \tag{5-3}$$

式中，ε 是装配线的平衡率，S_t 是分配工序后得到的实际工作站数；t_i、Σt_i、r 的定义同式（5-2）。

【例 5-5】 某装配线的工作顺序及作业时间如图 5-20 所示，假设每天工作 8h，午间停机 20min，每天的产量为 230 个。请根据以上信息进行装配线平衡。

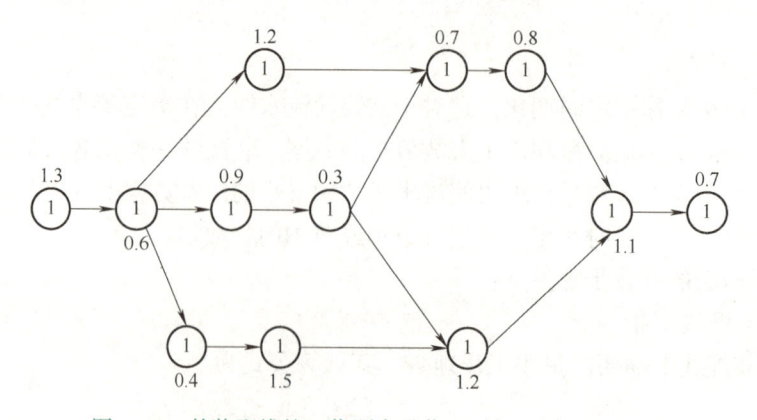

图 5-20 某装配线的工作顺序及作业时间（单位：min）

解：1) 确定装配线节拍。

$$r = \frac{(8 \times 60 - 20) \text{min}}{230 \text{ 个}} = 2.0 \text{min}/\text{个}$$

2) 计算最小工作地数。

$$S_{\min} = \left\lceil \frac{\Sigma t_i}{r} \right\rceil = \left\lceil \frac{(1.2+0.7+0.8+1.3+0.6+0.9+0.3+1.1+0.7+0.4+1.5+1.2)\text{min}}{2.0\text{min}/\text{个}} \right\rceil = 6 \text{ 个}$$

3) 分配工序　按照工序的分配原则，当有两个可供分配的作业时，首先分配后续作业数多的工序，当出现了多个工序的后续作业数一样的情形时，先分配时间最长的工序。分配结果见表 5-33。

表 5-33　分配结果

工 作 地	剩余时间/min	工　序 可供分配	工　序 适合分配	分配的工序（作业时间/min）	闲置时间/min
1	2	1	1	1 (1.3)	0.1
	0.7	2	2	2 (0.6)	
	0.1	3, 4, 5	—	—	
2	2	3, 4, 5	4, 5	4 (0.9)	0.4
	1.1	3, 5, 6	5, 6	5 (0.4)	
	0.7	3, 6, 7	6	6 (0.3)	
	0.4	3, 7, 8, 9	—	—	
3	2	3, 7, 8, 9	3, 8	3 (1.2)	0.1
	0.8	7, 8, 9	8	8 (0.7)	
	0.1	7, 9, 10	—	—	
4	2	7, 9, 10	7	7 (1.5)	0.5
	0.5	9, 10	—	—	
5	2	9, 10	9, 10	9 (1.2)	0
	0.8	10, 11	10	10 (0.8)	
	0	11	—	—	
6	2	11	11	11 (1.1)	0.2
	0.9	12	12	12 (0.7)	
	0.2	—	—	—	

4) 计算装配线的平衡率。

$$\varepsilon = \frac{\Sigma t_i}{S_t r} \times 100\% = \frac{10.7\text{min}}{6 \text{ 个} \times 2\text{min}/\text{个}} \times 100\% = 89.17\%$$

思考题

1. 哪些因素导致生产服务设施应该靠近原材料供应地？

2. 哪些因素导致生产服务设施应该靠近销售市场？
3. 如何确保设施选址决策符合可持续发展和绿色物流的要求？
4. 如何通过设施布局优化来提高空间利用率和减少浪费？
5. 厂区设施布局的目标是什么？
6. 设施内部布局如何影响工作效率和物流流程？
7. 在设施布局规划中，如何平衡成本、效率、安全性和灵活性？

第 6 章

工作研究

6.1 工作设计的基本思想与方法

6.1.1 工作设计的基本思想

工作设计是指详细说明在组织中的个人或者团体的工作活动内容。工作设计的目标是制定工作结构，以满足组织和技术的要求以及员工生理和个人的需求。工作设计涉及工作内容、工作方法的具体化、详细化。工作设计者要考虑由谁来做这个工作、工作将如何进行，以及在何处开展工作。总的来讲，工作设计的目的是建立有生产力的、安全的、有效的工作系统。

1. 科学管理理论

20 世纪初，科学管理运动的创始人，美国工业发展史上的代表人物弗莱德里克·泰勒首创了时间研究和动作研究。与泰勒同时代的一些著名的科学管理运动先驱，如吉尔布雷斯夫妇、甘特及埃默森等人，进一步发展了泰勒的科学管理思想，丰富了研究方法和工作测定方法，形成了工作研究体系。

科学管理思想的主要内容包括工作方法不能凭经验，应该通过研究，制定科学的工作方法，并规定应达到的基本工作量；每项工作都可以通过下述步骤得到改进，即把工作内容分解为基本单元，观察和研究这些单元的工作内容和工作方法，测定所需的时间，并找出更合理、有效的方法。对于经过培训，使用标准工作方法，并能达到标准工作量的人员，则应给予奖励。

如今，社会生产已进入了自动化和计算机控制时代，就业结构已从单一转向了多重特征。面对如此巨大的变革，科学管理的思想和方法仍然有效。当然，泰勒的科学管理理论也有一定的局限性，如科学管理要求把工作细分化、单纯化，并制定科学合理的工作方法，再通过标准化，要求每个工作人员都按照工作标准去做，以期使所有工作人员都能完成标准工作量。这里只考虑了工作涉及的技术性层面，而忽略了人的社会性和精神方面，这对于发挥人的积极性和创造性是很不利的；只注重个人的工作效率，重视个人工作方法的改进和优化，而忽略了集体协作、团队工作，只是各部门、各工序之间协作配合，这对提高企业整体效率不利，追求的只是静态的优化而不是动态的优化。

2. 社会技术系统理论

社会技术系统理论是指一种认为只有通过社会与技术系统同时优化，才能达到经济系统的最优化的组织系统理论。该理论源于 20 世纪 40 年代，主要代表人物有英国的特里斯特，他根据对煤矿中采煤法研究的结果，认为要解决管理问题，只分析社会协作系统是不够的，还必须分析研究技术系统对社会的影响，以及对每个人的心理影响。他认为管理的绩效以至组织的绩效，不仅取决于人们的行为态度及其相互影响，还取决于人们工作所处的技术环境。管理人员的主要任务之一就是确保社会协作系统与技术系统的相互协调。该学派的大部分著作集中于研究科学技术对个人、对群体行为方式，以及对组织方式和管理方式的影响，特别注重工业工程、人机工程等。

其主要思想是任何一个生产运作系统都包括两个子系统：技术子系统和社会子系统。如果只强调其中的一个而忽略另一个，就有可能导致整个系统效率低下，因此应该把生产运作主旨看作一个社会技术系统，其中包括设备、物料等。人是投入因素，因此这个系统就应该具有社会性，人与其他因素结合的好坏不仅决定着系统的经济效益，还决定着人对工作的满意程度，这是很重要的。

3. 人体工程学理论

人体工程学是一门"研究人在某种工作环境中的解剖学、生理学和心理学等方面的各种因素；研究人和机器及环境的相互作用；研究人在工作中、家庭生活中和休假时怎样统一考虑工作效率、人的健康、安全和舒适等问题的学科"。日本千叶大学小原教授认为："人体工程学是探知人体的工作能力及其极限，从而使人们所从事的工作趋向适应人体解剖学、生理学、心理学的各种特征。"当今社会发展向后工业社会、信息社会过渡，重视以人为本、为人服务，人体工程学强调从人自身出发，在以人为主体的前提下研究人们的一切生活、生产活动中综合分析的新思路。

人体工程学起源于欧美国家，最初是在工业社会开始大量生产和使用机械设施的情况下探求人与机械之间的协调关系，人体工程学作为独立的学科有40多年的历史。第二次世界大战中的军事科学技术，开始运用人体工程学的原理和方法，研究在坦克、飞机的内舱设计中，如何使人在舱内有效地操作和战斗，并尽可能使人长时间在小空间内减少疲劳，即处理好人—机—环境的协调关系。第二次世界大战后，各国把人体工程学的实践和研究成果迅速有效地运用到空间技术、工业生产、建筑及室内设计中，1960年创立了国际人体工程学协会。

早期的人体工程学主要研究人和工程机械的关系，即人机关系。其内容有人体结构尺寸和功能尺寸，操作装置，控制盘的视觉显示。这就涉及人体解剖学和人体测量学等，继而研究人和环境的相互作用，即人—环境的关系，这又涉及了环境心理学等。至今，人体工程学的研究内容仍在发展。

4. 人机工程学

人机工程学是把人—机—环境作为研究的基本对象，运用生理学、心理学和其他有关学科知识，根据人和机器的条件和特点，合理分配人和机器承担的操作职能，并使之相互适应，从而为人创造出舒适和安全的工作环境，使工作效率达到最优的一门综合性学科。

该项目起源于欧洲，发展于美国，目前世界上主流的应用标准由两个机构制定：美国国家职业安全卫生研究所和欧洲职业安全与健康署。随着我国工业工程的不断推进，目前属于我国的人机工程学标准仍在制定中。

由于人机工程学研究人—机—环境的特点，在企业中，既可以将人机工程应用于生产线的日常操作中，又可将人机工程应用于办公室人群。当前，久坐已经成为危害人类健康的重要问题之一。在办公室推广人机工程学项目,不仅可以达到降低员工由于久坐引发的骨骼肌问题的风险,也可以提升员工的幸福感、归属感和企业文化认同感。既可以为企业降低员工的病休假率,又可以提升企业形象及竞争力。

在生产车间中,员工的操作属于长期重复同种类型的劳作。这类工作不仅使人感到疲劳,同时,若人机工程学环境不良还容易导致各项风险,如部件损坏和病休及工伤风险提高等问题。调查显示,生产企业员工随着年龄的逐渐增加,由于劳作产生的骨骼肌问题也随之增加。一份来自德国某生产企业的调查报告显示,在该企业不同年龄段的人群中,20~40岁的1000名员工每年由于骨骼肌问题产生的休假总天数达到5000天,40~60岁的1000名员工每年由于骨骼肌问题产生的休假总天数达到22000天。在该企业的海外工厂也出现了同样的趋势。生产车间的人机工程学项目,主要包括工作环境的设置评估,如工作台的高度、工作台的亮度、使用的工具等,为员工设置合理的工作环境;员工操作的方式评估,如敲击的次数、身体屈曲的幅度、姿势的替换等,用于改良工作的习惯,预防由于长期过度使用身体某些部位生病(大部分骨骼肌疾病在工伤与职业病的鉴定中无法被认定)引发的长期休假等;依照职业安全部门对暴露风险因素的评估进行对比评估,从而出具更加合理的改进报告或建议等。同时,该项目还可为生产部门的后期规划、新生产线的应用以及工作量的分配提供初步的依据。

5. 人因工程学

人因工程学是近年来迅速发展的一门综合性交叉学科,越来越受到人们的关注。它运用多学科理论和方法,研究人、机器及其工作环境之间的相互关系,使系统的设计满足人的生理、心理特性并实现安全高效的目标。如何构建安全、和谐、高效的人机关系不仅是复杂军事与工业领域高度关注的课题,还与人们未来工作与生活的品质息息相关。这些问题的解决正是人因工程学致力的目标。

航天员和飞船、空间站、机械臂协同工作,形成了特殊环境、特殊任务、特殊装备和特殊人员的复杂人机系统。人因工程学近年来发展迅速,研究领域不断扩大,在大国重器中起着举足轻重的作用。人因工程学从传统人机关系研究扩大到人与工程设施、生产制造、技术工艺、方法标准、生活服务、组织管理等要素的相互协调适应上,应用范围也从航空航天、复杂工业系统扩展到各行各业,以及人类生活的各个领域,如衣、食、住、行、学习及工作等各种设施用具的科学化、宜人化上。人因工程学研究的核心是人,而认知科学对人的意识与思维的研究为人因工程学提供了重要的理论基础和优化设计的科学基础。近年兴起的神经人因学被广泛关注并获得发展。大规模数字化、云计算、物联网、无人驾驶、虚拟现实、先进机器人技术、人工智能等的兴起,导致了人机关系的变化,也带来了新的人因工程学方向。目前,我国载人航天已完成14次出舱活动任务,这是人因设计保障的结果。

6.1.2 工作设计的方法

工作设计的方法,即从技术的角度,根据劳动分工或专业化的原则,对生产过程或工艺流程中的各个组成部分、环节、活动、操作及其相互关系进行记录、分析和评价的方法。最常见的方法有以下几种:

1. 工作专业化

工作专业化是指一个人工作任务范围的宽窄，所需技能的多少。工作专业化程度越高，所包含工作任务的范围就越窄，重复性就越强。因此，一种观点认为，工作专业化程度越高，效率越高。但是在这种情况下，相应所需的工作技能范围比较窄，要求也不高。反过来，工作专业化程度低，意味着工作任务的范围较宽，变化较多，完成这些工作需要多种技能。工作专业化的过程是指缩小工作范围或减少工作内容的过程。工作专业化程度越高，所包含的工作范围就越窄，工作的重复性就越高。

工作专业化设计的运用场景需要具体分析，对于某些企业、某些工作，工作专业化程度较高是有利的；对于另外一些企业和工作，可能就相反。在大多数以产品对象专业化为生产组织方式的企业中，高度工作专业化都可以达到较好的效果。例如，大量生产方式（汽车、家电）中装配线上的工作就适应这种高度工作专业化。反过来，对于主要进行多品种、小批量生产的企业来说，工作专业化程度低一些才能有较强的适应性。

这也不一定是一般规律。一个著名的事例发生在瑞典的沃尔沃汽车公司。传统装配线的工作方法是，每人只负责一道工序，该工序的工作也许只用 1~2min 就可完成，工人每天大量地重复同样的工作。该公司有四个汽车装配厂，其中一个工厂的装配线采取了如下工作方法，即将 8~10 名工人组成一组负责总车的装配。在这样的一个小组内，每个工人都可以胜任装配线上每道工序的工作，3h 换一次工作内容，这样一个工作小组一天可装配四辆整车。该工厂采用这种小组工作方式以后，出现的几个明显的结果是：质量提高、效率提高（装配一辆整车所需的时间减少）、缺勤率也明显降低了（从 20% 降到 8%）。该事例说明了工作设计中的一个重要问题，即不仅要从技术性的角度，还应该从社会性的角度去进行工作设计。由此产生了工作设计中的社会技术理论和行为理论。

2. 动作研究

动作研究是研究工人在生产过程中的动作协调、省力、省时、简便的一套方法。创始人及最得力的传播者是美国的吉尔布雷斯夫妇。

其基本要旨是：分析研究劳动者在劳动中的各种动作，取消无用的动作，改进有用的动作，使所有的动作都成为必要的良好的动作，以提高劳动生产率。

它包括三个问题：速度问题，即动作与时间的关系；疲劳问题，即动作与人体的关系；质量问题，即动作与产品的关系。

其研究步骤是：①考察、记录劳动动作、劳动环境、劳动场所及其与劳动者的关系；②分析每一个动作是否必要、能否合并、如何改进等；③确定最好的动作方法、最好的劳动条件等；④确定标准动作，并制定工作指导卡。

动作研究是运用目视观察或者影片、摄像机等技术设备，将岗位员工的作业分解成若干作业要素，根据动作经济原理，发现其中多余、重复部分并加以改进，设计出新的合理的作业结构的操作程序。

3. 工作设计的社会方法

工作设计的纯技术观点和方法是机械性的，它把人当作机器，不把人当作能动的和具有情感需求的"社会人"。已有事实表明，劳动专业化也不总能保证生产率的提高。工作设计不仅要从技术性的角度，还应该从社会性的角度去进行。为使工作更富有趣味性和意义，工作设计者需要经常考虑采用工作扩大化、工作轮换、工作丰富化等措施。

(1) 工作扩大化　工作扩大化是指横向工作扩展，就是通过增加员工的工作数量、丰富工作内容，从而使工作本身变得多样化，目的是通过提高工作所需技能的多样性和给工人的最终产出以更多的肯定，来提高工人对工作的兴趣。例如，邮政部门的员工工作可以从原来只分检邮件增加到既分检邮件又负责邮件分送。

将工作扩大化的途径主要有两个，分别是"纵向工作装载"和"横向工作装载"。所谓"装载"，是指将某种任务和要求纳入工作职位的结构中。纵向工作装载是指增加需要更多责任、权利和自主权的任务或职责，这意味着某些职能要从管理人员身上转到一线员工身上。横向工作装载是指增加同层责任的工作内容，以及增加工作职位中的权力。

美国鞋业公司在其下属的一半工厂中，用一种新型的组合工作区域代替了生产线。在传统生产线上，每个员工只需要完成一项工作任务，而在这种新型工作单位中，员工要承担两三个制鞋步骤的工作任务。这样做的结果是，制鞋效率提高了，工人更关注质量问题了。工作扩大化在克服专业性过强、工作多样性不足方面成绩显著。

(2) 工作轮换　工作轮换就是将员工轮换到另一个同等水平、技术要求接近的工作岗位上去工作。从事同一岗位工作的员工，特别是那些从事常规性工作的员工，时间长了会觉得工作很枯燥，缺乏变化和挑战。员工也不希望自己只掌握一种工作技能，而是希望能够掌握更多工作技能以提高对环境的适应能力。工作轮换可以解决此类问题。另外，工作轮换的影响和复杂性较低，因为其主要目的是在现有工作中间调动雇员。工作轮换常常与培养员工多样化的工作技能结合在一起，也被称为交叉培训法。

最常见的工作轮换主要是增加变化，从而减轻员工的厌烦情绪。如果工作轮换是一项较大的工作再设计中的一部分，而且（或者）是被作为提高员工的技能与适应性的技术培训来运用的，一般是有好处的。清洁女工国际组织就使用了4人家庭清洁小组的工作轮换方法。例如，让一位女工在1个家庭清洁厨房，在另1个家庭打扫卧室。再如，华为的轮值CEO由8名高管轮值出任，任职期为2个月。还有联想的"上轮下不轮"，即如果上级轮岗，则下级不能轮岗，反之亦然，相隔时间至少半年。但是，如果所有的工作任务都相似和可以轮换，工作轮换可能不会达到预期的效果。例如，把汽车装配线上工人的工作从紧固小汽车保险杠的螺丝轮换为紧固轮框螺丝，就不会减少他们的厌倦感。

因此，在工作轮换前首先必须对工作进行分析，明确哪些职位之间可以互相轮换。一般来说，职位之间的工作轮换先从同一个职位类别中的职位之间开始，然后再考虑不同职位类别之间。同时，注意工作轮换必须有序进行，以免影响正常的工作秩序和工作效率。并且应充分考虑员工个人的意愿，不能进行强制性工作轮换，因为有些员工不一定喜欢过多地尝试新的职位，而是希望专注于一个领域深入发展。

(3) 工作丰富化　工作丰富化是以员工为中心的工作再设计，它是一个将公司的使命与员工和工作的满意程度联系起来的概念。它的理论基础是赫茨伯格的双因素理论。它鼓励员工参加对其工作的再设计，这对组织和员工都有益。在工作设计中，员工可以提出对工作进行某种改变的建议，以使他们在工作过程中获得成就感、认同感、责任感和自身发展，同时他们还需要说明这些改变是如何更有利于实现整体目标的。运用这种方法，可使每个员工的贡献都得到认可，与此同时，也强调了组织使命的有效完成。工作丰富化是纵向工作的深化，是工作内容和责任的改变。通过让员工更加有责任心地工作，使员工获得成就感。

工作丰富化与工作扩大化相反，是对工作内容的纵向扩展。工作丰富化是对工作内容和责任的改变，可以提高员工计划、执行、控制和评估相应工作的水平。例如，钻床操作工人手一台，每天勤勤恳恳地工作，工作很累。实现工作丰富化之后，进行数控钻床，一人可以同时操作 10 多个钻头，不仅生产效率提高，劳动强度降低，而且工人收入增加，积极性也提高了。

在运用工作丰富化时，要注意在工作方法、工作程序和工作速度的选择等方面给员工更大的自由，或让他们自行决定接受还是拒绝某些材料或资料；鼓励员工参与管理，鼓励他们相互交往；放心大胆地任用员工，以增强其责任感；采取措施以确保员工能够看到自己为工作和组织做出的贡献；可以在基层管理人员得到反馈以前，把工作完成情况反馈给员工；在改善工作环境和工作条件方面，可以让员工参与并提出意见或建议。

这些方法有可能通过提高工人的生活质量、提高工人的满足感从而增强工人工作的动力。这三种方法的实施有时是通过团队进行的，这样会使团队成员之间更好地沟通，工作效率更高。

4. 团队工作方式

团队工作方式，又称小组工作方式，与以往每个人只负责一项完整工作的一部分（如一道工序、一项业务的某一程序等）不同，是指由数人组成一个小组，共同负责完成某项工作。团队工作方式也可以采取不同的形式，以下是三种常见的方式。

（1）解决问题式团队　这种团队实际上是一种非正式组织，它通常包括七八名或十来名成员，他们可以来自一个部门内的不同班组。成员每周有一次或几次碰头会，每次几小时，研究和解决工作中遇到的一些问题，如质量问题、生产率提高问题、操作方法问题、设备工具的小改造问题（使工具、设备使用起来更方便）等，然后提出具体的建议，提交给管理决策部门。这种团队的最大特点是：队员只提出建议和方案，但并没有权力决定是否实施。这种团队在 20 世纪 70 年代首先被日本企业广泛采用，并获得了极大的成功，日本的 QC 小组就是这种团队的典型例子。这种方法对于日本企业提高产品质量、改善生产系统、提高生产率起了极大的作用，同时，对于日本企业提高员工的积极性、改善员工与员工之间、员工与经营者之间的关系也起了很大的推动作用。日本企业还将其带到了他们在美国的合资企业中，同样取得了成功，其他美国企业也开始效仿，进而扩展到其他国家及其企业中。

（2）特定目标式团队　这种团队是为了解决某个具体的问题、达到一个具体目标而建立的，如一个新产品开发、一项新技术的引进和评价、处理劳资关系问题等。在这种团队中，成员既有一般员工，又有与问题相关的经营管理人员。团队中的经营管理人员既拥有决策权，又可以直接向最高决策层报告，工作结果——建议或方案可以被实施。特定目标式团队不是一个常设组织，也不是为了进行日常工作，而通常只是为了一项特定工作。因此，它实际上类似于一个项目组（项目管理中常用的组织形式）。特定目标式团队的特点是，一般员工与经营管理层容易沟通，一般员工的意见会直接反映到决策中。

（3）自我管理式团队　这种方式是最具完整意义的团队工作方式。上述第一种方式是一种非正式组织，其目标只是在原程序中改善任务，而不是建立新程序，也无权决策和实施方案；第二种方式主要是为了完成一些特定工作，类似于项目组织。在自我管理式团队中，数人（几人至十几人）组成一个小组，共同完成一项相对完整的工作，小组成员自己决定任务分配方式和任务轮换，自己承担管理责任，如制订工作进度计划（人员安排、轮休等）、采购计划，甚至临时工雇用计划，决定工作方法等。在这种团队中，包括两个重要的新概念：

1) 员工授权，即把决策的权力和责任一层层下放，直至每一个普通员工。将这些权力交给每一个团队成员，与此同时，相应的责任也由他们承担。

2) 组织重构。这种组织重构实际上是把权力交给每一个员工的必然结果。采取这种工作方式之后，原先的班组长、工段长、部门负责人（科室主任、部门经理）等中间管理层几乎就没有必要存在了，他们的角色由团队成员自行担当，因此整个企业组织的层次变少，变得扁平化。这种团队工作方式是近几年才开始出现并被采用的。这种方式在美国企业中取得了很大成功，在制造业和非制造业都有很多成功的案例。

6.2 工作环境设计

6.2.1 工作环境影响因素

工作环境设计是工作设计中很重要的一个方面。工作环境的微气候、照明、噪声、安全性等因素对员工在生产率、产出品质量、生产事故等有重大影响。

1. 微气候

微气候泛指工作场所的气候条件，包括空气的温度、湿度、气流速度（风速）、通透性和热辐射等因素。和备受关注的环境问题一样，微气候很重要，微气候不仅影响着人们的生产、生活和身体健康的方方面面，甚至还决定了人们生活质量的好坏。人体舒适的本质是温度、湿度和风速的综合效果。

就温度而言，16~25℃是人们通常感到舒适的温度区域。在高温环境下，皮肤温度随周围环境温度的升高而迅速升高，长时间的高温环境暴露会引起中暑、热衰竭、皮肤病和精神障碍等疾病。热环境对工作效率的影响主要有以下三个方面：

(1) 高温环境影响效率　人在27~32℃下工作，其工作效率下降，疲劳感增加。当温度达到32℃以上时，需要较大关注力的工作及精密工作的效率也开始受影响。高温作业环境不仅引发人体不适，工作效率也会明显降低。

(2) 脑力劳动对温度的反应更敏感　当有效温度达到29.5℃时，脑力劳动的效率就开始降低。许多实验表明，温度越高，持续作业时间越短。

(3) 事故发生率与温度有关　据研究，意外事故率最低的温度为20℃左右；温度高于28℃或降到10℃以下时，意外事故增加30%。

冷环境也会对人体造成伤害。人体在低温下，皮肤血管会收缩，体表温度会降低。在严重的冷暴露中，皮肤血管处于极度的收缩状态，流至体表的血流量会显著下降或完全停滞。当局部温度降至组织冰点（-5℃）以下时，组织就发生冻结，造成局部冻伤。

在生产车间里，冷环境会影响人的工作能力，如手指麻木、关节不灵活等。同时穿的衣服多且厚也会影响人的活动。此外，低温反应表现在触觉辨别准确率下降，手的灵活度下降，追踪操纵能力下降，视反应时间变长，动作精确度下降等。

2. 照明

照明设计是指为作业环境提供高质量的照明条件，恰当设定视野范围内的亮度，消除耀眼的眩光和太暗的灯光等不符合要求的照明，为员工创造一个舒适的照明条件。

3. 噪声

随着生产技术的迅速发展，噪声干扰范围之广、危害之深有增无减。据联合国统计，目前城市的噪声与1956年相比增加了4倍。在我国，约有2000万人在90分贝以上的环境下工作，有约2亿人在超过环境噪声标准下生活。噪声不仅会影响听力，还对人的心血管系统、神经系统、内分泌系统产生不利影响，所以有人称噪声为"致死的慢性毒药"。按现代城市的环境噪声来源来分，它主要包括城市交通噪声、工业噪声、建筑施工噪声，以及社会生活噪声等。

4. 安全性

安全是工作环境设计中最基本的要素。事故通常会损坏产品和设备，中断工作，企业可能还需要重新雇人并培训。

引发安全事故的原因有很多，如照明不合理会使作业人员视力下降，可能引起职业性眼病，引发工伤事故，降低产品质量，影响生产效率。操作人员粗心也容易导致不安全行为，如驾驶人酒后驾车、工作不使用保护性装备、忽视安全控制、不注意安全程序（如工作场合随意奔跑、乱扔东西、直接穿行、不注意单行标志）。

▶ 6.2.2 常见的工作环境设计

1. 微气候环境设计

相对办公室环境而言，不同的行业对温度和湿度的要求有所不同，如烟叶仓库一般季节库内温度控制在30℃以下，相对湿度控制在55%～65%，而粮食仓库要求环境温度在15～20℃。当车间温湿度受到室外气候条件影响而变化时，要采取相应措施调节空调室的风量、喷水量、水温，以及新风与回风比例。在车间局部区域可采用调节出风口风量或支风道风量的方法来改变和控制车间的温湿度。掌握室外空气温湿度昼夜变化的规律，稳定车间温湿度，减少温湿度波动，以此来稳定产品质量。

高温作业环境的改善应从生产工艺和技术、生产组织措施、保健措施等方面加以改善。

（1）生产工艺和技术　合理设计生产工艺过程（尽量将热源布置在车间外部），屏蔽热源（存在大量热辐射的车间采用屏蔽辐射热的措施），降低温度（安装去湿器），增加气流速度（采用自然通风和机械通风）。

（2）生产组织措施　科学安排人对热的适应时间。

（3）保健措施　保证高温工作人员能方便地饮用白开水，在热辐射很高的地方（例如爆破炉旁），工人们应该佩戴防护眼镜或防护屏，同时穿防护服，以降低眼睛和皮肤被灼伤的风险。

冷环境改善应该从做好采暖工作、个体防护、提高作业负荷方面进行。

1）做好采暖工作。应该按照《工业企业设计卫生标准》和《工业建筑供暖通风与空气调节设计规范》等的相关规定，设置必要的辅助性采暖设备，如空调、暖炉和其他热辐射源等。调节后的温度要均匀恒定。有的作业需要与外界发生联系，冷风吹在作业者身上很不舒适，应设置挡风板，减缓冷风。

2）个体防护。低温作业车间或冬季室外作业者，应穿御寒服装，御寒服装应采用热阻值大、吸汗和透气性强的衣料，衣服不宜过紧，潮湿时应及时更换。

3）提高作业负荷。增加作业负荷，会使作业者降低寒冷感，但以不使作业者过多流汗为限。

2. 照明设计

工作所需照明的亮度在很大程度上取决于工作类型，工作越细致，为确保工作能够正常进行所需的照明强度就越高。例如，对长期从事计算机操作的人，照明设计很重要。另外一个重要的考量因素就是光的灰度和对比度。从安全角度来看，大厅、楼道及其他危险地段，良好的光照是很重要的。但是，从经济角度考虑，没有必要所有地方是高照明度。自然光不但免费，而且可以抚慰员工的心灵。因为在一个比较封闭的工作环境，员工经常会感到与外面的世界隔绝，可能引发各种心理疾病。采用自然光照明的不利方面是，由于人们无法控制自然光，光强度变化很大。

3. 防噪声设计

形成噪声干扰过程的三要素是噪声源、传播途径、噪声接收者。噪声的控制也必须从这三个方面入手加以解决。

（1）控制噪声源　从声源上控制噪声是噪声控制中最根本和最有效的手段。1979年，在美国召开的第十届国际噪声控制会议提出，20世纪80年代为"从声源控制噪声"的年代。研究发声机理，抑制噪声的发生是根本性措施。例如，减少振动、减少摩擦、减少碰撞、改变气流等都能使声源输出大为减少；减少作用力也是一个方法，如改变机器的动平衡、隔离声源的振动部分等；使振动部分的振动减小也很重要，如使用阻尼材料、润滑或改变共振频率、避免共振等。

（2）传播途径降噪　在噪声传播途径上降低噪声是一种常用的噪声防治手段，因为机器或工程完成后再从声源上控制噪声就受到了限制，但噪声传播途径上的处理却大有可为。

1）可采用闹静分开和合理布局的设计原则，控制噪声影响范围。在工厂内部，可把高噪声车间和中等噪声车间、办公室、宿舍等分开布置。在车间内部，可把噪声大的机器与噪声小的机器分开布置。这样利用噪声在传播中的自然衰减，能够缩小噪声的污染面。采用"闹静分开"的原则，关键在于确定必要的防护距离。对于室内声源（如车间里的各种机器）应考虑厂房隔墙的降噪作用。

2）利用噪声源的指向性合理布置声源位置。可使噪声源传播到无人或对安静要求不高的方向，而对要求安静的场所（如宿舍、办公室等），则应避开噪声强的方向，这会使噪声干扰减轻一些。但多数声源在低频辐射时指向性较差，随着频率的增加，指向性就增强。所以，改变噪声传播方向只是降低高频噪声的有效措施之一。

3）利用自然地形地物降低噪声。在噪声源与需要安静的区域之间，可以利用地形地物降低噪声，如位于噪声源和噪声敏感区之间的山丘、土坡、地堑、围墙等。

4）采取声学控制措施。在声源周围采用消声、隔音、吸声、隔振、阻尼等局部措施，降低噪声。

（3）个人防护　在某些情况下噪声特别强烈，在采用上述措施后仍不能达到要求，或者工作过程中不可避免地有噪声时，就需要从接收器保护角度采取措施。员工可佩戴耳塞、耳罩、有源消声头盔等。

4. 预防事故发生

预防事故的措施包括合理规划厂区，合理布置工作环境，合理设置安全标志，照明合适，使用保护装置、安全设备、急救器材，以及指导员工如何使用常规和急救设备。房间的整理（打扫地板、打开通道、清扫垃圾）也是确保安全的另一个重要因素。

员工和管理人员双方的协作决定了安全和事故控制的行动计划是否有效。员工必须接受正确的工作程序和工作态度培训，在灾难发生之前，员工向管理人员指出危害所在，可以为减少损失做出贡献。管理人员必须努力贯彻实施安全工作程序，使用安全设备。

6.3　工时定额与工作测量

6.3.1　工时定额

工作设计决定了工作的内容，工作方法决定了工作如何进行，而工时定额决定了完成工作所需的时间长度。设置工时定额可以提高工作效率，保证工作质量，为成本核算、劳动定员提供数据，体现按劳分配的原则。工时定额是指在一定的技术状态和生产组织模式下，按照产品工艺工序生产完成一个合格产品所需要的工作时间、准备时间、休息时间与生理时间的总和。

工作时间是劳动者根据法律的规定，在用人单位用于完成本职工作的时间，是劳动的自然尺度，是衡量员工的劳动和向其支付报酬的计算单位。

1. 工作时间分类

（1）延长工作时间（标准工时）　延长工作时间是指法律规定的在一般情况下普遍适用的，按照正常作息办法安排的工作日和工作周的工时制度。国家实行劳动者每日工作时间不超过8h、平均每周工作时间不超过44h的工时制度。

（2）缩短工作时间　缩短工作时间是指法律规定的在特殊情况下劳动者的工作时间长度少于标准工作时间的工时制度，即每日工作少于8h。缩短工作时间适用于从事矿山井下、高温、有毒有害、特别繁重或过度紧张等作业的劳动者、从事夜班工作的劳动者或者哺乳期内的女职工。

（3）延长工作时间　延长工作时间是指超过标准工作日的工作时间，即日工作时间超过8h，每周工作时间超过40h。延长工作时间必须符合法律、法规的规定。

（4）不定时工作时间和综合计算工作时间　不定时工作时间又称不定时工作制，是指无固定工作时数限制的工时制度，适用于工作性质和职责范围不受固定工作时间限制的劳动者。例如，企业中的高级管理人员、外勤人员、推销人员、部分值班人员，以及从事交通运输、物流、外卖行业的人员等。综合计算工作时间又称综合计算工时工作制，是指以一定时间为周期，集中安排并综合计算工作时间和休息时间的工时制度，即分别以周、月、季、年为周期综合计算工作时间，但其平均日工作时间和平均周工作时间应与法定标准工作时间基本相同。综合计算工作时间适用于交通、铁路、邮电、水运、航空、渔业等行业中因工作性质特殊需要连续作业的职工。

需要注意的是，实行不定时工作时间和综合计算工作时间的企业，应该根据劳动法的有关规定，与劳动者协商，履行审批手续，在保障员工身体健康并充分听取员工意见的基础上，采用集中工作、集中休息、轮流调休、弹性工作时间等适当方式，确保员工的休息休假权利和生产、工作任务的完成。对于实行不定时工作时间的员工，企业应根据标准工时制度合理确定员工的劳动定额或其他考核标准，以便安排员工休息。其工资由企业按照本单位的工资制度和工资分配办法，根据员工的实际工作时间和完成劳动定额的情况计发。

（5）计件工作时间　计件工作时间是以劳动者完成一定劳动定额为标准的工时制度。

2. 工时定额的作用

工时定额是企业管理的一项基础工作，其作用如下：

（1）产品的估价及报价　可以根据标准工时计算出一线生产操作人员的工资，作为产品成本构成的重要组成部分，从而给客户或者销售部门进行产品估价及报价提供依据。

（2）计划管理和生产控制的重要依据　任何生产计划的编制，都必须将产品出产量转换成所需的资源量，然后同可用的资源量进行比较，以决定计划是否可行，这步工作称为负荷平衡。无论是出产量转换，还是可用资源量的确定，通过标准工时可了解工厂的实际生产能力，为接单和生产排单提供有效数据，这样的生产计划才具有科学性和可行性。此外，生产进度的控制和生产成果的衡量都是以生产计划为基础的，从而也是以工时定额为依据的。

（3）确定工作所需人员数和机器的数量　按照生产能力和订单数量，用标准工时计算、确定所需的人员和设备数量。

（4）员工作业评定　可利用标准工时来科学地评估不同工种的绩效，以及不同作业方法的优劣和作业者的表现情况。在实行计件工资的条件下，工时定额是计算计件工资单价的重要依据；在实行奖金制度条件下，工时定额是核定标准工作量（或产量）、计算超额工作量（或产量）、考核业绩、计算奖金和进行赏罚的主要依据。

（5）成本和费用管控　在绝大多数企业中，尤其是服务业企业中，人工成本在全部成本中都占有较大的比重。降低人工成本必须降低工时消耗，而工时定额是确定工时消耗的依据，也是制订成本计划和控制成本的依据。

（6）改善成果评估　工时定额作为企业评定创新和生产改进的数据依据，可以用于提高劳动生产率。劳动生产率的提高，意味着生产单位产品或提供特定服务所需的劳动时间减少。而要减少和节约劳动时间，必须设立工时定额，据以衡量实际的劳动时间，找到偏差，采取改进措施。

6.3.2 工作测量

通过工作测量可以得到科学合理的工时定额，工作测量常用的技术有测时法、预定时间标准法、模特排时法和工作抽样法。

1. 测时法

测时法是指以工序作业时间为对象，按操作顺序进行多次重复观察，并测量其工时消耗的一种方法。测时的主要目的是用于研究、总结和推广先进生产者的操作经验，同时寻求合理的操作方法，确定合理的工序结构，测定工人完成工序中各个组成部分的时间消耗量，为制定作业时间定额提供数据。测时法的基本步骤如下：

（1）确定测量对象 首先需要明确要测量的对象是什么，例如某个运动员完成100m比赛的时间。

（2）选择合适的计时器 根据测量对象的特点和要求，选择合适的计时器进行测量。可以使用手动计时器、电子计时器或高精度计时设备等。

（3）准备测量环境 确保测量环境的稳定性和合适性，消除干扰因素对测量结果的影响。例如，在田径比赛中，需要确保赛道平整、风速恒定等。

（4）开始测量 在测量开始前，对计时器进行校准和准备；然后根据测量对象的起始信号开始计时。

（5）结束测量 当测量对象完成了所测量的事件或过程后，停止计时器。

（6）记录测量结果 将测量得到的时间结果记录下来，包括单位和精度。可以使用纸笔记录或电子记录方式。

例如，现有一名工业工程师，对每天的工作记录如下：

每日上班时间：480min。

工具的借出与退还：10min。

机器的清扫与加油：10min。

聆听上级指示：10min。

上洗手间：10min。

聊天：15min。

思考如何加工：15min。

中间休息时间：60min。

（7）分析和处理数据 根据实际需求，对测量数据进行分析和处理，计算出所需的统计指标和结果。

在此工作日的工作时间为480min则真正的净工作时间为：

$$480-(10+10+10+10+15+15+60)=350\ (\text{min})$$

（8）考虑宽放时间比率，确定标准作业时间 除了正常时间，我们还要考虑员工喝水、上厕所、长时间工作后休息、恢复等合理时间。这里引入宽放时间比率的概念来描述这类时间。

宽放时间为：10+10+10+10+60=100（min）。

假设正常作业时间为16.5min，那么采用宽放时间比率计算标准时间为：$16.5\times(1+28.57\%)=21.21$（min）。

28.75%为宽放率，采用外乘法计算得出，即宽放率＝宽放时间/净工作时间×100%。宽放时间为100min，净工作时间为350min，因此宽放率为100/350×100%＝28.75%。

2. 预定时间标准法

预定时间标准（Predetermined Time Standard，PTS）法，是将人所进行的全部作业分解成几个基本动作（如伸手、抓取等），对各基本动作按其性质和条件，代换成预先规定的时间值，以此来确定标准时间的方法。

PTS法的使用范围相当广泛。除了因在作业中使用机械设备而使作业时间受机器的制约，以及需要细心判断作业时间的场合外，其他均可应用PST法进行作业研究。

PTS的具体操作形式有多种，常见的有工作要素法（Work Factor）、标准时间测量（Methods of Time Measurement，MTM）法、基本动作时间研究（Basic Motion Study，BMT）法等，其中用得较多的是MTM。

PTS源于1924年，目前已发展到了第三代，世界上已有40多种预定时间标准。第一代PTS主要有工作因素法和基本动作时间研究法。上述两种方法很复杂，动作分类很细，不易掌握，目前国外仍在使用。第二代PTS，如简易动作因素分析和标准时间测量法Ⅱ（MTM-2）等，是在第一代PTS的基础上简化而来的。第三代PTS是模特法。

3. 模特排时法

1966年，澳大利亚的海特博士（G. C. Heyde），在长期研究的基础上创立了模特排时法（Modolar Arrangement of Predetermined Time Standard）简称MOD法，是在PTS技术中将时间与动作融为一体、最简洁的概括新方法，易学易用，实用方便，同时其精度又不低于传统的PTS技法。模特排时法适用于制定时间标准、进行动作分析等。

（1）模特排时法的原理

1）所有人力操作时的动作，均包括一些基本动作。通过大量的实验研究，模特排时法把生产实际中操作的动作归纳为21种。

2）在相同条件下，不同的人所做的同一动作时间基本相等。相同条件是指操作条件相同。例如，手在无障碍与有障碍物时的移动条件是不同的。不同的人所做的同一动作时间相等是对大多数人而言的，并不是指少数动作迅速或动作迟缓的人。基本相等是指即使某一动作是重复动作，其时间值也会稍有差异。

3）身体不同部位动作时，其所需时间值互成比例（如手腕动作时间是手指动作时间的2倍，小臂动作时间是手指动作时间的3倍）。因此，可以以某一动作（如手指动作）作为时间单位的量值，计算身体其他部位的动作时间。从理论上讲，时间单位量值越小，所测其他动作的时间值越精确。

（2）模特排时法的时间单位 模特排时法根据人的动作级次，选择以一个正常人的级次最低、速度最快、能量消耗最少的一次手指动作的时间消耗值作为它的时间单位，即

$$1MOD = 0.129s$$

模特排时法的21种动作都以手指动一次（移动约2.5cm）的时间消耗值为基准进行实验、比较，从而确定各动作的时间值。

（3）模特排时法的动作分类及其代号

1）动作分类及代号。模特排时法把动作分为21个，每个动作的分类、名称、代号和

时间值,见表6-1。

表6-1 模特法的动作分类、名称、代号和时间值

分 类	名 称	代 号	时间值(MOD)
移动动作	手指动作	M1	1
	手腕动作	M2	2
	小臂动作	M3	3
	大臂动作	M4	4
	肩动作	M5	5
终止动作	触及动作	G0	0
	简单抓握	G1	1
	复杂抓握	G3	3
	简单放下	P0	0
	注意放下	P2	2
	特别注意放下	P5	5
身体动作	踏板动作	F3	3
	步行动作	W5	5
	身体弯曲动作	B17	17
	坐和站起动作	S30	30
其他动作	校正动作	R2	2
	施压动作	A4	4
	曲柄动作	C4	4
	眼睛动作	E2	2
	判断动作	D3	3
	搬运动作	L1	1

2)动作分类使用的其他代号。

延时(BD):表示另一只手进行动作时,这一只手什么动作也没有做,即停止状态。BD不给予时间值。

保持(H):表示用手拿着或抓着物体一直不动的状态。有时为了防止零件倒下,而用固定的工具也为H。H也不给予时间值。

有效时间(UT):人的动作之外的机械或其他固有的加工时间。其有效时间要用计时仪表分别确定其时间值。例如,用电板扳手拧摆母、焊锡、铆接铆钉、涂黏合剂等。

在改善作业中,BD和H出现得越少越好。

(4)模特排时法的动作分析

1)移动动作。移动动作与终止动作总是同时出现。移动动作分M1、M2、M3、M4、M5,终止动作分抓取动作G0、G1、G3,放置动作P0、P2、P5;只有G3、P2、P5动作需要注意力。

手指动作(M1):表示用手指的第三个关节前的部分进行的动作,时间值为1MOD,

移动距离为 2.5cm（参考值）。例如，把开关拨到 On（Off）的位置。

手腕动作（M2）：用腕关节以前的部分进行一次动作，时间值为 2MOD，动作距离为 5cm（参考值）。例如，转动调谐旋钮，或者将电阻插在印刷电路板上。

小臂动作（M3）：将肘关节作为支点，肘以前的小臂（包括手、手指）每动作一次定为 M3，时间值为 3MOD，移动距离为 15cm（参考值）。

大臂动作（M4）：伴随肘的移动，小臂和大臂作为一个整体，在自然状态下伸出的动作。其时间值为 4MOD，移动距离一般为 30cm（参考值）。例如，把手伸向放在略高于操作者头部的工具。

肩动作（M5）：在胳膊自然伸直的基础上，再尽量伸直的动作。另外，将整个胳膊从自己的身体正面向相反的侧面伸出的动作也用 M5 表示。其时间值为 5MOD，移动距离一般为 45cm（参考值）。例如，尽量伸直胳膊取高架上的东西。

反射动作是将工具和专用工具等牢牢地握在手里，进行反复操作的动作。反射动作不是每一次都特别需要关注或保持特别意识。反射动作是上述各种移动动作的连续反复动作，没有终止动作与其成对出现，所以又称为特殊移动动作。反射动作因其是反复操作的，所以其时间值通常比移动动作小，手指的反射动作（M1），每一个单程动作时间为 1/2MOD；手的反射动作（M2），每一个单程动作时间为 1MOD；小臂的反射动作（M3），按照手的反射动作（M2）时间为 2MOD；大臂的反射动作（M4），按小臂的反射动作（M2）时间为 3MOD；M5 的动作一般不发生反射动作，即使有也必须进行改进。所以，反射动作的时间值最大为 3MOD。例如，用手指贴封条的动作，当其反复进行时，可以看作反射动作，手起到工具的作用。

2）终止动作。终止动作是移动动作进行到最后时，要达到目的的动作。例如，触及或抓住物体，把拿着的物体移到目的地放入、装置、配合等动作。动作目的不同，其难易程度不同，因而决定了不同的动作种类。终止动作的种类有：触、抓，用 G 来表示；放置、配合，用 P 来表示。

触及动作（G0）：用手指或手去接触目的物的动作。这个动作没有要抓住目的物的意图，只是触及而已。它是瞬间发生的动作，没有动作时间，因此时间值为 0。例如，推夹具上的印刷电路板。

简单抓握（G1）：用手指或手简单地抓的动作。用手指或手抓一次物体的动作，非常自然，而没有一点延时现象，在被抓物体的附近也没有障碍物，时间值为 1MOD。例如，抓排成一行的小型变压器。

复杂抓握（G3）：用 G0 和 G1 的动作不能完成的复杂的抓的动作，时间值为 3MOD。例如，抓放在零件箱中的一个小螺钉（抓时要同时扒开周围的其他零件）。

简单放下（P0）：这个动作是指拿着的东西送到目的地后直接放下的动作。对放置的场所没有特殊的规定，一般不需要注意看，没有时间值，即时间值为 0。例如，将拿着的螺丝刀放到桌子的旁边。

注意放下（P2）：往目的地放东西的动作，并需要用眼睛盯着进行一次修正的动作，其时间值为 2MOD。例如，将垫圈套在螺栓上。

特别注意放下（P5）：把目的物准确地放置在规定的位置或进行装配的动作，动作有迟疑，眼睛注视，有两次以上的方向、位置的修正动作，时间值为 5MOD。例如，把产品铭牌装在规定的位置。

3）身体动作。蹬踏动作（F3）：将脚跟踏在板上，做足颈动作，时间值为3MOD。

步行动作（W5）：步行或转动身体的动作（身体水平移动），时间值为5MOD。

身体弯曲动作（B17）：从站立状态到弯曲身体、蹲下、单膝触地，然后返回原来状态的整个过程，时间值为17MOD。

坐和站起动作（S30）：坐在椅子上，站起之后再坐下的动作，每个循环过程时间值为30MOD。

4）其他动作。校正动作（R2）：改变原来抓握物体方式的动作，但只有独立的校正动作才被赋予时间值，每次时间值为2MOD。

施压动作（A4）：作用于目的物推、拉、压的动作，推、拉、压的力在20N以上，并为独立的施压动作，每次时间值为4MOD。

曲柄动作（C4）：以手腕或肘关节为轴心画圆形轨迹的动作，每次时间值为4MOD。

眼睛动作（E2）：眼睛动作（独立动作）分为眼睛的移动（向一个新的位置移动视线）和调整眼睛的焦距两种。用E2表示，每种动作时间值为2MOD。

判断动作（D3）：动作与动作之间出现的瞬时判定，时间值为3MOD。

搬运动作（L1）：时间值为1MOD。在搬运重物体时，物体的重量影响动作的速度，并且随着物体的轻重而影响时间值。

（5）模特排时法的动作改进　根据应用模特排时法的实践经验，对改进各种动作的着眼点归纳整理如下：

替代、合并移动动作（M），应用滑槽、传送带、弹簧、压缩空气等自动化、机械化装置替代移动动作；将移动动作尽量组合成为结合动作或同时动作。

减少移动动作（M）的次数，可采用运载量多的运输工具和容器，减少移动动作的次数。

用时间值小的移动动作替代时间值大的移动动作。例如，改进操作台、工作椅的高度。

替代、合并抓的动作（G）。例如，用磁铁、真空技术等抓取物品。

简化抓的动作（G）。例如，使用送料（工件）器，如装上、落下送进装置，滑动、滚动运送装置等。

简化放置动作（P）。例如，使用制动装置或者导轨。

尽量不使用眼睛动作（E2）。尽量与移动动作（M）、抓的动作（G）和放置动作（P）组合成为同时动作。

尽量不做校正动作（R2）。例如，同移动动作（M）组合成为结合动作。

尽量不做判断动作（D3）。例如，设计成没有正反面或方向性的零件。

尽量减少踏板动作（F3）。例如，用手、肘等的动作替代脚踏动作。

尽量减少施压动作（A4）。例如，利用压缩空气、液压、磁力等装置。

尽量减少步行动作（W5）、身体弯曲动作（B17）、坐和站起动作（S30）。

4. 工作抽样法

工作抽样法是指对作业者和机器设备的工作状态进行瞬时观测，调查作业活动事项的发生次数及发生率，进行工时研究，并用统计方法推断各观测项目的时间构成及变化情况。与秒表时间研究相比，工作抽样法具有测定效率高、经济性好、方法简便、易于掌握、测量精度高等特点，能满足使用要求，并能适用于多种作业，见表6-2。

表6-2 工作抽样法与秒表时间比较

项　　目	工作抽样法	秒 表 时 间
测定方法	对观测对象的状态进行瞬时观测	对观测对象的状态进行连续测定
测定工具	目视	秒表或计时器
观测者的疲劳程度	不太疲劳	相当疲劳，观测者必须专心
观测对象	1名观测者可以观测多名对象；可以同时观测作业者和设备	1名观测者只能观测1名对象；同时观测作业者和设备有困难
观测时间	根据观测目的可自由决定	实际上难以很长时间观测
观测结果	得到的是工作率	直接得到时间值

工作抽样法的步骤：

(1) 确定调查目的与范围　调查目的不同，则观测的项目及分类、观测的次数、观测表格的设计、观测时间及数据处理的方法也不同。如果以设备开动情况为调查目的，则还需要明确调查的范围是一台设备或几台设备，还是全车间或全厂的所有设备。

(2) 确定可靠度/容许误差　可靠度：一般取2σ的范围，即确定95.45%（一般表示为95%）的可靠度；容许误差范围通常取绝对误差（E）为2%~3%，相对误差（S）为5%~10%。对于绝对误差也可依据工作抽样的目的不同选择误差值的大小。

(3) 调查项目分类　根据调查的目的和范围，就可以对调查对象进行分类。如果只是单纯调查机器设备的开动率，则观测项目可分为工作（开动）、停工（停机）、闲置三项。如果需要进一步了解停工和闲置的原因，则应详细分类可能发生的原因，以便进一步了解。

(4) 确定观测路径　在观测前，首先绘制被观测者的设备平面位置图及操作者的巡回观测的路线图，并注明观测的位置。工时测定人员按事先规定好的巡回路线在指定的观察点上做瞬间观察，判定操作者或机器设备的活动属于哪一类事项，并记录在工作抽样观测表上。

(5) 设计工作抽样观测表　为了使抽查工作准确、高效，应根据企业的实际问题事先设计好表格。表格的内容一般包括观测项目、观测者的姓名及日期、被观测的对象情况、观测时刻等，也可以根据项目和目的而定。

(6) 确定观测次数　在正式观测前，需要进行一定次数的试观测。通过试观测求得该观测事项的发生率（作业率或空闲率），然后根据公式决定正式观测次数：

$$n = 4(1-p)/S^2 p$$

式中，n表示求得的观测次数；p代表作业率；S代表相对误差。

【例6-1】　观测某加工车间10人的作业状态，试观测一天，观测20次，则一天得到了 200（10×20=200）个观测数据。对观测数据进行统计后，发现 150 次作业、50 次空闲，则操作者的作业率为 $P=150/200\times100\%=75\%$，当可靠度（置信度）规定为 95%，相对误差为 ±5% 时，则求得观测次数为

$$n=\frac{4(1-p)}{S^2p}=\frac{4(1-0.75)}{0.05^2\times0.75}=533（次）$$

考虑到调查目的、观测对象的工作状态，确定观测期间显得很重要。在例【6-1】中，一天做了 200 次观测，即使观测再准确也难以此来推断其一周、一个月的工作状态，因为工作效率会随着日期的不同而发生变化，具有一定的周期性等，还会因生产计划和条件的不同而发生很大的变化。在例 6-1 中，因为是 10 人作业，假设每天观测 20 次，则求得观测时间为

$$观测时间=\frac{观测总次数}{观测对象\times每天观测次数}=\frac{533}{10\times20}\approx2.67\approx3（天）$$

（7）正式观测　观测时刻必须是随机的，以免观测结果产生误差。随机决定观测时刻的方法主要有如下三种方法：

1）利用随机数表决定观测时刻。

2）利用系统抽样原理确定观测时刻。

3）利用分层随机抽样原理决定观测时刻。

（8）观测数据的整理与分析　全部观测结束后，就要对观测数据进行统计、整理及分析。其处理过程如下：

1）统计观测数据。每天或每个班次结束了，应将一天或一个班次的观测数据进行统计，并核对各个时刻的记录有无差错。

2）计算项目的发生率。计算出每一个分类项目的发生次数并计算各个项目的发生率 P，即

$$P=\frac{某项目的发生次数}{每天或每个班次的全部观测次数}\times100\%$$

3）剔除异常值。在完成全部观测之后，需检验观测数据是否正常，如发现异常数值应予以剔除。

【例 6-2】　对某车间的设备自 6 月 9 日至 6 月 20 日期间进行了 10 天（休息日除外）的现场巡回观测，得到的观测结果列在表 6-3 中。根据表 6-3 中记录的数据，绘制管理图并进行分析。

表 6-3　某车间的设备观测情况

日　　期	观测次数	设备开动数	设备开动率
6 月 9 日	200	160	80.0%
6 月 10 日	200	166	83.0%
6 月 11 日	200	162	81.0%
6 月 12 日	200	132	66.0%
6 月 13 日	200	162	81.0%
6 月 16 日	200	156	78.0%
6 月 17 日	200	164	82.0%

(续)

日 期	观测次数	设备开动数	设备开动率
6月18日	200	166	83.0%
6月19日	200	162	81.0%
6月20日	200	166	83.0%
合计	2000	1596	79.8%

解：表6-3已求出10天的平均开动率（作业率）为79.8%，则

$$\sigma = \sqrt{\frac{(1-\overline{P})\overline{P}}{n}} = \sqrt{\frac{0.798(1-0.798)}{200}} = 0.0089$$

管理界限 = $\overline{P} \pm 3\sigma$ = 0.798 ± 3 × 0.0089

上控制限 UCL = 0.798 + 3 × 0.0089 = 0.8247

下控制限 LCL = 0.798 − 3 × 0.0089 = 0.7713

由管理界限及设备开动率可绘制管理图，如图6-1所示。从图中可以看出，6月12日的点在界外，可以判断66%的设备开动率为异常值，应剔除。

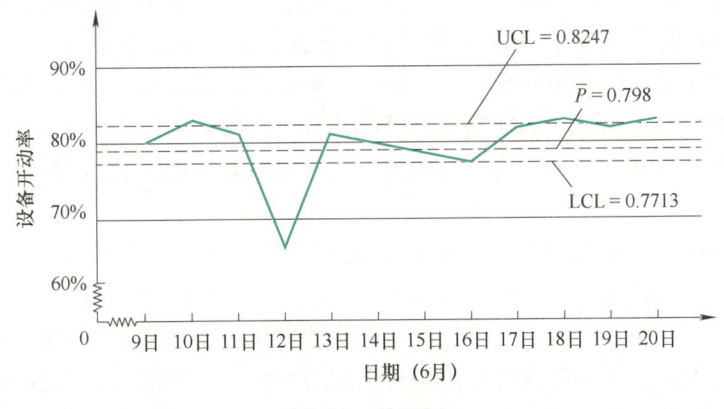

图 6-1 管理图

思考题

1. 你认为一个良好的工作环境应该具备哪些条件？
2. 很多人认为自动化可以提高生产效率，你是否认同这样的观点？企业在引进自动化技术时应该注意哪些问题？
3. 什么是工作设计的基本思想？它的重要意义是什么？
4. 某些企业强调在一个岗位上的专业化，而有的企业则制定了部门经理轮换制度。这两种策略各有哪些优缺点？
5. "95后""00后"员工流失率较高的原因是什么？有哪些工作设计的方法可以缓解此类现象？
6. 工作测量有哪些方法？各有什么优缺点？

第 7 章

需求预测

7.1 预测概述

7.1.1 预测及其种类

1. 预测的概念

预测是根据具体的决策需要，依据总结出的事物发展的客观规律性和当前面临的各种情况，并运用现有的科学方法和手段，对未来可能发生的情况进行预计、估算。由于未来的发展有很大的不确定性，预测不可能是绝对准确的。即使是采用成熟的方法进行十分周密的预测，也可能与未来事实不完全相符甚至相差很远，因为预测并不是完美的。事实上，与未来事实完全一致的预测是很少见的。一般来说，总量预测比单项预测准确，短期预测比长期预测准确。不过，即使预测不可能百分之百准确，仍具有不可忽视的作用，几乎没有一家企业可以不进行预测而是等事情发生时再采取行动，因为那样可能会造成巨大的损失。

所以预测不仅是企业制定长期战略性决策的重要环节，还是日常经营活动的重要依据。任何组织都应当通过预测来指导自己的生产活动。例如，制造行业，其原材料和产品的储存一般是有期限的。因此，必须尽可能准确地估计未来的需求，以配置适当的存储能力。如果生产线太多，势必造成浪费；如果生产线太少，就可能失去大客户，或者增加现有生产线的工作负担。在组织内部，预测为编制各部门的计划提供了基础。显然，当各部门基于相同的预测结果开展工作时，它们的步调是一致的，它们之间的活动是相互支持的，是以共同的预测为基础开展各自的业务的。

2. 预测的种类

（1）**科学预测** 科学预测是应用未来学的理论和研究方法，对科学发展情况进行预计与推测。其主要任务是用科学的方法去分析研究现代科学各个领域的内在联系，寻求科学发展的目标，为制定科学政策和科研计划提供参考依据，以促进科学研究取得较大的进展和突破。

（2）**技术预测** 技术预测是对科技发展的未来目标和可能途径以及资源条件做出的预计与推测。技术进步即使不能从根本上改变产品，但它所引起的生产该产品方式的变化也可能引发大量的资金节约或浪费。技术预测需要对未来科学和技术进行系统研究，并且预测的时间跨度应该是较长的，所以技术预测最好由该领域的专家做出。

（3）**经济预测** 经济预测是对经济现象未来情景的推测和估计。经济预测不是靠经验、凭直觉的预言或猜测，而是以科学的理论和方法、可靠的资料、精密的计算，以及对客观规律性的认识所做出的分析和判断，目的是服务未来的经济政策。

（4）需求预测　需求预测是估计消费者要购买的产品或服务的数量的活动。需求预测不仅为企业给出了其产品在未来一段时间里的需求期望水平，还为企业的计划和控制决策提供了依据。同时，需求预测也可以用于定价决策和是否应该进入一个新市场的决策。

（5）社会预测　社会预测是对社会未来发展状况的预计和推测。社会预测是社会计划、社会规划的第一阶段，其目的是揭示决定未来发展状态的最重要因素和社会现象的最重要关系，以供决策参考。

7.1.2 需求预测概述

1. 需求预测的概念

需求预测是指给出企业产品在未来一段时间里的需求期望水平，并为企业的计划和控制决策提供依据。既然企业生产的目的是向社会提供产品或服务，其生产决策无疑很大程度地会受到需求预测的影响。需求预测与企业生产经营活动关系最紧密。

2. 需求预测的内容

需求预测与企业生产经营活动的关系最紧密，其内容如下：
1）市场总潜力预测。
2）企业经营地区市场潜力预测。
3）企业经营地区范围内社会购买力的发展趋势预测。
4）企业所生产和经营产品的需求趋势预测。
5）产品生命周期及新产品投入市场的成功率预测。
6）产品市场占有情况预测。

3. 需求预测的目的

需求预测是指根据有关调查资料对拟建项目的产品未来市场需求变化进行细致的分析研究，掌握需求的内在规律，对其发展趋势做出正确的估计和判断，以确保拟建项目投产后产品对路，品种符合市场需求，具有较强的竞争能力。拟建项目的需求预测是可行性研究的前提和基础。

首先，需求预测是为了进行科学的经济决策。预测是对未来可能发生的情况的预计与推测，是决策的基础。它不仅是企业制定长期战略性决策的重要环节，还是短期的日常经营活动的重要依据。预测为编制各部门的计划提供了基础，使各部门能够协调一致地开展工作。

其次，需求预测是为了合理编制计划、加强计划指导。根据预测数据，企业可以对各部门、各环节进行合理的安排和计划，减少浪费，提高效率，降低成本。

最后，需求预测是为了加强企业的经济管理。预测作为企业管理的首要环节，是企业各项活动开展的前提，为企业加强管理工作提供支撑条件，是提高经济效益的有效手段。

4. 需求预测的基本原则

（1）连贯性原则　所谓连贯性原则，就是从时间上考察事物的发展，其各阶段具有连续性。

（2）类推性原则　所谓类推性原则，就是根据经济过程的结构和变化所具有的模式和规律，推测出将来经济发展变化的情况。

（3）相关性原则　企业的各个部门，从采购、生产、仓储到销售，各个环节是息息相关的，任何环节出现问题都会对其他环节造成影响。因此，企业在进行预测时，要充分考虑各部门间的相互影响。

（4）实事求是原则　实事求是原则是决策应遵循的最基本原则。

7.1.3　需求预测分类

1. 按时间长短分类

（1）长期预测　长期预测是指对两年或两年以上的需求前景的预测。它是企业制订长期发展规划、产品研发计划、投资计划、生产能力扩充计划的依据。长期预测一般通过对市场的调研预测、经济预测、人口统计等加上综合判断来完成，其结果大多是定性描述。

（2）中期预测　中期预测是指对一个季度以上两年以下的需求前景的预测。它是制订年度生产计划、季度生产计划、销售计划、生产与库存预算、投资和现金预算的依据。中期预测可以通过集体讨论、时间序列法、回归法、经济指数相关法或组合法等结合综合判断做出。

（3）短期预测　短期预测是指以日、周、旬、月为单位，对一个季度以下的需求前景的预测。它是调整生产能力、采购、安排生产作业计划等具体生产经营活动的依据。短期预测可以利用趋势外推、指数平滑等方法与综合判断的结合来做出。

2. 按主客观因素的作用分类

（1）定性预测方法　定性预测方法也称主观预测方法，它简单明了，不需要数学公式。它的依据源于各种不同的主观意见。定性预测方法适用于历史数据较少或无历史数据的情况。定性预测方法包括德尔菲法、部门主管集体讨论法、用户调查法、销售人员意见汇集法等。本章第三节将对以上方法做具体的说明。

（2）定量预测方法　定量预测方法又称统计预测法，其主要特点是利用统计资料和数学模型来进行预测，然而这并不意味着定量预测方法完全排除主观因素。相反，主观判断在定量预测方法中仍起着重要的作用，只不过与定性预测方法相比，各种主观因素所起的作用小一些罢了。定量预测方法可分为因果模型和时间序列模型，时间序列模型还可进一步细分。

7.1.4　需求预测的一般步骤

需求预测的一般步骤可简单概括如下：①决定预测的目的和用途；②根据企业不同的产品及其性质分类；③决定影响各类产品需求的因素及其重要性；④收集所有可以利用的过去的和现在的资料，并加以分析；⑤选择适当的预测方法或模型；⑥计算并核实初步预测结果；⑦考虑和设定无法预测的内外因素；⑧对第六、七两步进行综合考虑，判断并做出结论，然后求出各类产品或各区域的需求预测；⑨将预测结果应用于生产计划工作中；⑩根据实际发生的需求对预测进行监控。

7.1.5 影响需求预测的因素

对企业产品或服务的实际需求是市场上众多因素作用的结果。其中，有些因素是企业可以影响甚至决定的，有些因素则是企业无法控制的。在众多因素中，一般地讲，某产品或服务的需求预测取决于该产品或服务的市场容量，以及该企业所拥有的市场份额。

7.1.6 需求预测的意义

无论任何行业，无论企业生产经营的产品或服务属于哪种类型，要提供市场所需的产品或服务都需要一定的生产准备时间、生产时间；生产、服务所需的原材料、零部件也需要一定的时间（原材料交货期），才能从供应商运至生产者（加工者）的手中；产成品同样需要一定的时间（产成品交货期），才能送至消费者的消费地点。但消费者往往在做出购买决策后并不愿意等待，他们总是希望立即或至少是在合理时间内收到所购买的产品，享受到所需的服务。如果企业根本没有做需求预测，总是等收到订单后才知道应该生产什么、生产多少，那么失销现象就会经常发生。

因此，任何企业都有必要对目标市场未来的需求状况做出预测，再依据预测规划生产能力、筹备资源要素。需求预测是企业制订战略规划、生产安排、销售计划，尤其是物流管理计划的重要依据。生产标准产品的企业会根据预测，生产一定数量的产品随时供应市场，或至少存有相当数量的原材料和零配件以尽量缩短交货时间。生产订制产品的企业或者个性化十分强的产品或服务的提供者，因为是按订单生产，一般不会有产成品堆积在仓库中，但也要根据需求预测准备足够的生产能力。

7.1.7 需要注意的问题

1. 判断的作用

预测的输入是经验、主观分析等不确定信息或历史数据信息。同时，影响预测结果的诸因素之间也不存在规律，判断在预测中起着十分重要的作用。面对一个预测问题，首先要确定采用什么样的方法：仔细分析预测的目的、预测问题的环境，以及预测者在人、财、物、信息各方面的资源情况，再做出判断，选出合适的预测方法。

单个的预测值往往是不准确的，从百分之几到百分之几百的偏差都不足为奇。因此，常常使用多种方法或用一种方法做出多种预测。如何取舍各种不同的预测结果，同样需要判断。应该指出的是，前面强调了判断的作用，但绝不能把预测等同于判断。判断是在应用预测方法基础之上的判断。

2. 市场调查的重要性

市场调查是指运用科学的方法，有目的地、系统地搜集、记录、整理有关市场的信息和资料，分析市场情况，了解市场的现状及其发展趋势，为市场预测和营销决策提供客观的、正确的资料。市场调查在需求预测中有重要的作用，需求预测就是在市场调查研究的基础上，运用科学方法对市场需求变化进行分析测算并预见其发展趋势的过程。也就是说，企业先获得市场调研的数据，再根据调研数据进行需求预测。

3. 开展需求预测的机构和人员构成的选择

有效的需求预测需要选择适合的需求预测机构和人员。企业可以通过同业协会、出版

103

物和其他销售研究部门、代理公司等，根据自身需求预测的目标评估，选择专门的需求预测机构；也可以自行进行预测。在需求预测人员的选择上，企业要选择有强烈的事业心和责任感、有较高的综合分析能力、有良好的工作态度和严谨的工作作风、掌握现代科学知识的人员。选择正确的需求预测机构和人员，可以使企业的需求预测工作正确有序地开展。

4. 修正基于销售的需求预测

需求预测往往要利用销售数据，这两者有相关性，但是有很大的区别。如果是供不应求的情况，销售数量将少于需求数量；如果实际交货期超过客户预订的交货期，则需求产生日期要早于实际交货日期，进行需求预测时要加以修正。如果采取促销的手段增加销售，进行需求预测时也要加以修正。

5. 权衡精度与成本

企业要提高预测精度，必须正确理解市场和客户的需求。当然，选择预测方法也是十分重要的。企业在选择预测方法时，显然要在成本和精度之间权衡。精确的预测方法在实施时的成本一般较高，但预测值与实际需求偏离较小，从而最终降低生产经营成本。图 7-1 说明了成本与预测精度之间的关系。应该注意的是：①不存在百分之百准确的预测方法，因而不要为了预测的绝对准确而花心思；②任何一个预测都存在精度比较合理的最低成本区间。

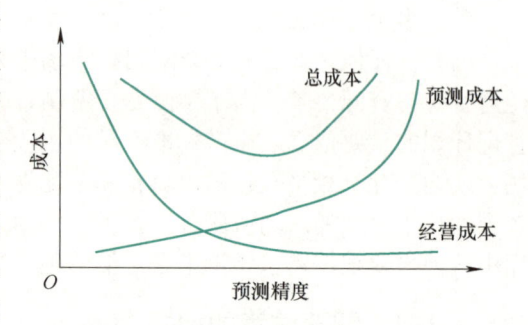

图 7-1　成本与预测精度之间的关系

6. 方法的时间范围和更新

预测是基于历史、立足现在、面向未来的。从现在到未来的时间就是预测的时间范围。不同的预测方法有不同的时间范围，因而在选用预测方法时应特别留意这一点。另外，时间跨度越大，预测结果越不准确。

同时，任何一种预测方法都不可能完全适用于某一预测问题，应根据实际需求不断检验预测方法。若预测值与实际值偏离过大，则应更新预测方法。

7. 稳定性与响应性

稳定性与响应性是对预测方法的两个基本要求。稳定性是指抗拒随机干扰，反映稳定需求的能力。稳定性好的预测方法有利于消除或减少随机因素的影响，适用于受随机因素影响较大的预测问题。响应性是指迅速反映需求变化的能力。响应性好的预测方法能及时跟上实际需求的变化，适用于受随机因素影响小的预测问题。

7.2　定量预测方法

良好的稳定性和响应性都是预测追求的目标，然而对于时间序列模型而言，这两个目标却是互相矛盾的。如果预测结果能及时反映实际需求的变化，它也将敏感地反映随机因素的影响。若要兼顾稳定性和响应性，则应考虑除时间以外的因素的影响，运用其他的预测方法。

7.2.1 时间序列模型

时间序列模型和因果关系模型是两种主要的定量预测方法。时间序列模型以时间为独立变量，利用过去需求随时间变化的关系来估计未来的需求。时间序列模型又分为时间序列平滑模型和时间序列分解模型。因果关系模型利用变量（可以包括时间）之间的相关关系，通过一种变量的变化来预测另一种变量的未来变化。需要指出的是，在使用时间序列模型和因果关系模型时，存在这样一个隐含的假设：过去存在的变量间的关系和相互作用机理，今后仍将存在并继续发挥作用。这个假设是使用这两种定量预测模型的基本前提。

时间序列是按一定的时间间隔和事件发生的先后顺序排列起来的数据构成的序列。每天、每周或每月的销售量按时间的先后构成的序列，是时间序列的典型例子。通常，每个时间序列可以分解成趋势、季节、周期和随机四种成分，如图7-2所示。

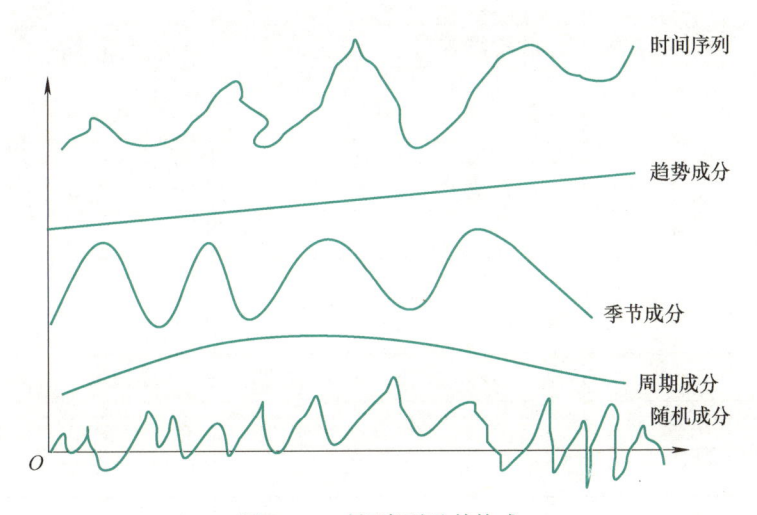

图7-2 时间序列及其构成

（1）趋势成分　趋势成分是指数据随着时间的变化表现出一种趋向。它按某种规则稳步地上升或下降或停留在某一水平。

（2）季节成分　季节成分是指在一年里按通常的频率围绕趋势做上下有规则的波动。

（3）周期成分　周期成分是指在较长的时间里（一年以上）围绕趋势做有规则的上下波动。这种波动常被称作经济周期。它可以没有固定的周期。一般需要数十年的数据，才能描绘出这种周期。

（4）随机成分　随机成分是指由很多不可控因素引起的、没有规则的上下波动。

对于时间序列的四种成分，本章只讨论趋势成分和季节成分。随机成分的影响由于无法预测故不在讨论之列。周期成分也因需要长期的历史数据而在此忽略。不过，这样做并不影响绝大多数生产经营决策的科学性，因为其时间一般都比较短，周期成分对它们不会造成明显的影响。即使对于长期预测，预测也是滚动的，是随着时间的推移而不断修改的，周期成分的影响很小。

7.2.2 时间序列平滑模型

1. 移动平均法

移动平均（Moving Average，MA）法是以时间序列中最接近预测期的 n 期需求量的观察值为基础，计算其平均值，并以此作为预测期的预测值。如果设 a_x 为时间序列中时点 x 的观测值，每次计算移动平均值的数据个数为 n，则 t 时点的移动平均值 M_t 为

$$M_t = \frac{a_t + a_{t-1} + \cdots + a_{t-n+1}}{n} \tag{7-1}$$

式中，M_t 为第 t 时点的移动平均值，同时作为第（$t+1$）时点的预测值 $\hat{a}_{t+1}$，即有 $M_t = \hat{a}_{t+1}$，因为在一次移动平均法预测中，本期的移动平均值就是下一次的预测值。

【例 7-1】 某商场 1—6 月份的销售额资料见表 7-1，试预测 7 月份的销售额。

表 7-1 某商场 1—6 月份的销售额资料 （单位：万元）

月 份	实际需求	n=3 预测需求	n=3 绝对误差	n=4 预测需求	n=4 绝对误差
1	38				
2	35				
3	36				
4	40	41.4	1.4		
5	35	38	3	38	3
6	34	33	1	33.2	1.2
7		35		34	
合计			5.4		4.2
平均			1.8		2.1

解：分别取移动时期数 $n=3$ 和 $n=4$，计算移动平均值 M_t 和 $\hat{a}_{t+1}$，将结果填入表 7-1 内。

由表 7-1 中的结果可知：当 $n=3$ 时，7 月份销售额的预测值为 35 万元；当 $n=4$ 时，7 月份销售额的预测值为 34 万元。

从上述预测分析中可以发现，n 值的选取对预测结果有直接影响，一般情况下，n 在 3~6 之间选择。如果需求的波动不大，较平稳，移动周期可选得短一些，以使预测值反映真实的变化趋势；如果需求的波动较大，移动周期可选得长一些，以消除随机干扰项的影响。

在实际应用中，可以通过选取不同的 n 值进行前期理论数据的计算，然后与前期实际数据相比较，判断不同 n 值下的理论值与实际值的误差，从而选择误差较小的 n 值，应用到后期数据的预测中。在本例中，当 $n=3$ 时，预测值绝对误差平均值为 1.8 万元；当 $n=4$ 时，预测值绝对误差平均值为 2.1 万元。可见，在不考虑其他因素影响的情况下，应选

择 $n=3$ 来预测，也可用平均平方误差（MSE）（详见第 7.4 节）来衡量，选择 n 值。

2. 指数平滑法

指数平滑（Exponential Smoothing，ES）法是加权移动平均法的进一步发展。该方法给近期的数据以较大的权数，给远期的数据较小的权数，但不必存储 n 项历史资料，弥补了加权移动平均法的不足。同时其计算简单，模型的精确度高，是预测方法中使用最频繁的一种。

指数平滑法是根据本期预测值、本期实际需求和平滑系数三个数据对下一期的需求进行预测。其基本形式为

$$S_{t+1} = \mu A_t + (1-\mu) S_t \tag{7-2}$$

式中，S_{t+1} 为第 $t+1$ 期指数平滑预测值；S_t 为第 t 期指数平滑预测值；A_t 为第 t 期实际需求；μ 为平滑指数。

平滑序列初始值的确定：当时间序列原始数据样本较多、A 的值较大时，可以选用第一期观察值作为初始平滑值；当数据点不够多、初始值对预测精度影响较大时，可取开始几个观测值的算数平均值、加权平均值或指数平均值作为初始值。

一次指数平滑预测法适合数据较平稳的时间序列，当需求的趋势发生变化时，采用一次指数平滑预测法可能会出现较大的滞后现象。为此可对一次平滑序列再进行一次指数平滑，采用二次指数平滑预测法。设 $S_t^{(2)}$ 为二次指数平滑值，则有

$$S_t^{(2)} = \mu S_t + (1-\mu) S_{t-1}^{(2)} \tag{7-3}$$

【例 7-2】某企业 2009 年—2022 年某产品的销售额见表 7-2，请用指数平滑法预测 2023 年该产品的销售额。

表 7-2　某企业 2009 年—2022 年某产品的销售额

年　份	周期数	某产品销售额（万元）	$S_t^{(1)}$（万元）	$S_t^{(2)}$（万元）
2009	1	120	120	120
2010	2	125	120	120
2011	3	138	121.5	120.45
2012	4	144	128.25	122.79
2013	5	156	136.58	126.93
2014	6	168	146.0	132.65
2015	7	179	155.9	139.63
2016	8	190	166.13	147.58
2017	9	210	179.29	157.09
2018	10	250	200.50	170.11
2019	11	283	225.25	186.65
2020	12	320	253.68	206.76
2021	13	355	284.08	229.96
2022	14	400	318.86	256.63

我们由上述时间序列数可以看出，该产品的销售额呈上升趋势，取 μ 为 0.3，$S_0^{(1)} = S_0^{(2)} = A_t = 120$ 万元，可得 $S_t^{(1)}$ 和 $S_t^{(2)}$ 的值见表 7-2。由式（7-2）可得 2023 年的销售额为

$$S_{15} = X_{15} = \mu A_{14} + (1 - \mu) S_{14}$$
$$= 0.3 \times 400 + 0.7 \times 318.86 \approx 343.2 \text{（万元）}$$

如果用二次指数平滑法，则由式（7-3）可得 2023 年销售额为

$$S_{15}^{(2)} = \mu S_{15} + (1 - \mu) S_{14}^{(2)} = 0.3 \times 343.2 + 0.7 \times 256.63 \approx 282.6 \text{（万元）}$$

7.2.3 时间序列分解模型

实际需求值是趋势的、季节的、周期的或随机的等多种成分共同作用的结果。时间序列分解模型试图从时间序列值中找出各种成分，并在对各种成分单独进行预测的基础上，综合处理各种成分的预测值，以得到最终的预测结果。

时间序列分解模型的应用基于如下的假设：各种成分单独地作用于实际需求，而且过去和现在起作用的机制将持续到未来。因此，在应用该方法时要注意各种成分是否已经超过了其起作用的期限。同时，还应该分析过去出现的转折点情况。例如，1973 年的石油危机对美国 1973 年以后的汽车销售产生了重大影响。当应用某种模型来预测今后十年的汽车销售量时，就应该考虑类似石油危机这样的重大事件是否会发生。

时间序列分解模型有两种形式：乘法模型和加法模型。人们常常通过观察其时间序列值的分布来选用适当的时间序列分解模型形式。

1. 乘法模型

乘法模型比较通用，它是通过将各种成分（以比例的形式）相乘的方法来求出需求估计值的。

$$\text{Tp} = T \times S \times C \times I \tag{7-4}$$

2. 加法模型

加法模型则是将各种成分相加来预测的。对于不同的预测问题，人们常常通过观察其时间序列值的分布来选择适当的时间序列分解模型。

$$\text{Tp} = T + S + C + I \tag{7-5}$$

式（7-4）与式（7-5）中，Tp 为时间序列的预测值；T 为趋势成分；S 为季节成分；C 为周期性变化成分；I 为不规则的波动成分。

图 7-3 给出了几种时间序列类型，本小节将以图 7-3c 为例，介绍时间序列分解模型的应用。

用这种方法进行预测的关键在于需要求出线性趋势方程和季节系数（SI）。线性趋势方程为直线方程，方程为一般式。所以线性趋势方程的一般形式为

$$T_t = a + bt \tag{7-6}$$

式中，T_t 为 t 时刻的预测值；a，b 为系数。

下面通过一个例子来说明。

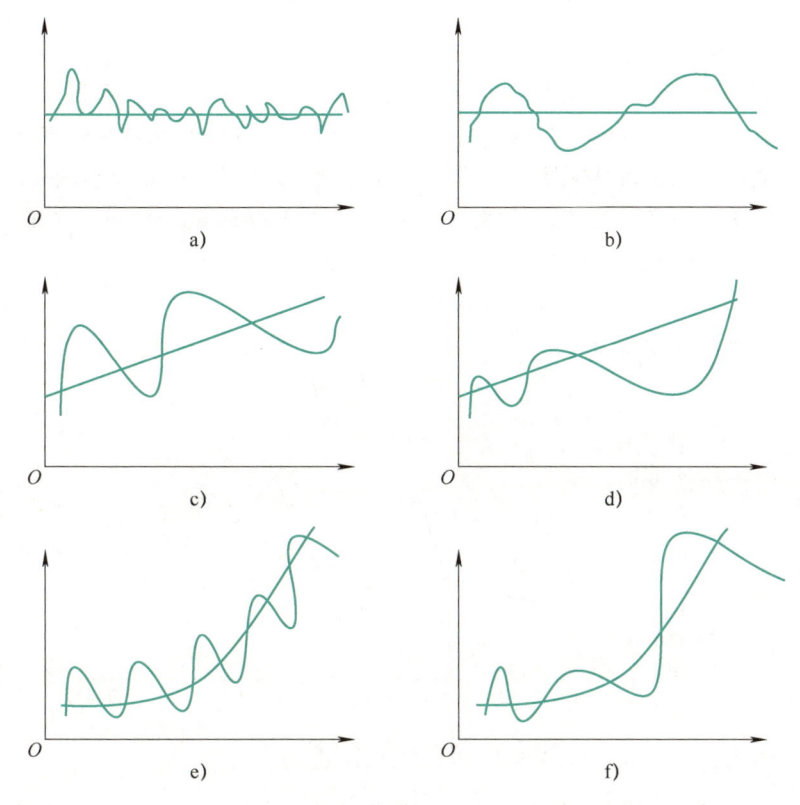

图 7-3 几种时间序列类型

a) 无趋势、无季节波动　b) 无趋势、有季节波动　c) 有线性趋势、相等的季节波动
d) 有线性趋势、放大的季节波动　e) 非线性趋势、相等的季节波动　f) 非线性趋势、放大的季节波动

【例 7-3】 表 7-3 是某商场服装店过去三年的服装销售记录。试预测该服装店未来一年各季度的销售量。

表 7-3　某商场服装店过去三年的服装销售记录

季　度	季度序号 t	销售量 M_t（件）	4 个季度销售总量（件）	4 个季度移动平均（件）	季度中点
春	1	1500			
夏	2	2000			
秋	3	1600			
冬	4	1100	6200	1550	3.5
春	5	1600	6300	1575	4.5
夏	6	2100	6400	1600	5.5
秋	7	1700	6500	1625	6.5
冬	8	1200	6600	1650	7.5
春	9	1700	6700	1675	8.5
夏	10	2200	6800	1700	9.5
秋	11	1800	6900	1725	10.5
冬	12	1300	7000	1750	11.5

解：求解可分为三步进行。

（1）求线性趋势方程　首先根据表 7-3 给出的数据绘出曲线图，如图 7-4 所示，然后用移动平均法求出四个季度的平均值，将它们标在图上。为求线性趋势，可采用最小二乘法。为简单起见，这里采用目测法。让直线穿过移动平均值的中间，使数据点分布在直线两侧，尽可能地各占一半。此直线代表着趋势，它与 Y 轴的截距为 a，这里 a 约为 1475 件。另一端，在 $t=12$ 时，销售量为 1300 件。故 b 值为

$$b = (1475 - 1300)/12 = 14.58$$

由此得到线性趋势方程为

$$T_t = 1475 + 14.58t$$

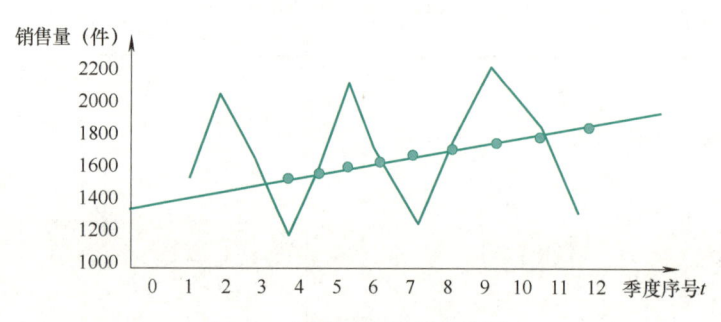

图 7-4　服装销售情况曲线图

（2）估算季节系数　季节系数（SI）就是实际值 A_t 与趋势值 T_t 的比值的平均值。先计算出各季度的 T_t 值，再进行 A_t/T_t 的计算，计算结果，见表 7-4。

表 7-4　A_t/T_t 计算表

季节序号 t	1	2	3	4	5	6	7	8	9	10	11	12
A_t/T_t	1.01	1.33	1.05	0.72	1.03	1.34	1.08	0.75	1.06	1.36	1.10	0.79

由于季节序号 1、5、9 都是春季，应求出它们的平均值作为季节系数：

$$\text{SI}(\text{春}) = (A_1/T_1 + A_5/T_5 + A_9/T_9)/3 = (1.01 + 1.03 + 1.06)/3 = 1.03$$

其他季节计算方式同上。需要指出的是，随着数据的累计，应该不断地对季节系数进行修正。

（3）预测　在进行预测时，关键是选择正确的 t 值和季节系数。在这里，该服装店未来一年的春、夏、秋、冬各季对应的 t 值分别为 13、14、15 和 16，对应的季节系数分别为 SI（春）、SI（夏）、SI（秋）、SI（冬）。因此该公司未来一年销售量分别为

春：$(1475 + 14.58 \times 13) \times 1.03 \approx 1714$（件）

夏：$(1475 + 14.58 \times 14) \times 1.34 \approx 2250$（件）

秋：$(1475 + 14.58 \times 15) \times 1.08 \approx 1829$（件）

冬：$(1475 + 14.58 \times 16) \times 0.75 \approx 1281$（件）

由例 7-3 可以看出，对于有线性趋势、相等的季节性波动类型可以用一种简明的周期性预测方法，应用起来更方便。

7.2.4 因果关系模型

在时间序列模型中,因果关系模型将需求作为因变量,将时间作为唯一的独立变量。这种做法虽然简单,但忽略了其他影响需求的因素。因果关系模型则有效地克服了时间序列模型的这一缺点,它通过对一些与需求有关的先导指数的计算,对需求进行预测。由于反映需求及其影响因素之间因果关系的数学模型不同,因果关系模型又分为回归模型、经济计量模型、投入产出模型等。本书只介绍一元线性回归模型预测方法。

一元线性回归模型可表达为

$$y_r = a + bx \tag{7-7}$$

$$b = \frac{n\sum xy - \sum x \sum y}{n\sum x^2 - (\sum x)^2} \tag{7-8}$$

$$a = \frac{\sum y - b\sum x}{n} \tag{7-9}$$

式(7-7)、式(7-8)、式(7-9)中,y_r 为一元线性回归预测值;a 为截距,为自变量 $x=0$ 时的预测值;b 为斜率;n 为变量数;x 为自变量的取值;y 为因变量的取值。

【例 7-4】 对例【7-3】应用一元线性回归法进行预测。

解:计算 a 和 b,并求 y_r,结果见表 7-5。

表 7-5 一元线性回归计算结果

x	y(件)	x^2	xy(件)
3.5	1550	12.25	5425
4.5	1575	20.25	7087.5
5.5	1600	30.25	8800
6.5	1625	42.25	10562.5
7.5	1650	56.25	12375
8.5	1675	72.25	14237.5
9.5	1700	90.25	16150
10.5	1725	110.25	18112.5
11.5	1750	132.25	20125
$\sum x = 67.5$	$\sum y = 14850$	$\sum x^2 = 566.25$	$\sum xy = 112875$

解:$b = (9 \times 112875 - 67.5 \times 14850)/9 \times 566.25 - 67.5^2 = 13500/540 = 25$

$a = (14850 - 25 \times 67.5)/9 = 1462.5$

$y_r = 1462.5 + 25x$

为了衡量一元线性回归方法的偏差,可采用两个指标:线性相关系数 r 和标准差 s_{xy}。

$$r = \frac{n\sum xy - \sum x \sum y}{\sqrt{[n\sum x^2 - (\sum x)^2][n\sum y^2 - (\sum y)^2]}} \tag{7-10}$$

$$S_{xy} = \sqrt{\frac{\sum (y - y_r)^2}{n-2}} \tag{7-11}$$

当 r 为正时，说明 y 与 x 正相关，即 x 增加，y 也增加；当 r 为负时，说明 y 与 x 负相关，即 x 增加，y 减少。r 越接近 1，说明实际值与所做出的直线越接近。s 越小，表示预测值与直线的距离越接近。

7.3 定性预测方法

7.3.1 专家预测法

1. 头脑风暴法

（1）概念　头脑风暴法是指通过一组专家共同开会讨论，进行信息交流和互相启发，从而激发出专家们的创造性思维，以达到互相补充，并产生"组合效应"的预测方法。组织头脑风暴会议应遵守以下原则。

1）选择的专家应与预测的对象相一致，而且要注意选择那些方法论和专业技术领域的资深专家。

2）被挑选的专家最好彼此不相识。如果彼此相识，则应从同一资历中挑选。在会议上不公布专家所在的单位、年龄、职称或职务，使与会者感到平等。

3）要为会议创造良好的环境条件，使专家能将注意力高度集中在所讨论的问题上。所谓良好的环境条件，是指有一个可以真正自由发言的环境，组织者要说明政策，使专家没有心理顾虑，做到真正的畅所欲言。

4）要有措施鼓励讨论者对已提出的设想做改进。

5）最好选择熟悉预测程序和处理方法并具备相关经验的专家来负责会议的主持工作。

（2）优缺点　头脑风暴法是一种直观的预测方法。它具有以下优点：①可最大限度地发挥专家的个人才智，且不受外界影响，没有心理压力；②通过信息交流，进而激发创造性思维，并在短期内取得成果；③由于信息量大，考虑的因素多，因此所提供的方案也比较全面。

当然，头脑风暴法也有明显的缺点：①由于受专家个人在知识、爱好、经验、成见等方面的限制，预测结论易产生片面性；②易受领导或权威的影响，不能真正畅所欲言和充分发表意见；③易受个人自尊心的影响，有的专家听不进不同意见或不能及时公开修正自己的意见等。

2. 德尔菲法

（1）概念　德尔菲法又称专家调查法，是 20 世纪 40 年代末期由美国兰德公司的海尔默、达尔克和戈登开发的，它很快就流行起来。此方法的应用过程如下：

1）挑选专家，具体人数视预测课题的大小而定，一般问题需 20 人左右。在进行函询的整个过程中，自始至终由预测单位函询或派人与专家联系，不让专家互相发生联系、互相交换意见。

2）专家选定之后，即可开始第一轮函询调查。一方面向专家寄去预测目标的背景材料，另一方面提出所需预测的具体项目。首轮调查任凭专家回答，完全没有框框，专家可以以各种形式回答问题，也可以向预测单位索取更详细的统计材料。预测单位对专家的各种回答进行综合整理，把相同的事件、结论统一起来，去除次要的、分散的事件，用准确的术语进行统一的描述，然后将结果反馈给各位专家，进行第二轮函询。

3) 第二轮函询要求专家对所预测目标的各种有关事件发生的时间、空间、规模大小等提出具体的预测，并说明理由。预测单位对专家的意见进行处理，统计出每个事件可能发生日期的中位数，再次反馈给有关专家。

4) 第三轮是各位专家再次得到函询综合统计报告后，对预测单位提出的综合意见和论据加以评价，修正原来的预测值，对预测目标重新进行预测。

上述步骤，一般经过三至四轮，预测的主持者要求各位专家根据提供的全部预测资料提出最后的预测意见，若这些意见收敛或基本一致，即可以此为根据做出判断。

(2) 优缺点 德尔菲法是在专家会议的基础上发展起来的一种预测方法；其主要优点是简明直观，预测结果可供计划人员参考，受到计划人员的欢迎，避免了专家会议的许多弊端。在专家会议上，有的专家崇拜权威，跟着权威人士"一边倒"，不愿发表与权威人士不同的意见；有的专家"随大流"，不愿公开发表自己的见解。德尔菲法是一种有组织的咨询，在资料不甚全或不多的情况下均可使用。

德尔菲法虽有比较明显的优点，但同时也存在缺点。例如，专家的选择没有明确的标准，预测结果的可靠性缺乏严格的科学分析，最后一致的意见仍带有"随大流"的倾向。所以，在使用德尔菲法时必须坚持三条原则：①匿名性，对被选择的专家要保密，不让他们彼此通气，使他们不受权威、资历等方面的影响；②反馈性，一般的征询调查要进行三至四轮，要给专家提供充分反馈意见的机会；③收敛性，经过数轮征询后，专家们的意见相对收敛、趋向一致，若个别专家有明显的不同观点，应要求他详细说明理由。

7.3.2 部门主管集体讨论法

1. 概念

部门主管集体讨论法是指通常由高级决策人员召集销售、生产、采购、财务、研究与开发等各部门主管开会讨论，与会人员充分发表意见，提出预测值，然后由召集人按照一定的方法，如简单平均法或加权平均法，对所有单个的预测值进行处理，即得预测结果。

2. 优缺点

部门主管集体讨论法的优点是：①简单易行，不需要准备和统计历史资料；②汇集了各主管的经验与判断，如果缺乏足够的历史资料，此方法是一种有效的途径。

部门主管集体讨论法的缺点是：①由于是各主管的主观意见，故预测结果较缺乏科学性；②与会人员间容易相互影响；③因预测是集体讨论的结果，故无人对其正确性负责；④预测结果可能较难达到实际目的。

7.3.3 用户调查法

1. 概念

当对新产品或消费季的产品的需求进行预测时，常使用信函、电话或访问的方式对现实的或潜在的消费者进行调查，了解他们对与本企业产品相关的产品及其特性的期望，再考虑本企业的可能市场占有率，然后对各种信息进行综合处理，即可得到所需的预测结果，具体流程见图7-5。

2. 优缺点

用户调查法的优点是：①预测来源于消费者期望，较好地反映了市场需求情况；②可以了解消费者对产品优缺点的看法，也可以了解一些消费者不购买这种产品的原因，有利于改进与完善产品、开发新产品和有针对性地开展促销活动。

用户调查法的缺点是：①很难获得消费者的通力合作；②消费者期望不等于实际购买，而且其期望容易发生变化；③由于对消费者知之不多，调查时需要耗费较多的人力和时间。

7.3.4 销售人员意见汇集法

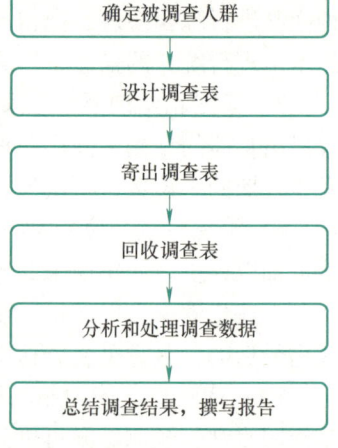

图 7-5　用户调查法流程图

1. 概念

销售人员意见汇集法有时也称基层意见法，通常由各地区的销售人员根据其个人的判断或与地区的有关部门交换意见并判断后做出预测。企业对各地区的预测进行综合处理后，即得企业范围内的预测结果。有时企业也将各地区的销售历史资料发给销售人员作为预测参考；有时企业的总销售部门还根据自己的经验、历史资料、对经济形势的估计等做出预测，并与销售人员的综合预测值进行比较，以得到更加准确的预测结果。

2. 优缺点

销售人员意见汇集法的优点是：①预测值很容易按地区、分支机构、销售人员、产品等区分；②由于销售人员的意见受到了重视，增加了其销售信心；③由于取样较多，预测结果稳定性较高。

销售人员意见汇集法的缺点是：①带有销售人员的主观偏见；②受地区局部性的影响，预测结果不容易准确；③当预测结果作为销售人员未来的销售目标时，预测值容易被低估；④当预测涉及紧俏商品时，预测值容易被高估。

7.4 预测误差分析及监控

7.4.1 预测误差分析

1. 指标法

由于需求受许多不确定因素的影响，不可避免地存在预测误差。预测误差是指预测值与实际值之间的差异。误差有正负之分。当预测值大于实际值时，误为正；反之，误差为负。预测模型最好是无偏的模型，即在应用该模型时，正负误差出现的概率大致相等。平均误差是评价预测精度、计算预测误差的重要标准。它常常被用来检验预测与历史数据的吻合情况，同时也用于判断预测模型能否继续使用。在比较多个模型孰优孰劣时，也经常用到平均误差。本节将介绍平均预测误差（Mean Forecast Error，MFE）、平均绝对偏差

(Mean Absolute Deviation，MAD)、平均平方误差(Mean Square Error，MSE)、均方根误差(Root Mean Squared Error，RMSE)和平均绝对百分误差(Mean Absolute Percentage Error，MAPE)这五个常用的评价指标。

(1) 平均预测误差　平均预测误差是指预测误差的和的平均值，用公式表示为

$$\text{MFE} = \frac{\sum_{t=1}^{n} X_t}{n} \tag{7-12}$$

如果预测模型是无偏的，MFE 应接近于零。因而，MFE 能很好地衡量预测模型的无偏性，但它不能够反映预测值偏离实际值的程度。

(2) 平均绝对偏差　平均绝对偏差就是整个预测期内每一次预测值与实际值的绝对偏差的平均值，此数值不分正负，只考虑偏差量，用公式表示为

$$\text{MAD} = \frac{\sum_{t=1}^{n} |X_t|}{n} \tag{7-13}$$

(3) 平均平方误差　平均平方误差就是对误差的平方和取平均值，用公式表示为

$$\text{MSE} = \frac{\sum_{t=1}^{n} (X_t)^2}{n} \tag{7-14}$$

MSE 与 MAD 相似，虽然可以较好地反映预测精度，但无法衡量无偏性。

(4) 均方根误差　均方根误差即均方误差的平方根，用公式表示为

$$\text{RMSE} = \sqrt{\frac{1}{n} \sum X_t^2} \tag{7-15}$$

均方根误差越大，说明预测模型越不精确；反之，预测模型越精确，预测模型的代表性越大。

(5) 平均绝对百分误差　平方绝对百分误差是相对误差度量值，使用绝对值来避免正误差和负误差相互抵消。

$$\text{MAPE} = \left(\frac{100}{n}\right) \sum_{t=1}^{n} \left|\frac{X_t}{A_t}\right| \tag{7-16}$$

式(7-12)~式(7-16)中，X_t 表示时段 t 的实际值与预测值之差；n 是整个预测期内的时段个数；A_t 表示时段 t 的实际值。

MAD、MFE、RMSE、MSE、MAPE 是几种常用的衡量预测误差的指标，但任何一种指标都很难全面地评价一个预测模型，在实际应用中常常将它们结合起来使用。

表 7-6 中是计算 MAD、MFE、RMSE、MSE、MAPE 的例子。

表 7-6　误差计算一览表

实际值 (A_t)	预测值	偏差 (X_t)	绝对偏差 ($\|X_t\|$)	平方误差 $[(X_t)^2]$	均方根误差 $\sqrt{\frac{1}{n}\sum X_t^2}$	绝对百分误差 ($100 \times \|X_t/A_t\|$)
100	130	−30	30	900	—	30

(续)

实际值（A_t）	预测值	偏差 (X_t)	绝对偏差 ($\lvert X_t \rvert$)	平方误差 $[(X_t)^2]$	均方根误差 $\left(\sqrt{\dfrac{1}{n}\sum X_t^2}\right)$	绝对百分误差 ($100 \times \lvert X_t/A_t \rvert$)
150	130	+20	20	400	—	13.33
120	130	−10	10	100	—	8.33
130	130	0	0	0	—	0
140	130	+10	10	100	—	7.14
110	130	−20	20	400	—	18.18
总计	—	−30	90	1900	17.79	76.98

2. 图示法

预测误差的图示法是一种最为直观的分析预测误差的方法。这种方法直观简便，但只能告诉人们预测误差的大概情况。下面简单介绍。

如图 7-6 所示，在直角坐标系中，横轴代表预测值，纵轴代表实际值，每一对的预测值和实际值都能在图上找到，我们通过观察其所在的位置来分析预测的精确程度。如果点落在第一、第三象限，则说明预测的变化方向相同；如果点落在第二、第四象限，则说明预测的变化方向相反，即表明预测值存在转折误差点，也就是说，上升被预测为下降，下降被预测为上升。同时，还可以用一条通过原点的正斜率为 45°的直线说明预测的精度，此线为完全预测线。如果某一点落在该线上，则表明预测值和实际值完全相同；一个点距离完全预测线越近，则表明预测误差越小，预测模型的精度越高。

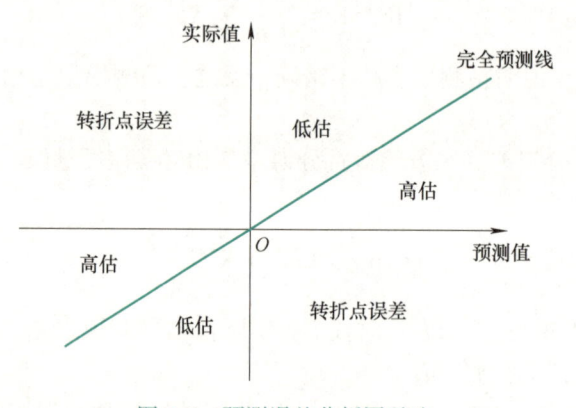

图 7-6 预测误差分析图示法

7.4.2 预测监控

预测的一个十分重要的理论基础是：一定形式的需求模式在过去、现在和将来起着基本相同的作用。但是实际情况需要通过预测监控来回答。

检验预测模型是否仍然有效的一种简单方法是，将最近的实际值与预测值进行比较，看偏差是否在可以接受的范围以内。另一种方法是应用跟踪信号（Tracking Signal，TS）。

跟踪信号是指累计预测误差（RSME）与平均绝对偏差的比值，即

$$TS = RSME/MAD \tag{7-17}$$

$$RSME = \sum_{t=1}^{n} X_t \tag{7-18}$$

式（7-17）和式（7-18）中的符号意义同前。

每当实际需求发生时，就应该计算 TS。如果预测模型仍然有效，TS 应该比较接近零。只有当 TS 在一定范围内时，才认为预测模型可以继续使用；否则就应该重新选择预测模型，如图 7-7 所示。

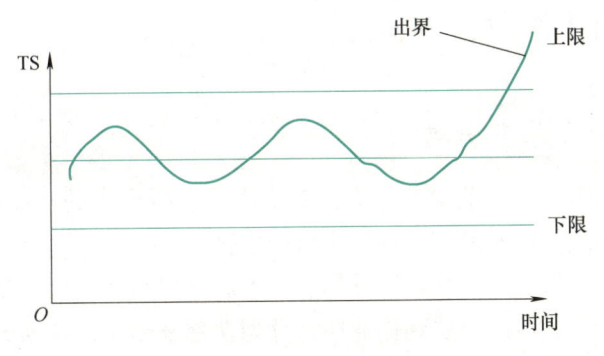

图 7-7　预测跟踪信号

思考题

1. 需求预测有哪些定性和定量的预测方法？说出它们的特点。
2. 时间序列法一般用于哪些方面？有什么明显的优缺点？
3. 需求预测在企业生产与运作管理中有什么作用？
4. 销售预测和需求预测的区别是什么？
5. 你认为预测是一种技能还是一种科学？为什么？
6. 试说明判断在预测中的作用。

第 8 章

生产计划和作业计划

8.1 生产计划和作业计划概述

8.1.1 生产计划及其分类

生产计划是根据需求和企业生产能力，对生产系统拟产出的产品品种、时间、数量、人力和设备等资源的配置以及库存等预先进行的安排。

生产计划按层次一般可分成战略层计划、战术层计划和作业层计划三个层次。三个层次的计划有不同的特点，从战略层到作业层，计划期越来越短，计划的时间越来越细，覆盖的空间范围越来越小，计划的内容越来越详细，计划的不确定性越来越小。

1. 战略层计划

战略层计划又称长期生产计划，它的主要任务是进行产品、生产能力以及竞争优势种类的决策，涉及产品或服务的发展方向、生产的发展规模、技术的发展水平、新生产设施的建造等。战略层计划为战术层计划提供生产能力的限制。规划好企业战略层计划是企业高层领导者的主要任务，高层领导者必须高瞻远瞩。

2. 战术层计划

战术层计划又称中期生产计划，通常称为生产计划或生产计划大纲，其计划期一般为一年，故许多企业又称之为年度生产计划。它的主要任务是在正确预测市场需求的基础上，对企业在计划年度内的生产任务做出统筹安排，规定企业的产品品种、质量、数量和进度等指标，充分利用现有的资源生产能力，尽可能均衡地组织生产活动和合理地控制库存水平，尽可能满足市场需求和获取利润。战术层计划为作业层计划制定边界。战术层计划是企业中层管理者主要负责的工作。

中期生产计划是根据市场需求预测制订的，它的决策变量主要是生产率、人力规模和库存水平。其目标是充分利用生产能力，满足预测的客户需求，同时使生产率尽量均衡稳定、控制库存水平并使总生产成本尽可能低。对于流程型企业，由于这类企业的设备或生产设施价格昂贵，生产连续进行，生产能力可以明确核定，属于备货生产性质，故相对于短期作业计划而言，中期生产计划的作用更为重要。对于接近流水作业性质的加工装配企业来说，中期生产计划起着同样重要的作用。对于制造装配型企业，由于生产能力随着产品结构的变化而改变，难以在制订中期生产计划时准确地核定，加上其主要属于订货核算方式，在制订中期生产计划时往往缺乏准确的订货合同信息，故中期生产计划只能起到指导作用，企业计划的重点是短期生产计划。

3. 作业层计划

作业层计划又称短期生产作业计划或生产作业计划。生产作业计划的时间跨度短，一般以天或小时为时间单位，因此其内容中大多有着非常具体的细节。它的主要任务是依据用户的订单，合理安排生产活动中的每一个细节，使之紧密衔接，确保按用户要求的质量、数量和交货期交货。作业层计划是各种具体的职能计划，是基层管理者的工作重点。

生产作业计划是生产计划的具体实施，是协调企业日常生产活动的中心环节。它根据年度生产计划和物料需求计划的要求对每个生产单位（车间、工段、班组等），在每个具体时期（月、周、日、轮班、小时等）内的生产任务做出详细的安排并规定实现的方法，从而保证企业按数量、品种、质量、交货期的要求全面完成生产计划。当计划制订好之后，在具体实施过程中还需要对生产作业过程进行有效的控制，以确定实际生产符合计划要求。

从表 8-1 可以看出，从战略层到作业层，计划期越来越短，计划的时间越来越细，覆盖的空间范围越来越小，计划的内容越来越详细，计划的不确定性越来越小。

表 8-1 不同层次计划的特点

项　目	战略层计划	战术层计划	作业层计划
计划期	长（≥5 年）	中（1 年）	短（月、旬、周）
计划的时间单位	粗（年）	中（月、季）	细（工作日、班次、小时、分）
空间范围	企业、公司	工厂	车间、工段、班组
详细程度	高度综合	综合	详细
不确定性	大	中	小
管理层次	企业高层领导者	中层、部门管理者	低层、车间管理者
特点	涉及资源获取	资源利用	日常活动处理

企业的生产计划体系是一个庞大的复杂系统，既有长期的战略规划，也有中期的综合生产计划和短期的作业计划，它的构成及其关系，如图 8-1 所示。

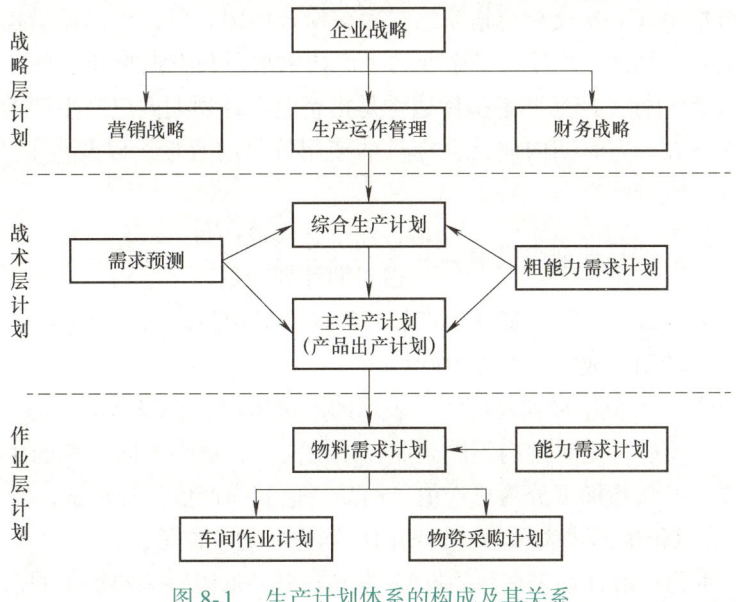

图 8-1 生产计划体系的构成及其关系

8.1.2 生产计划的内容和主要指标

为了生产出符合市场需要或客户要求的产品或服务，生产计划需要确定什么时候生产、在哪个车间生产，以及如何生产。企业的生产计划是根据销售计划制订的，它是企业制订物质供应计划、设备管理计划和生产作业计划的主要依据。

1. 生产计划的内容

生产计划的主要内容包括：调查和预测社会对产品的需求，核定企业的生产能力，确定目标，制定策略，选择计划方法，正确制订生产计划、库存计划、生产进度计划和计划工作程序，以及实施与控制计划。

2. 生产计划的主要指标

生产计划的主要指标有产品品种指标、产品质量指标、产品产量指标、产值指标和出产期指标。

（1）产品品种指标　产品品种指标规定了企业在计划期内出产的产品品名和品种数，是指企业在品种方面满足社会需求的程度，反映了企业专业化协作水平、技术水平和管理水平。产品品种指标包括企业在计划期出产的产品品名、规格、型号和种类数等具体信息，主要考核指标为

$$品种计划完成率 = \frac{报告期完成计划产量的品种数}{报告期计划种数} \times 100\% \tag{8-1}$$

注意：①不能以计划外品种代替计划内品种。

②不能大于100%。

（2）产品质量指标　产品质量指标通常是指企业在计划期内各种产品质量应当达到的质量标准和水平（包括反映产品本身质量的指标、反映生产过程质量的指标）。生产计划中的产品质量指标通常采用综合性的质量指标，如合格率、一等品率、优质品率、废品率、成品交检合格率（一次交检合格率、二次交检合格率）等。产品质量指标反映了企业产品满足客户需要的程度，也反映了企业的生产技术水平和组织管理水平。

（3）产品产量指标　产品产量指标通常是指企业在计划期内应当生产的合格产品的实物数量，反映企业在一定时期内向社会提供的使用价值的数量，以及企业生产发展水平，主要考核指标为

$$产品计划完成率 = \frac{报告期实际完成产量}{报告期计划产量} \times 100\% \tag{8-2}$$

注意：①实际完成产量需计算计划产品外产品产量和超计划产量。

②产品计划完成率可大于100%。

（4）产值指标　产值指标就是用货币表示的产量指标，它综合反映企业在计划期内生产活动的总成果，反映一定时期内不同企业，以及同一企业在不同时期的生产规模、生产水平和增长速度。产值指标可分为总产值、商品产值和净产值三种形式。

1）总产值：以价值形式表示的计划期内应当完成的工作量。

$$总产值 = 商品产值 + (期末在制品价值 - 期初在制品价值) + 来料加工的来料价值 \tag{8-3}$$

2）商品产值：以价值形式表示在计划期内出产的可供销售的产品产量和工业性劳务数量。

$$商品产值 = 自备原材料生产的成品价值 + 外销半成品价值 + \\ 来料加工的加工价值 + 对外承做的工业性劳务价值 \tag{8-4}$$

3）净产值：企业在计划期内通过生产活动新创造的价值，是从工业总产值中扣除各种物料消耗以后的余额。

净产值的计算方法有以下两种。

① 生产法：净产值 = 总产值 - 物质消耗价值。

② 分配阀：净产值 = 工资 + 税金 + 利润 + 本企业的非物质消耗。

（5）出产期指标　产品出产期是为了保证按期交货确定的产品出产期限。

8.1.3　生产计划的编制步骤

1. 制订计划的一般步骤

（1）确定目标　确定目标要根据上期计划执行的结果，目标要尽可能具体，如利润指标、市场占有率等。

（2）评估当前条件　评估当前条件是指弄清楚现状与目标有多大差距。当前条件包括外部环境与内部条件。外部环境主要包括市场情况、原材料、燃料、动力、工具等供应情况，以及协作关系情况。内部条件包括设备状况、工人状况、劳动状况、新产品研制及生产技术准备状况、各种物资库存情况及在制品占用量等。

（3）预测未来环境与条件　预测未来环境与条件是指根据国内外各种政治因素、经济因素、社会因素和技术因素，把握现状，预测未来，找出实现目标的有利因素及不利因素。

（4）确定计划方案　确定计划方案包括拟订多个可实现目标的可行计划方案，并从中按一定的标准选择一个计划方案。

（5）实施计划并评价结果　实施计划并评价结果是指检查目标是否达到，如未达到，需要知道是什么原因导致的，以及需要采取什么措施，是否需要修改计划等。

2. 滚动式计划的编制步骤

编制滚动式计划是一种编制计划的新方法，这种方法可以用于编制从战略层到作业层各种层次的计划。

按照编制滚动式计划的方法，整个计划期被分为几个时间段，其中第一个时间段的计划为执行计划，后几个时间段的计划为预计计划。执行计划较具体，预计计划较粗略。每经过一个时间段，根据执行计划的实施情况以及企业内外部条件的变化，对预计计划做出调整与修改，原预计计划中的第一个时间段的计划就变成了执行计划。例如，2018 年编制的 5 年计划，计划期为 2019—2023 年。若将 5 年分成 5 个时间段，则 2019 年的计划为执行计划，其余 4 年的计划均为预计计划。当 2019 年的计划实施之后，又根据当时的条件编制 2020—2024 年的 5 年计划，其中 2020 年的计划为执行计划，2021—2024 年的计划为预计计划。以此类推，修订计划的间隔时间被称为滚动期，它通常等于执行计划的计划期，如图 8-2 所示。

图 8-2　编制滚动计划示例

滚动式计划方法有以下优点：

（1）计划的严肃性和应变性都得到了保证　由于执行计划与编制计划的时间接近，企业内外部条件不会发生大的变化，可以基本保证执行计划的完成，体现了计划的严肃性；预计计划允许修改，体现了应变性。如果不是采用滚动式计划方法，第一期实施的结果出现偏差，以后各期计划若不做出调整，就会流于形式。

（2）提高了计划的连续性　逐年滚动，自然形成新的 5 年计划。

8.2　综合生产计划

以制造业为例，综合生产计划常常被称为综合运营计划、总生产计划或年度生产大纲，是对企业未来一段时间（通常为一年左右）内对资源和需求的平衡所做的感性设想。它根据企业拥有的生产能力和需求预测，较粗略地计划了企业生产产品的种类和数量、生产时间及每一部门或人员的任务，内容包含产出内容、出产量、劳动力水平和库存投资等。综合生产计划是企业生产活动的前期工作，制订综合生产计划需要平衡市场需求（虽然难以预测）和企业所掌握的资源，使生产资源得到有效利用，从而获得最佳收益。表 8-2 为某汽车制造公司某年一季度的综合生产计划。

表 8-2　某汽车制造公司某年一季度的综合生产计划　　（单位：辆）

项　目	1 月	2 月	3 月
A 型车产量	12000	17000	22000
B 型车产量	28000	28000	28000
合计	40000	45000	50000

制订综合生产计划需要事先明确下列信息：现有原材料、现有成品库存、市场需求量、产品研发能力、本企业的产能、分（承）包商的产能、劳动力需求等。综合生产计划确定后，还要逐步细化，利用 MRP 和 ERP 等信息化技术将其分解为主生产计划，即明确每一具体的最终产品在某一具体时间段的生产数量，包括进行产品出产进度安排等。主生产计划以具体产品为计划对象。某企业 C、D、E 三种产品在某年一季度的主生产计划见表 8-3。

表 8-3　某企业 C、D、E 三种产品在某年一季度的主生产计划　　（单位：辆）

项　　目	时间											
	1月				2月				3月			
	第1周	第2周	第3周	第4周	第1周	第2周	第3周	第4周	第1周	第2周	第3周	第4周
C型产量		1700		1700		2500		2500		3300		3300
D型产量	1500	1500	1500	1500	2250	2250	2250	2250	3000	3000	3000	3000
E型产量	300		300		500		500		700		700	
合计产量		10000				15000				20000		

在确定了主生产计划之后，还要将其继续细化为工作任务指派和生产作业计划。这是较为细致具体的工作方案，工作任务指派和生产作业计划将在本章详细讨论。制订综合生产计划所需的各种信息如图 8-3 所示。

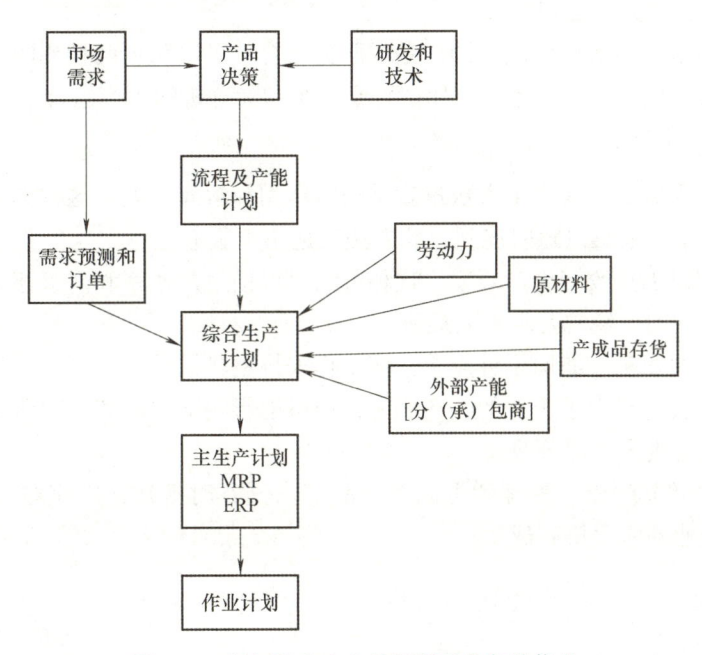

图 8-3　制订综合生产计划所需的各种信息

8.2.1　制订综合生产计划需考虑的成本

综合生产计划涉及以下成本：

（1）基本生产成本　基本生产成本是计划期内生产某一产品的固定成本与变动成本，包括直接劳动力成本与间接劳动力成本，正常工资与加班工资。

（2）与生产率相关的成本　典型成本是雇用、培训与解雇员工的成本。

（3）库存成本　其主要组成部分是库存占用资金的成本。

（4）延期交货成本　它包括由延期交货引起的赶工生产成本、失去企业信誉和销售收入的损失。

8.2.2 处理非均匀需求的策略

一般产品的市场需求会有起伏和波动，不可能100%预测准确，而企业的生产能力又是相对稳定的，要解决这个矛盾，就要研究处理非均匀需求的策略。处理非均匀需求既可以通过市场营销的方法，也可以通过生产运作的方法。

一般地，制订综合生产计划可以从改变需求和改变能力两种方法着手。

1. 改变需求的方法

（1）通过改变价格转移需求　通过价格差别转移高峰需求，如航空公司在淡旺季采用不同的机票定价模式，在淡旺季酒店客房价格差别较大等，这样可以把旺季的需求转移一部分到淡季。

（2）延迟交货　延迟交货是指企业接受了客户的订单，但暂时不交货。延迟交货可能导致丧失销售机会和失去客户。

（3）采用季节上需求反向波动的产品或服务组合　可以采用两种或两种以上在季节上需求反向波动的产品或服务的组合，如雪地摩托车和除草机的生产组合。

2. 改变能力的方法

（1）改变工人数量　改变工人数量就是随时雇用和解雇工人。这种方法会引起工人反感，并且有些技术工人难以随时雇到。此方法较适用于服务业。

（2）通过加班加点改变生产效率　这种方法可以使生产速率和需求速率相匹配，消除库存，但生产不均匀，经常要求工人加班。

（3）利用半时职工　如雇用钟点工，使工作安排更具柔性。

（4）转包　转包扩大了企业的生产能力，但可能影响交货期和出现质量问题，丧失部分控制权，而且会丧失一部分收益。

（5）用库存调节产能　管理者可以在产品需求低谷时备货，以应对高峰期的产量不足，但会增加企业的库存持有成本。

8.2.3 制订综合生产计划的常用策略

制订综合生产计划常采用以下三种策略：

1. 追逐策略

追逐策略通过改变工人人数使当前产能与产品需求的产出相适应，即在产品需求量大时多雇用工人，在产品需求量小时裁减工人。该策略的适用条件是当订货量处于上升期时，可以雇用到一批工人，且培训较为简单；当订货量处于下降期时，可以低成本地解雇一批工人，遣散费较少。追逐策略虽然减少库存，无订单积压，但经常变更人员要花费成本，并且容易造成劳资纠纷和生产率及产品质量的下降。

2. 平准策略

平准策略保持工人人数不变，日产量维持在一个固定的水平，即通过柔性工作计划和加班等方式改变工作时间，进而调整产量，使产量和订货量相匹配。这种策略使工人数量稳定，避免了追逐策略中频繁雇用和解雇工人所增加的成本。

3. 外包策略

外包策略是指在正常的工作时间内用固定人数的工人进行生产，以满足最小的生产需求量，即通过库存来调节生产，而维持生产率和工人数量不变。当需求不足时，由于生产率不变，库存就会积累起来；当需求过大时，将利用库存来满足需求，库存就会减少。

可以看出，制订综合生产计划就是单位时间生产产量、劳动力持有数量、存货水平、加班和采用分（承）包商的组合方案。综合生产计划可以有多种选择方案，成本低的方案是企业通常选择的。

【例 8-1】 某公司欲制订未来 6 个月产品组的主生产计划，已知信息见表 8-4。

表 8-4　某公司未来 6 个月产品需求及每月工作天数

项　目	1月	2月	3月	4月	5月	6月	总计
产品需求预测/件	1900	1500	1100	1000	1200	1300	8000
每月工作天数	21	19	22	20	22	21	125

已知期初库存为 500 件，安全库存为月度需求预测的 20%。成本信息如下：

材料成本：100 元/件。

库存成本：1.50 元/（件·月）。

缺货损失：6.00 元/（件·月）。

分包边际成本：20 元/件。

招聘与培训费用：220 元/人。

解聘费用：250 元/人。

单位产品加工时间：4h/件。

正常人工成本（每天 8h）：30.00 元/h。

加班人工成本（1.4 倍正常人工费用）：42.00 元/h。

解：在研究备选生产计划之前，一般将预测需求量转换为生产需求量，生产需求量包含了安全库存，见表 8-5。

表 8-5　将预测需求量转换为生产需求量　　　　　　　　（单位：件）

项　目	1月	2月	3月	4月	5月	6月
期初库存	500	380	300	220	200	240
预测需求量	1900	1500	1100	1000	1200	1300
安全库存	380	300	220	200	240	260
生产需求量（预测需求量+安全库存−期初库存）	1780	1420	1020	980	1240	1320
期末库存（期初库存+生产需求量−预测需求量）	380	300	220	200	240	260

该公司有以下四种策略可以选择：追逐策略、平准策略、外包策略和加班策略，分别

见表 8-6、表 8-7、表 8-8 和表 8-9。

表 8-6 追逐策略

项目	1月	2月	3月	4月	5月	6月	总和
生产需求量（根据表 8-5）/件	1780	1420	1020	980	1240	1320	
所需生产时间（生产需求量×4h/件）/h	7120	5680	4080	3920	4960	5280	
每月工作天数/天	21	19	22	20	22	21	
每人每月工时（工作天数×8h/天）/h	168	152	176	160	176	168	
所需人数（所需生产时间÷每人每月工时）/人	43	38	24	25	29	32	
新增人数（假定期初工人数等于1月的43人）/人	0	0	0	1	4	3	
招聘费（新增工人数×220元/人）/元	0	0	0	220	880	660	1760
解聘人数/人	0	5	14	0	0	0	
解聘费（解聘人数×250）/元	0	1250	3500	0	0	0	4750
正常人工成本（所需生产时间×30元/h）/元	213600	170400	122400	117600	148800	158400	937710

表 8-7 平准策略

项目	1月	2月	3月	4月	5月	6月	总和
期初库存/件	500	−98	−420	−156	84	248	
每月工作天数/天	21	19	22	20	22	21	
可用生产时间（每月工作天数×8h/天×31人）/h	5208	4712	5456	4960	5456	5208	
实际生产量（可用生产时间÷4h/件）/件	1302	1178	1364	1240	1364	1302	
预测需求量（根据表 8-5）/件	1900	1500	1100	1000	1200	1300	
期末库存（期初库存+实际产量−预测需求量）/件	−98	−420	−156	84	248	250	
缺货成本（缺货件数×6元/件）/元	588	2520	936	0	0	0	4044
安全库存（根据表 8-5）/件	380	300	220	200	240	260	
多余库存（期末库存−安全库存）/件	0	0	0	0	8	0	
库存费用（多余库存×1.50元/件）/元	0	0	0	0	12	0	12
正常人工成本（所需生产时间×30元/h）/元	156240	141360	163680	148800	163680	156240	934044

表 8-8 外包策略

项　目	时间						总　和
	1月	2月	3月	4月	5月	6月	
生产需求量（根据表8-5）/件	1780	1420	1020	980	1240	1320	
每月工作天数/天	21	19	22	20	22	21	
可用生产时间（每月工作天数×8h/天×25人）/h	4200	3800	4400	4000	4400	4200	
实际生产量（可用生产时间÷4h/件）/件	1050	950	1100	1000	1100	1050	
分包件数（生产需求量−实际生产量）/件	730	470	0	0	140	270	
分包成本（分包件数×20元/件）/元	14600	9400	0	0	2800	5400	32200
正常人工成本（所需生产时间×30元/h）/元	126000	114000	132000	120000	132000	126000	782200

表 8-9 加班策略

项　目	时间						总　和
	1月	2月	3月	4月	5月	6月	
期初库存（根据表8-7）/件	500	380	300	220	200	240	
每月工作天数/天	21	19	22	20	22	21	
可用生产时间（每月工作天数×8h/天×31人）/h	5208	4712	5456	4960	5456	5208	
固定生产量（可用生产时间÷4h/件）/件	1302	1178	1364	1240	1364	1302	
预测需求量（根据表8-5）/件	1900	1500	1100	1000	1200	1300	
加班前库存量（期初库存+固定生产量−预测需求量），近似整数/件	−98	58	564	460	364	242	
加班生产件数/件	98	0	0	0	0	0	
加班人工成本（单位产品加工时间×加班生产件数×42元/h）/元	16464	0	0	0	0	0	16464
安全库存/件	380	300	220	200	240	260	
多余库存（加班前库存量−安全库存）/件	0	0	344	260	104	0	
库存费用/元			516	390	156		1062
正常人工成本/元	126000	114000	132000	120000	132000	126000	767526

以上四种策略的结果比较见表 8-10。

从表 8-10 可以看出，加班策略成本最小，因此采用这个策略。

表 8-10　四种策略的结果比较　　　　　　　　　　　　　　　（单位：元）

项　目	策　略			
	追逐策略	平准策略	外包策略	加班策略
招聘费	1760	0	0	0
解聘费	4750	0	0	0
库存费用	0	12	0	1062
缺货损失	0	4044	0	0
分包成本	0	0	32200	0
加班人工成本	0	0	0	16464
正常人工成本	931200	930000	750000	750000
总成本	937710	934044	782200	767526

需要说明的是，本例题中所讨论的综合生产计划的制订存在局限性，表现在用员工人数来调控生产能力。这在劳动密集型生产行业是可行的，如餐饮行业、制衣和玩具生产等行业，但对于连续性流程的行业，如石油化工、金属冶炼和啤酒生产等行业就不适用了。

8.3　短期生产计划

短期生产计划包含的内容较多，本书只选择派工（Assignment）、排序（Sequencing）和人员循环排班（Cyclical Scheduling）等内容进行讨论。

8.3.1　派工

制造业在安排生产计划时需要派工，服务业更贴近人们的现实生活，也存在许多派工的应用问题。例如，某支足球队的管理者经常需要做出如下安排：今天需要选派 3 个球员到城市 A 踢球，过两天又要选派 4 个球员到城市 B 踢球。不同的球员球技存在差异，球员的人力成本也不同，应该合理组合搭配不同球技的球员，既满足球员输入方的要求，又降低球员的人工成本，这需要球队的管理者做出科学的安排。

【例 8-2】　某制衣行有三个裁缝因工作技能不同导致工作效率有差异，现制衣行接受了三件不同风格的成衣订单，相关数据见表 8-11。如何给这三个裁缝派工可以使成衣完工时间最短？

表 8-11　三个裁缝与三件成衣的派工问题　　　　　　　　　　　（单位：天）

项　目	裁　缝　一	裁　缝　二	裁　缝　三
成衣 A	12	15	7
成衣 B	8	14	12
成衣 C	9	13	6

解：此类派工问题可用匈牙利算法[一]解决，先形成行列相等的行列式（注：此处仅仅借用行列式变换的名词，并不是实际意义上的行列式变换），按照如下四项原则操作：

原则1：行变换，找出每一行的最小数，其他数值减去这个最小数。

原则2：列变换，找出每一列的最小数，其他数值减去这个最小数。

原则3：用最少数量的纵线和横线覆盖所有含0的数字，若线的数量与行的数量相同，则可以派工，最优派工在数值为0的位置；若线的数量少于行的数量，则进入原则4。

原则4：找出没有被线所覆盖的最小数字。用没有被线所覆盖的数字减去这个最小数字，并把这个最小数字加到两条线的交叉点上，进入原则3。

根据原则1，得出表8-12。

表8-12　行变换　　　　　　　　　　　　　　　　　　　　　（单位：天）

项　目	裁缝一	裁缝二	裁缝三
成衣A	5	8	0
成衣B	0	6	4
成衣C	3	7	0

根据原则2，得出表8-13。

表8-13　列变换　　　　　　　　　　　　　　　　　　　　　（单位：天）

项　目	裁缝一	裁缝二	裁缝三
成衣A	5	2	0
成衣B	0	0	4
成衣C	3	1	0

根据原则3，得出表8-14。

表8-14　用最少数量的横线和纵线覆盖所有含0的位置　　　　（单位：天）

项　目	裁缝一	裁缝二	裁缝三
成衣A	5	2	0
成衣B	0	0	4
成衣C	3	1	0

从表8-14中可以看出，只需要2条线就能覆盖所有含0的数字，线的数量少于行的数量3，这时需要进入原则4，得出表8-15。

表8-15　再次用最少数量的横线和纵线覆盖所有含0的位置　　（单位：天）

项　目	裁缝一	裁缝二	裁缝三
成衣A	3	0	0
成衣B	0	0	4
成衣C	2	0	0

[一] 是一种在多项式时间内求解任务分配问题的组合优化算法。1955年，库恩（W. W. Kuhn）利用匈牙利数学家康尼格（D. K″onig）的一个定理构造了这个算法，故称为匈牙利算法。

从表 8-15 中可以看出，需要用 3 条线来覆盖所有含 0 的位置，满足了派工的要求。最优派工在数值为 0 的位置，首先安排裁缝三处理成衣 A，划去裁缝三和成衣 A 所在的行和列，就变成了 2×2 的矩阵，其次安排裁缝一处理成衣 B，最后安排裁缝二处理成衣 C。

可以看出，三件成衣总的交工时间为：7 天+8 天+13 天＝28 天。这样的派工方式是所有可行解中的耗时最短者。

需要说明的是，当机器和任务数量均大于 4 时，画线的方式不是唯一的，但并不影响最优结果的获得。派工管理中的数字一般为时间或成本，所以派工是对时间或成本的优化，一个合理的派工是以缩短作业完工时间或节约成本为优化目标的。当行、列不相等时，可以用增加虚活动或增加虚机器的方式使行、列相等。

8.3.2 排序

很多作业问题面临着排序问题，本书只选择以下三种排序问题讨论：2 台机器排序问题的最优算法、3 台以上机器排序问题的最优算法，以及常见排序的优先调度法则。

1. 2 台机器排序问题的最优算法

对于 n 个零件先后经过两道加工工序，达到加工周期最短的问题，约翰逊（Johnson）于 1954 年提出了一个最优算法，即约翰逊算法。约翰逊算法的原则如下：

1) 列出两道工序的所有零件（任务）和相应的加工时间。

2) 找出一个最短的时间，若其处于第一道工序则安排在第一位，否则安排在最后一位。

3) 排好一个零件（任务）后就将其从待排序任务名单中划除，若最短加工时间有多个，则任选一个。

重复第 2)、第 3) 两个步骤，直至所有零件（任务）都完成安排。

【例 8-3】 现有 5 个待加工任务，先后经过工序一和工序二两道工序，见表 8-16。应如何安排才能使加工周期最短？

表 8-16　5 个先后经过两道加工工序的任务　　　　　　　　　（单位：h）

任　务	工　序　一	工　序　二
A	6	3
B	4	7
C	9	5
D	11	8
E	8	13

解：根据约翰逊算法的原则，得到如下排序结果：

B、E、D、C、A

为了说明上述排序结果的合理性，绘制图 8-4，其中灰色部分为时间损失，在这个例子中此部分损失是无法避免的。

2. 3 台以上机器排序问题的最优算法

对于 3 台以上机器的排序问题，计算量相当大，而且很难求解，目前只有几种类型找到了有效算法。下面介绍两种解决 3 台以上机器排序问题的最优算法，分别是帕尔默（Palmer）算法和关键工件法。

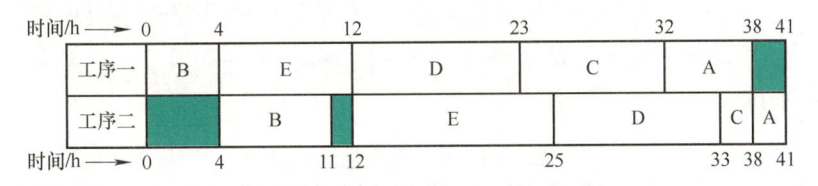

```
时间/h →  0    4       12      23      32    38 41
         ┌───┬──────┬──────┬───────┬──────┬──┐
工序一    │ B │  E   │  D   │   C   │  A   │  │
         ├───┼──────┼──────┼───────┼──────┼──┤
工序二    │   │  B   │  E   │   D   │  C │ A │
         └───┴──────┴──────┴───────┴──────┴──┘
时间/h →  0    4    11 12           25      33 38 41
```

图 8-4　5 个先后经过两道加工工序的任务排序时间序列

（1）帕尔默算法　1965 年，帕尔默提出按斜度指标排列工件的启发式算法，称为帕尔默算法。其中，工件斜度指标可按下式计算：

$$\lambda_i = \sum_{k=1}^{m} [k - (m+1)/2] p_{ik}, \quad k = 1, 2, \cdots, n \tag{8-5}$$

式中，m 是机器数；p_{ik} 是工件 i 在机器 k 上的加工时间。

计算 λ_i 后，按 λ_i 不增（递减）的顺序排列工件，可得出较满意的加工顺序。

【例 8-4】　现有 4 个工件先后经过 3 台机器加工，请用帕尔默算法求解最优加工顺序。加工时间矩阵见表 8-17。

表 8-17　4 个工件先后经过 3 台机器加工的排序问题　　　　　　　　　　（单位：h）

机器 i	工件 1	工件 2	工件 3	工件 4
P_{i1}	2	3	7	4
P_{i2}	9	5	3	10
P_{i3}	5	6	9	3

解：根据式（8-5）得到

$$\lambda_i = \sum_{k=1}^{3} (k-2) p_{ik}, \quad k = 1, 2, 3$$

则

$\lambda_i = -p_{i1} + p_{i3}$

$\lambda_1 = -p_{11} + p_{13} = -2 + 5 = 3$

$\lambda_2 = -p_{21} + p_{23} = -3 + 6 = 3$

$\lambda_3 = -p_{31} + p_{33} = -7 + 9 = 2$

$\lambda_4 = -p_{41} + p_{43} = -4 + 3 = -1$

按照 λ_i 不增的顺序，得到最优加工顺序（工件 1，工件 2，工件 3，工件 4）和（工件 2，工件 1，工件 3，工件 4），这两个顺序都是最优顺序，最长流程时间为 28h。

（2）关键工件法　关键工件法是著名生产运营管理专家、华中科技大学教授陈荣秋教授在 1983 年提出的一个启发式计算。其原则如下：

1) 计算每个工件的总加工时间 $P_i = \sum p_{ij}$，找出加工时间最长的工件 C，将其作为关键工件。

2)对余下的工件：若 $P_{i1} = P_{im}$，则按 P_{i1} 不减的顺序排列一个序列 S_a；若 $P_{i1} > P_{im}$，则按 P_{im} 不增的顺序排成一个序列 S_b。

3)加工顺序（S_a, C, S_b）即为所求最优解，若有多个方案，则需要相互比较，从中选优。

【例 8-5】 下面用关键工件法求解【例 8-4】。求 p_i（i = 工件1，工件2，工件3，工件4），见表 8-18。

表 8-18 用关键工件法求解　　　　　　　　　　　　　　　　（单位：h）

机器 i	工　件　1	工　件　2	工　件　3	工　件　4
P_{i1}	2	3	7	4
P_{i2}	9	5	3	10
P_{i3}	5	6	9	3
P_i	16	14	19	17

总加工时间最长的为工件3，$P_{i1} \leq P_{i3}$ 的为工件1和工件2，工件3，按照 P_{i1} 不减的顺序排成 S_a =（1,2,3），$P_{i1} > P_{i3}$ 的为工件4，S_b =（4），这样就得到了加工顺序为（工件1，工件2，工件3，工件4）或（工件2，工件1，工件3，工件4），这两个顺序都是最优顺序。将每个工件经过每台机器的最长加工时间相加得到最长流程时间为 34h。

3. 常见排序的优先调度法则

在企业运营管理中，管理者经常要面对一组任务经过一道工序加工的排序选择。虽然有100多个优先调度法则可供选择，但常见的优先调度数量有限，下面重点研究以下四种常见的优先调度法则的特点及适用范围：

1）优先选择最早进入可排工序集合的任务（First Come, First Serve, FCFS）。
2）优先选择加工时间最短的工序的任务（Shortest Processing Time, SPT）。
3）优先选择交工期限紧的任务（Earliest Due Date, EDD）。
4）优先选择加工时间最长的任务（Longest Processing Time, LPT）。

不管哪种优先调度法则，都有以下相似的假定前提条件：
1）任务的集合是确定的，在加工开始后无新加入的任务，也没有被取消的任务。
2）设备调整时间与加工顺序相互独立。
3）设备调整时间是确定的。
4）任务加工时间是确定的，无波动。
5）在进行任务加工的过程中不会出现机器设备停工、事故或工人缺勤。

为了更好地分析以上四种不同优先调度法则的特点，现举例进行对比分析。

【例 8-6】 在某品牌汽车4S店中，维修工准备给6辆待维修的汽车A、B、C、D、E和F排序。表 8-19 给出了6辆待维修汽车所需维修时间和预定任务完工时间的详细信息。

表 8-19　6辆待维修汽车的维修时间信息　　　　　　　　　　（单位：h）

任　务	所需维修时间	预定任务完工时间
A	3	7
B	5	8

(续)

任　　务	所需维修时间	预定任务完工时间
C	4	4
D	9	14
E	8	16
F	12	17

针对上述问题，先用以上四种优先调度法则展开分析：

1）按照 FCFS 优先调度法则，任务的维修顺序应为 A—B—C—D—E—F，任务在系统中停留时间（Flow Time）为每项维修任务在系统中等待和被维修的时间之和。如任务 C 的停留时间为等待维修时间 8h（任务 A 和任务 B 所需维修时间之和）和被维修时间 4h 之和，为 12h，这将比预定任务完工时间延迟 8h。表 8-20 反映出了按照 FCFS 优先调度法则的各项效率参数。

表 8-20　FCFS 优先调度法则排序　　　　　　　　　　　（单位：h）

任　　务	任务所需维修时间	任务在系统中的停留时间	预定任务完工时间	任务延迟时间
A	3	3	7	0
B	5	8	8	0
C	4	12	4	8
D	9	21	14	7
E	8	29	16	13
F	12	41	17	24
总和	41	114	66	52

根据表 8-20 的数据，可以计算出 FCFS 优先调度法则排序的效率参数。

平均完成时间＝任务在系统中的停留时间之和/任务的数量＝114h/6＝19h

利用率＝任务所需维修时间之和/任务在系统中的停留时间之和＝41h/114h≈36%

系统中平均任务的数量＝任务在系统中的停留时间之和/任务所需维修时间之和＝114h/41h≈2.78 台

平均任务延迟时间＝总任务延迟时间/任务的数量＝52h/6≈8.67h

2）按照 SPT 优先调度法则，根据维修时间安排任务排序，最短维修时间的任务应排在最前面，任务的维修顺序应为 A—C—B—E—D—F，见表 8-21。

表 8-21　SPT 优先调度法则排序　　　　　　　　　　　（单位：h）

任　　务	任务所需维修时间	任务在系统中的停留时间	预定任务完工时间	任务延迟时间
A	3	3	7	0
C	4	7	4	3
B	5	12	8	4
E	8	20	16	4

(续)

任　　务	任务所需维修时间	任务在系统中的停留时间	预定任务完工时间	任务延迟时间
D	9	29	14	15
F	12	41	17	24
总和	41	112	66	50

根据表8-21的数据，可以计算出SPT优先调度法则排序的效率参数（计算方法同上）。

平均完成时间＝112h/6＝18.67h

利用率＝41h/112h＝37%

系统中平均任务的数量＝112h/41h＝2.73 台

平均任务延迟时间＝50h/6＝8.33h

3) 按照EDD优先调度法则，优先选择交工期限紧的任务排在最前面，任务的维修顺序应为C—A—B—D—E—F，见表8-22。

表8-22　EDD优先调度法则排序　　　　　　　　　　（单位：h）

任　　务	任务所需维修时间	任务在系统中的停留时间	预定任务完工时间	任务延迟时间
C	4	4	4	0
A	3	7	7	0
B	5	12	8	4
D	9	21	14	7
E	8	29	16	13
F	12	41	17	24
总和	41	114	66	48

根据表8-22的数据，可以计算出EDD优先调度法则排序的效率参数（计算方法同上）。

平均完成时间＝114h/6＝19h

利用率＝41h/114h＝36%

系统中平均任务的数量＝114h/41h＝2.78 台

平均任务延迟时间＝48h/6＝8h

4) 按照LPT优先调度法则，优先选择交工期限紧的任务排在最前面，任务的维修顺序应为F—D—E—B—C—A，见表8-22。

根据表8-23的数据，可以计算出LPT优先调度法则排序的效率参数（计算方法同上）。

平均完成时间＝175h/6＝29.17h

利用率＝41h/175h＝23.4%

系统中平均任务的数量＝175h/41h＝4.27 台

平均任务延迟时间＝114h/6＝19h

5) 四种不同优先调度法则的总结。以上四种不同优先调度法则的相关效率参数见表8-24。

表 8-23 LPT 优先调度法则排序　　　　　　　　　　　　　　　（单位：h）

任务	任务所需维修时间	任务在系统中的停留时间	预定任务完工时间	任务延迟时间
F	12	12	17	0
D	9	21	14	7
E	8	29	16	13
B	5	34	8	26
C	4	38	4	34
A	3	41	7	34
总和	41	175	66	114

表 8-24 四种不同优先调度法则的相关效率参数

法则	平均完成时间/h	系统利用率	系统中平均任务的数量/台	平均任务延迟时间/h
FCFS	19	36%	2.78	8.67
SPT	18.67	37%	2.73	8.33
EDD	19	36%	2.78	8
LPT	29.17	23.4%	4.27	19

通过判断表 8-24 中四种优先调度法则的四个参数的含义，很容易得出这样的结论：平均完成时间越少越好，系统利用率越高越好，系统中平均任务的数量（这个指标等同于在制品存货数量）越少越好，平均任务延迟时间越少越好。通过表 8-24 对以上四种优先调度法则在汽车维修服务业的分析研究，可以得出以下结论：

1）FCFS 优先调度法则最为公平，不易引发顾客抱怨。

2）SPT 优先调度法则在平均完成时间、系统利用率和系统中平均任务的数量三项指标中效率最高，优点最多。

3）EDD 优先调度法则在平均任务延迟时间指标中最优，强调平均任务延迟时间最短。

4）LPT 优先调度法则的整体排序效率最低，看似在以上四个效率参数方面均无优点，但维修时间最长的任务优先通常意味着大客户或重要客户优先，因为大客户或重要客户通常用时较长，这是 LPT 的优点所在。

上述汽车 4S 店的汽车维修模拟了任务排序的场景。在现实操作中，没有哪一种排序法则在所有指标中整体优于另一种排序法则。服务业中的公司在实践中经常把以下经验作为决策依据：

1）SPT 优先调度法则对于减少任务在系统中的停留时间和减少系统中平均任务的数量是较为理想的排序法则，还有利于提高服务系统的使用效率。其不利的方面在于较长维护时间的任务将处于不利的排序地位。

2）FCFS 优先调度法则在几项效率指标中表现并不突出，它的优点在于公平，通常顾客不会对这种优先调度法则产生抱怨。FCFS 在餐饮、购物和银行等服务业领域中被广泛使用。

3）EDD 优先调度法则在减少平均任务延迟时间方面较为突出，在任务延迟需要承担罚款的背景下使用较为合适。若决策者主要考虑减少延迟时间，EDD 则成为首选的优先调度法则。

4）LPT 优先调度法则虽然整体排序效率最低，但若强调大客户或重要客户优先，则应选择此优先调度法则。

虽然以上四种优先调度法则在实践中应用较广，但也存在以下局限性：

1）作业计划排序是动态变化的，在操作中经常出现调整加工顺序、变动加工工艺、机器设备调整，以及产品组合发生变动，优先调度法则并不能根据这些变化做出反应。

2）优先调度法则没有顾及上游、下游岗位的实际情况，也没有考虑生产设施闲置以及资源瓶颈的情况。

3）优先调度法则同等对待具有相同预定任务完工时间的任务，无法区分二者之间的轻重缓急，但在现实中却存在着先、后及主、次之分。

8.3.3 人员循环排班

人员循环排班是服务业运营计划的组成部分。服务业的工作时间要长于制造业，一般双休日和节假日都有从业人员提供服务，如警察、护士、餐饮服务人员、银行职员、卖场销售人员等都需要制订人员排班计划，因此人员循环排班在服务业有着广泛的应用。

【例 8-7】 某服务业企业依据过去一段时间的统计数据发现，根据业务量的大小，一周 7 天每天安排如下人员数量即可满足业务需要，见表 8-25。该服务业企业实施员工一周连续休息两天的管理政策，则该服务业企业需要多少员工？每个员工应如何安排作息时间？

表 8-25 某服务业企业一个星期的人员数量安排　　　　　　　　　（单位：人）

星期一	星期二	星期三	星期四	星期五	星期六	星期日
6	6	7	6	5	4	4

解：依据已知条件，找出连续两个最小的用工数量对应的工作日安排给员工一休息，将这两天对应的数字移到下一行，其余数字减 1 移到下一行，再如法炮制，给员工二、员工三等人安排作息时间。注意：星期一和星期日是连续的。在排班过程中，可能不止一种选择。该服务业企业的人员排班，见表 8-26。

表 8-26 某服务业企业从业人员循环排班计划　　　　　　　　　　（单位：人）

员工\时间	星期一	星期二	星期三	星期四	星期五	星期六	星期日
员工一	6	6	7	6	5	④	④
员工二	5	5	6	5	4	④	④
员工三	4	4	5	4	③	④	3
员工四	3	3	4	③	③	4	2
员工五	②	②	3	3	3	3	1
员工六	2	2	2	2	2	②	⓪
员工七	①	1	1	1	1	2	

由表 8-27 可以看出，画圈的数字表示某员工的休息安排，其余为上班时间。

上述人员循环排班的操作方法还可以解决员工每周休息一天或三天等不同前提条件下的排班问题，其操作方法与本例题类似。

思考题

1. 如何根据层次对生产计划进行分类？
2. 制订生产计划时必不可少的信息有哪些？
3. 生产计划的内容和主要指标有哪些？
4. 生产计划的编制步骤是什么？
5. 什么是综合生产计划？
6. 制订综合生产计划的常用策略及其各自的特点是什么？
7. 短期生产计划包括哪些内容？

第 9 章

物料需求计划

9.1 概述

9.1.1 物料需求计划的定义与原理

物资需求计划（Material Requirement Planning，MRP）是指根据产品结构各层次物品的从属和数量关系，以每个物品为计划对象，以完工日期为时间基准倒排计划，按提前期长短区别各个物品下达计划时间的先后顺序，是一种工业制造企业内物资计划管理模式。MRP 是根据市场需求预测和客户订单制订产品的生产计划，然后基于产品生成进度计划，组成产品的材料结构表和库存状况，通过计算机计算所需物资的需求量和需求时间，从而确定材料的加工进度和订货日程的一种实用技术。

MRP 是一个基于计算机的信息系统，为非独立需求存货（细项需求来自特定产品的制造计划，如原材料、组件、部件）的订货与时间进度安排而设计。从预定日期开始，把产成品特定数量的生产计划向后转换成组合零件与原材料需求，用生产提前期及其他信息决定何时订货以及订多少货。因此，对最终产品的需求转变成了对底层组件的需求，使订货、制作与装配过程都以确定的时间进行安排，以及时完成最终产品，并使存货保持在合理的低水平上，如图 9-1 所示。

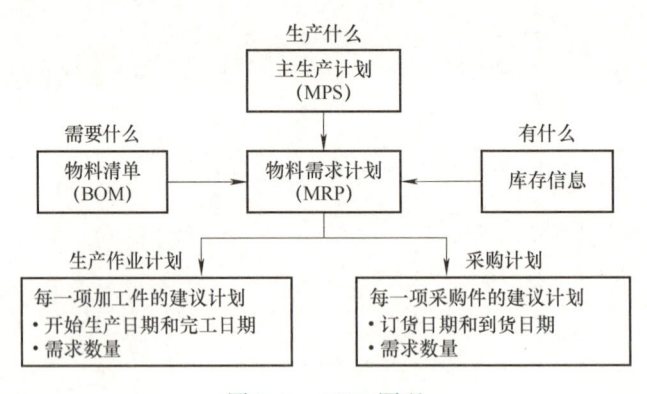

图 9-1 MRP 原理

MRP 是一种存货控制方法，也是一种时间进度安排方法。它主要回答三个问题：需要什么？需要多少？何时需要？

1. MRP 的基本构成

（1）主生产计划（Master Production Schedule，MPS） 主生产计划是确定每个具体

的最终产品在每个具体时间段内生产数量的计划。这里的最终产品是指对于企业来说最终完成、要出厂的完成品，它要具体到产品的品种、型号。这里的具体时间段，通常是以周为单位，在有些情况下，也可以是日、旬、月。主生产计划详细规定生产什么、什么时段应该产出，它是独立需求计划。主生产计划根据客户合同和市场预测，把经营计划或生产大纲中的产品系列具体化，使之成为开展物料需求计划的主要依据，起到了从综合计划向具体计划过渡的承上启下作用。

（2）产品结构与物料清单（Bill of Material，BOM） MRP 系统要正确计算出物料需求的时间和数量，特别是相关需求物料的数量和时间，首先要使系统能够知道企业所制造的产品结构和所有要使用到的物料。产品结构列出构成成品或装配件的所有部件、组件、零件等的组成、装配关系和数量要求。它是 MRP 产品拆零的基础。举例来说，图 9-2 是一个简化了的自行车产品结构图，它大体反映了自行车的构成。

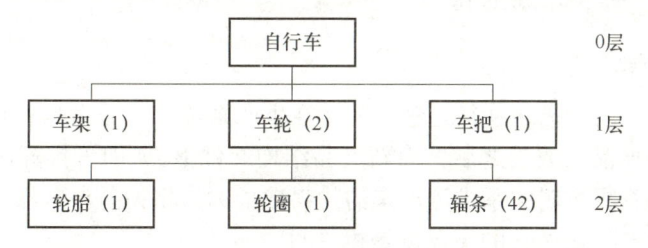

图 9-2　自行车产品结构图

当然，这并不是我们最终所要的 BOM。为了便于计算机识别，必须把产品结构图转换成规范的数据格式，这种用规范的数据格式来描述产品结构的文件就是 BOM。它必须说明组件（部件）中各种物料需求的数量和相互之间的组成结构关系。表 9-1 就是一张简单的自行车产品结构物料清单。

表 9-1　自行车产品结构物料清单

层次	物料号	物料名称	单位	数量	类型	成品率	ABC 码	生效日期	失效日期	提前期
0	GB950	自行车	辆	1	M	1.0	A	950101	971231	2
1	GB120	车架	件	1	M	1.0	A	950101	971231	3
0	CL120	车轮	个	2	M	1.0	A	000000	999999	2
2	LG300	轮圈	件	1	B	1.0	A	950101	971231	5
2	GB890	轮胎	套	1	B	1.0	B	000000	999999	7
2	GBA30	辐条	根	42	B	0.9	A	950101	971231	4
1	113000	车把	套	1	B	1.0	A	000000	999999	4

注：类型中"M"为自制件，"B"为外购件。

（3）库存信息 库存信息是保存企业所有产品、零部件、在制品、原材料等存在状态的数据库。在 MRP 系统中，将产品、零部件、在制品、原材料甚至工装工具等统称为"物料"或"项目"。为便于计算机识别，必须对物料进行编码。物料编码是 MRP 系统识别物料的唯一标识。

1）现有库存量是指在企业仓库中实际存放的物料的可用库存数量。

2）计划收到量（在途量）是指根据正在执行中的采购订单或生产订单，在未来某个时段物料将要入库或将要完成的数量。

3) 已分配量是指尚保存在仓库中但已被分配掉的物料数量。

4) 提前期是指执行某项任务由开始到完成所消耗的时间。

5) 订购（生产）批量是指在某个时段内向供应商订购或要求生产部门生产某种物料的数量。

6) 安全库存量是指为了预防需求或供应方面的不可预测的波动，在仓库中应保持最低库存数量作为安全库存量。

2. 净需求量计算

根据以上的各个数值，可以计算出某项物料的净需求量：

$$净需求量 = 毛需求量 + 已分配量 - 计划收到量 - 现有库存量$$

▶ 9.1.2 物料需求计划的特点

1. 需求的相关性

在流通企业中，各种需求往往是独立的。在生产系统中，需求具有相关性。例如，根据订单确定了所需产品的数量之后，由新产品结构文件 BOM 即可推算出各种零部件和原材料的数量。这种根据逻辑关系推算出来的物料数量称为相关需求。除了品种数量有相关性，需求时间与生产工艺过程的决定也是相关的。

2. 需求的确定性

MRP 的需求都是根据主生产进度计划、产品结构文件和库存文件精确计算出来的，品种、数量和需求时间都有严格要求，不可改变。

3. 计划的复杂性

MRP 要根据主产品的生产计划、产品结构文件、库存文件、生产时间和采购时间，把主产品的所有零部件需要的数量、时间、先后关系等准确计算出来。当产品结构复杂、零部件数量特别多时，其计算工作量非常庞大，人力根本不能胜任，必须依靠计算机实施这项工程。

物料需求计划实现的目标：

1) 及时取得生产所需的原材料及零部件，保证按时供应用户所需产品。

2) 保证尽可能低的库存水平。

3) 计划企业的生产活动与采购活动，使各部门生产的零部件、采购的外购件与装配的要求在时间和数量上精确衔接。

MRP 主要用于生产"组装"型产品的制造业。在实施 MRP 时，与市场需求相适应的销售计划是 MRP 成功的最基本要素。但 MRP 也存在局限，即资源局限于企业内部和决策结构化的倾向明显。

9.2 基本 MRP 的运算逻辑

MRP 的处理逻辑如图 9-3 所示。

一般来说，物料需求计划的制订遵循先通过主生产计划导出有关物料的需求量与需求时间，然后根据物料的提前期确定投产或订货时间的计算思路。决定净需求是 MRP 的核心，其基本计算步骤如下：

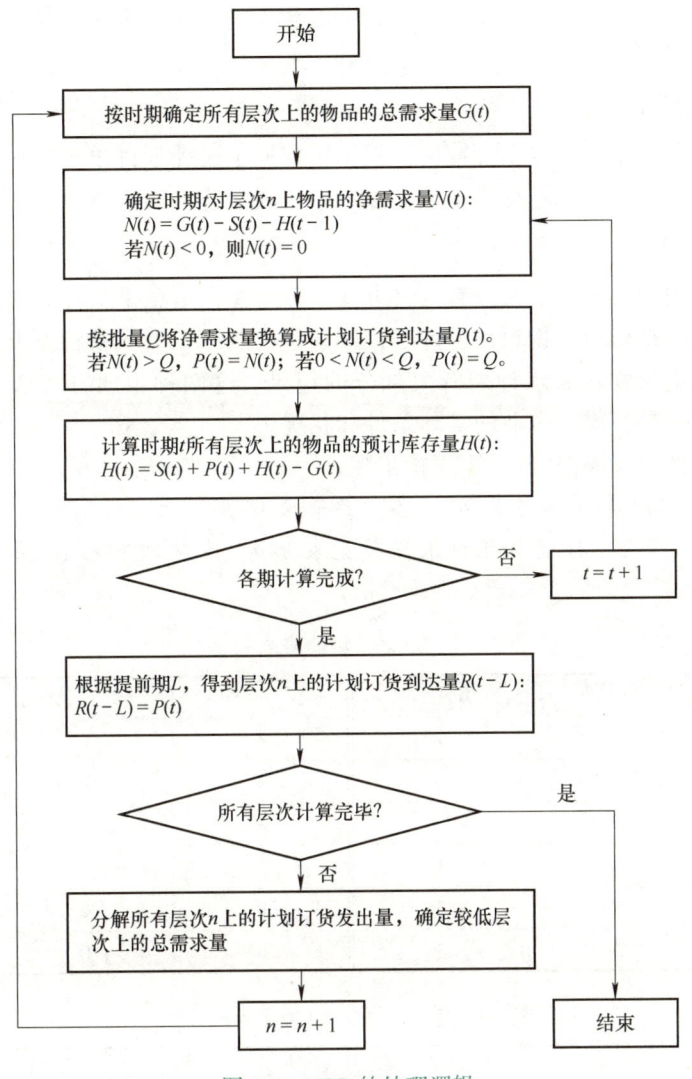

```
                    开始
                      │
                      ▼
        ┌─────────────────────────────┐
    ┌──▶│ 按时期确定所有层次上的物品的总需求量 G(t) │
    │   └─────────────────────────────┘
    │                 │
    │                 ▼
    │   ┌─────────────────────────────┐
    │   │ 确定时期 t 对层次 n 上物品的净需求量 N(t)：│◀──┐
    │   │ N(t) = G(t) − S(t) − H(t − 1)  │   │
    │   │ 若 N(t) < 0，则 N(t) = 0        │   │
    │   └─────────────────────────────┘   │
    │                 │                   │
    │                 ▼                   │
    │   ┌─────────────────────────────┐   │
    │   │ 按批量 Q 将净需求量换算成计划订货到达量 P(t)。│
    │   │ 若 N(t) > Q，P(t) = N(t)；若 0 < N(t) < Q，P(t) = Q。│
    │   └─────────────────────────────┘   │
    │                 │                   │
    │                 ▼                   │
    │   ┌─────────────────────────────┐   │
    │   │ 计算时期 t 所有层次上的物品的预计库存量 H(t)： │
    │   │ H(t) = S(t) + P(t) + H(t) − G(t) │   │
    │   └─────────────────────────────┘   │
    │                 │                   │
    │                 ▼                   │
    │              ╱  各  ╲   否   ┌─────────┐
    │            ╱  期计算  ╲─────▶│ t = t+1 │──┘
    │            ╲  完成？  ╱      └─────────┘
    │              ╲      ╱
    │                │是
    │                ▼
    │   ┌─────────────────────────────┐
    │   │ 根据提前期 L，得到层次 n 上的计划订货到达量 R(t − L)：│
    │   │ R(t − L) = P(t)                │
    │   └─────────────────────────────┘
    │                 │
    │                 ▼
    │              ╱      ╲   是
    │            ╱ 所有层次 ╲─────▶ 结束
    │            ╲ 计算完毕？╱
    │              ╲      ╱
    │                │否
    │                ▼
    │   ┌─────────────────────────────┐
    │   │ 分解所有层次 n 上的计划订货发出量，确定较低层次上的总需求量 │
    │   └─────────────────────────────┘
    │                 │
    │                 ▼
    │             ┌─────────┐
    └─────────────│ n = n+1 │
                  └─────────┘
```

图 9-3　MRP 的处理逻辑

1. 计算物料的毛需求量

计算物料的毛需求量即根据主生产计划、物料清单得到第一层级物料品目的毛需求量，再通过第一层级物料品目计算出下一层级物料品目的毛需求量，依次一直往下展开计算，直到最低层级原材料毛坯或采购件。

2. 净需求量计算

净需求量计算即根据毛需求量、可用库存量、已分配量等计算出每种物料的净需求量。

3. 批量计算

批量计算即由相关计划人员对物料生产做出批量策略决定，不管采用何种批量规则或不采用批量规则，净需求量计算后都应该表明是否有批量要求。

4. 安全库存量、废品率和损耗率等的计算

安全库存量、废品率和损耗率等的计算即由相关计划人员来规划是否需要对每个物料的净需求量做这三项计算。

5. 下达计划订单

下达计划订单是指通过以上计算后,根据提前期生成计划订单。物料需求计划所生成的计划订单要通过能力资源平衡确认后才能开始正式下达计划订单。

6. 再一次计算

物料需求计划的再次生成大致有两种方式:①对库存信息重新计算,同时覆盖原来计算的数据,生成的是全新的物料需求计划;②只是在制订、生成物料需求计划的条件发生变化时才相应地更新物料需求计划有关部分的记录。这两种生成方式都有实际应用的案例,至于选择哪一种,要看企业的实际条件和状况。

下面结合实例说明 MRP 的运算逻辑步骤。

【例 9-1】 产品物料清单见表 9-2,各产品未来 10 周主生产计划见表 9-3。物料的提前期、现有库存量、安全库存量和已订未交量见表 9-4。请制订未来 10 周详细的物料需求计划。

表 9-2 物料清单

父 件	子 件	数量/个	父 件	子 件	数量/个
X	A	1	Z	C	1
X	B	6	Z	D	2
X	C	3	A	B	1
Y	B	1	A	C	3
Y	D	2	B	C	3
Z	A	3	B	D	2

表 9-3 各产品未来 10 周主生产计划

物料	周次									
	1	2	3	4	5	6	7	8	9	10
A	3	3	3	3	3	3	3	3	3	3
B	0	0	0	0	0	0	0	0	0	0
C	0	0	0	0	0	0	0	0	0	0
D	2	2	2	2	2	2	2	2	2	2
X		20					20		20	
Y				30				10		0
Z		20				30				

表 9-4 物料的提前期、现有库存量、安全库存量和已订未交量

物 料	提前期/周	现有库存量/个	安全库存量/个	已订未交量/个
A	2	15	50	0

(续)

物　料	提前期/周	现有库存量/个	安全库存量/个	已订未交量/个
B	1	15	10	0
C	2	15	10	500
D	1	15	5	200
X	2	0	0	0
Y	1	0	0	0
Z	2	0	0	0

其基本计算步骤如下：

1. 绘出产品结构树

按照 MRP 的计算顺序，按结构树从第 0 级开始，由上至下逐层进行绘制，如图 9-4 所示。

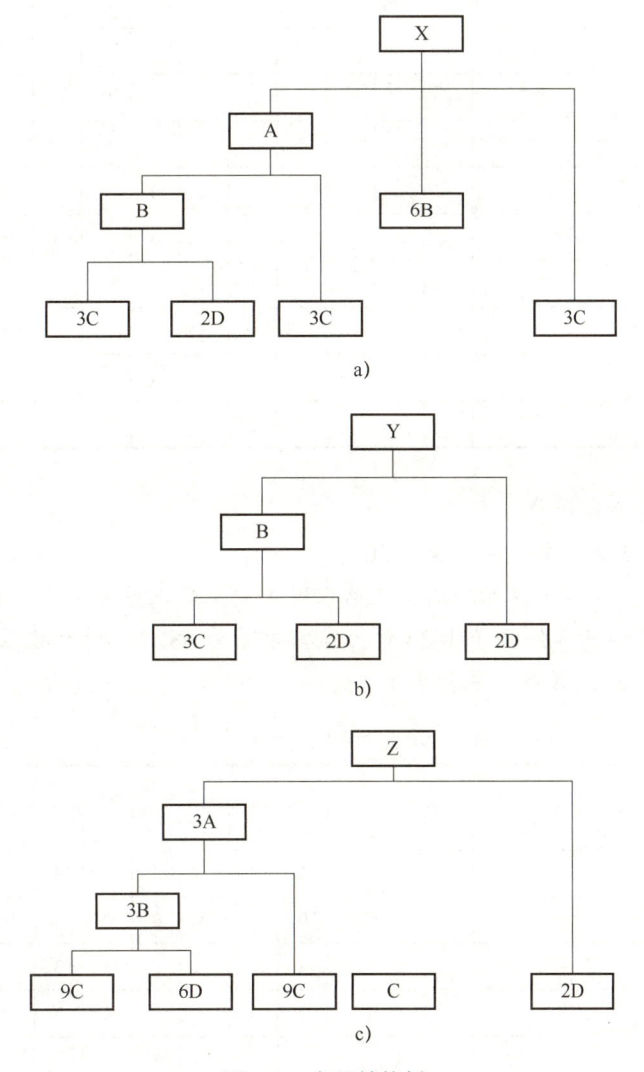

图 9-4　产品结构树

2. 计算第 0 层级物料 X、Y、Z

根据主生产计划、库存记录等数据，计算出产品 X、Y、Z 在计划期内的总需求量、可用库存量、净需求量、计划交货量、计划投入量，见表 9-5。

表9-5　X、Y、Z 产品需求　　　　　　　　　　　　　　　（单位：件）

项　目	周次									
	5	4	3	2	1					0
X 总需求量					0		0		0	
可用库存量										
X 净需求量					0		0		0	
X 计划交货量					0		0		0	
X 计划投入量				0		0		0		
Y 总需求量						0		0		0
Y 可用库存量										
Y 净需求量						0		0		0
Y 计划交货量						0		0		0
Y 计划投入量					0		0		0	
Z 总需求量						0		0		
Z 可用库存量										
Z 净需求量						0		0		
Z 计划交货量						0		0		
Z 计划投入量					0		0			

3. 计算第 1 层级物料 A

A 的提前期为 2 周，安全库存量为 50 个。

A 的总需求量：按照产品结构树，在第 0 周 A 的总需求量为 X 和 Z 的计划投入量之和加上 A 的主生产计划量 3 件，等于 23 件，净需求量为 58 件，计划投入量为 58 件，投入时间为第 2 周，数量为 58 件，见表 9-6。

表9-6　A 产品需求　　　　　　　　　　　　　　　（单位：件）

项　目	周次									
	5	4	3	2	1					0
A 总需求量				3	3		3	3	3	
A 可用库存量			5	0	0	0	0	0	0	0
A 净需求量				8	3		3	3	3	
A 计划交货量				8	3		3	3	3	
A 计划投入量			8	3		3	3		3	

第9章　物料需求计划

4. 计算第 2 层级物料 B

B 的总需求量根据主生产计划、X 的计划投入量、Y 的计划投入量、A 的计划投入量确定，分别为第 -2 周 58 件，第 -1 周 43 件，第 0 周 103 件，第 1 周 3 件，第 2 周 63 件，第 3 周 53 件，第 4 周 3 件，第 5 周 123 件，第 6 周 0，第 7 周 130 件。

B 的净需求量，即还需要满足的需求量，计算公式为

净需求量＝毛需求量－（现有库存量－安全库存量）

B 的净需求量计算结果见表 9-7。

表 9-7　B 产品需求　　　　　　　　　　　　　　　（单位：件）

项目	周次 5	4	3	2	1					0
B 总需求量			8	3	23	3	3	43	30	
B 可用库存量	5	0	0	0	0	0	0	0	0	0
B 净需求量			3	3	23	3	3	43	30	
B 计划交货量			3	3	23	3	3	43	30	
B 计划投入量	3	3	23	3	3	43	30			

B 的计划交货量：根据直接批量原则，B 的计划交货量数值上等于净需求量。

B 的计划投入量：数值上等于计划交货量，周期上要相应地减去 B 的提前期 1 周。

5. 计算第 3 层级物料 C

C 的总需求量根据主生产计划、X 的计划投入量、Z 的计划投入量、A 的计划投入量和 B 的计划投入量确定，C＝3X＋Z＋3A＋3B＋主生产计划，分别为第 -3 周 159 件，第 -2 周 303 件，第 -1 周 498 件，第 0 周 78 件，第 1 周 218 件，第 2 周 348 件，第 3 周 78 件，第 4 周 468 件，第 5 周 129 件，第 6 周 390 件，第 7 周 60 件。

C 的净需求量，即还需要满足的需求量，计算公式为

净需求量＝毛需求量－（现有库存量－安全库存量）

C 的净需求量计算结果见表 9-8。

表 9-8　C 产品需求　　　　　　　　　　　　　　　（单位：件）

项目	周次 5	4	3	2	1					0
C 总需求量		59	3	98	8	18	48	8	68	29	90
C 可用库存量	5	0	0	0	0	0	0	0	0	0	
C 净需求量		54	3	98	8	18	48	8	68	29	90
C 计划交货量			3	98	8	18	48	8	68	29	90
C 计划投入量	3	98	8	18	48	8	68	29	90		

C 的计划交货量：根据动态批量原则，C 的计划交货量数值上大于净需求量，并尽量

为整数。

C 的计划投入量：数值上等于计划交货量，周期上要相应地减去 C 的提前期 2 周。

6. 计算第 3 层级物料 D

D 的总需求量根据主生产计划、Y 的计划投入量、Z 的计划投入量和 B 的计划投入量确定，D＝2Y+2Z+2B+主生产计划，分别为第−3 周 106 件、第−2 周 86 件、第−1 周 246 件、第 0 周 6 件、第 1 周 166 件、第 2 周 106 件、第 3 周 66 件、第 4 周 346 件。

D 的净需求量，即还需要满足的需求量，计算公式为

$$净需求量＝毛需求量－（现有库存量－安全库存量）$$

D 的净需求量计算结果见表 9-9。

表 9-9　D 产品需求　　　　　　　　　　（单位：件）

项　目	周　次										0
	5	4	3	2	1						
D 总需求量			6	6	46		66	6	6	46	
D 可用库存量		5	0	0	0		0	0	0	0	
D 净需求量			6	6	46		66	6	6	46	
D 计划交货量			6	46			66	6	6	46	
D 计划投入量		6	46		66		6	6	46		

整体物料需求计划见表 9-10。

表 9-10　整体物料需求　　　　　　　　　（单位：件）

项　目	周　次										0
	5	4	3	2	1						
X 总需求量							0		0	0	
X 可用库存量											
X 净需求量							0		0	0	
X 计划交货量							0		0	0	
X 计划投入量					0			0	0		
Y 总需求量								0		0	0
Y 可用库存量											
Y 净需求量								0		0	0
Y 计划交货量								0		0	0
Y 计划投入量							0		0	0	
Z 总需求量							0		0		
Z 可用库存量											
Z 净需求量							0		0		

(续)

项 目	周次										
	5	4	3	2	1						0
Z 计划交货量						0		0			
Z 计划投入量					0		0				
A 总需求量				3	3		3	3		3	
A 可用库存量			5	0	0	0	0	0	0	0	
A 净需求量				8	3		3	3		3	
A 计划交货量				8	3		3	3		3	
A 计划投入量		8	3		3	3		3			
B 总需求量		8	3	23	3	3		43		30	
B 可用库存量		5	0	0	0	0	0	0	0	0	
B 净需求量			3	23	3	3		43		30	
B 计划交货量			3	23	3	3		43		30	
B 计划投入量	3	3	23		3	3	43		30		
C 总需求量		59	3	98	8	18	48	8	68	29	90	0
C 可用库存量	5	0	0	0	0	0	0	0	0	0	
C 净需求量		54	3	98	8	18	48	8	68	29	90	
C 计划交货量			3	98	8	18	48	8	68	29	90	
C 计划投入量		3	98	8	18	48	8	68	29	90		
D 总需求量			6	6	46		66	6	6	46		
D 可用库存量		5	0	0	0	0	0	0	0			
D 净需求量			6	6	46		66	6	6	46		
D 计划交货量				6	46		66	6	6	46		
D 计划投入量		6	46		66	6	6	46				

9.3 MRP 的扩展

MRP 的应用的确可以有效地促进现有企业管理的现代化、科学化，适应竞争日益激烈的市场要求，它的导入已经成为大势所趋。

9.3.1 20 世纪 70 年代的闭环 MRP

20 世纪 60 年代时段式 MRP 能根据有关数据计算出相关物料需求的准确时间与数量，但它还不够完善，其主要缺陷是没有考虑到生产企业现有的生产能力和采购的有关条件的约束。因此，计算出来的物料需求的日期有可能因设备和工时的不足而没有能力生产，或

147

者因原料的不足而无法生产。同时，它也缺乏根据计划实施情况的反馈信息对计划进行调整的功能。

正是为了解决以上问题，MRP 系统在 20 世纪 70 年代发展为闭环 MRP 系统。闭环 MRP 系统除了物料需求计划外，还将生产能力需求计划、车间作业计划和采购作业计划全部纳入，形成一个封闭的系统。

1. 闭环 MRP 的原理与结构

MRP 系统的正常运行，需要有一个现实可行的主生产计划。它除了要反映市场需求和合同订单以外，还必须满足企业的生产能力约束条件。因此，除了要编制资源需求计划外，我们还要制订能力需求计划（CRP，Capacity Requirement Planning），同各个工作中心的能力进行平衡。只有在采取了措施做到能力与资源均满足负荷需求时，才能开始执行计划。

要保证实现计划就要控制计划，在执行 MRP 时要用派工单来控制加工的优先级，用采购单来控制采购的优先级。这样，基本 MRP 系统进一步发展，把能力需求计划和执行及控制计划的功能也包括进来，形成一个环形回路，称为闭环 MRP，如图 9-5 所示。

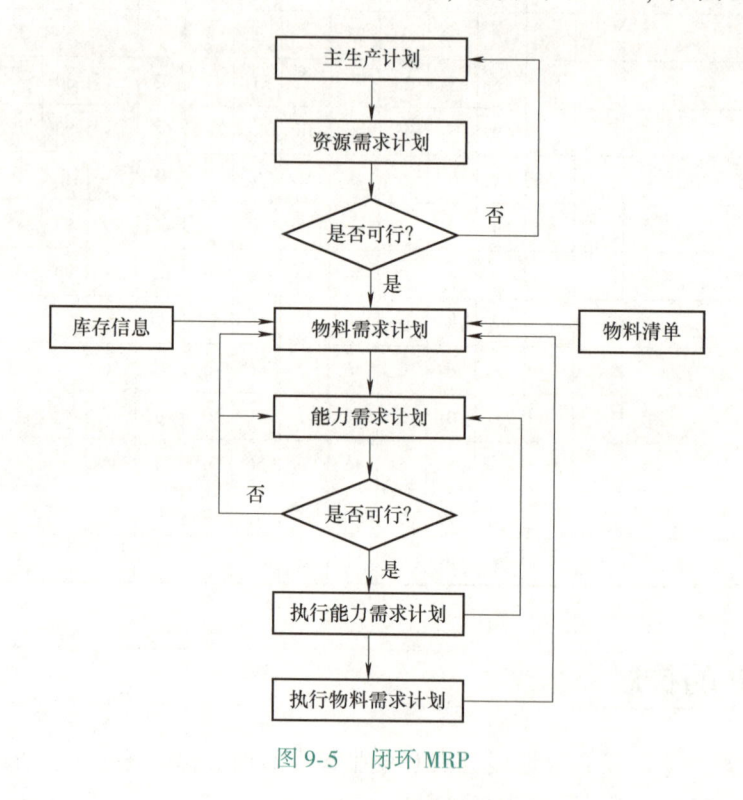

图 9-5　闭环 MRP

因此，闭环 MRP 成为一个完整的生产计划与控制系统。

2. 能力需求计划

（1）资源需求计划与能力需求计划　在闭环 MRP 系统中，把关键工作中心的负荷平衡称为资源需求计划，或称为粗能力计划，它的计划对象为独立需求件，主要面向的是主生产计划；把全部工作中心的负荷平衡称为能力需求计划，或称为详细能力计划，而它的计划对象为相关需求件，主要面向的是车间。由于 MRP 和 MPS 之间存在内在的联系，所以资源需求计划与能力需求计划之间也是一脉相承的，而后者正是在前者的的基础上进行计算的。

(2) 能力需求计划的依据

1) 工作中心是各种生产或加工能力单元和成本计算单元的统称。对工作中心，都统一用工时来量化其能力的大小。

2) 工作日历是用于编制计划的特殊形式的日历，它是由普通日历除去每周双休日、假日、停工和其他不生产的日子，并将日期表示为顺序形式而形成的。

3) 工艺路线是一种反映制造某项"物料"加工方法及加工次序的文件。它说明加工和装配的工序顺序、每道工序使用的工作中心、各项时间定额、外协工序的时间和费用等。

4) 由 MRP 输出的零部件作业计划。

(3) 能力需求计划的计算逻辑　闭环 MRP 的基本目标是满足客户和市场的需求，因此在编制计划时，总是先不考虑能力约束而优先保证计划需求，然后进行能力计划，经过多次反复运算，调整核实，才转入下一个阶段。能力需求计划的运算过程就是把物料需求计划订单换算成能力需求数量，生成能力需求报表。这个过程可用图 9-6 表示。

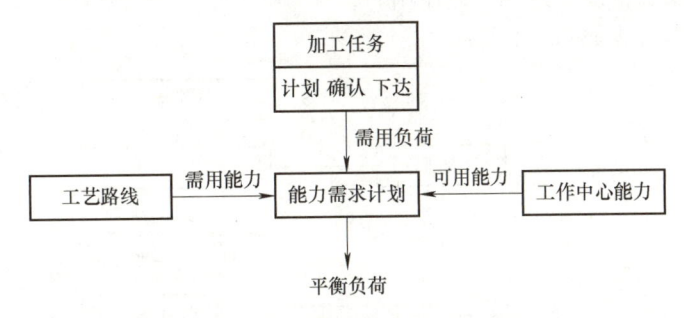

图 9-6　能力需求报表生成过程

当然，在计划时段也有可能出现能力需求超负荷或低负荷的情况。闭环 MRP 通常是通过报表的形式（直方图是常用工具）向计划人员报告，但是并不进行能力负荷的自动平衡，这个工作由计划人员人工完成。

3. 现场作业控制

各工作中心能力与负荷需求基本平衡后，接下来的一步就要集中解决如何具体地组织生产活动，使各种资源既能合理利用，又能按期完成各项订单任务，并将客观生产活动进行的状况及时反馈到系统中，以便根据实际情况进行调整与控制，这就是现场作业控制。它的工作内容一般包括以下四个方面：

(1) 车间订单下达　订单下达是核实 MRP 生成的计划订单，并转换为下达订单。

(2) 作业排序　作业排序是指从工作中心的角度控制加工工件的作业顺序或作业优先级。

(3) 投入产出控制　投入产出控制是一种监控作业流（正在作业的车间订单）通过工作中心的技术方法。利用投入/产出报告，可以分析生产中存在的问题，采取相应的措施。

（4）作业信息反馈　作业信息反馈主要是跟踪作业订单在制造过程中的运动，收集各种资源消耗的实际数据，更新库存余额并完成 MRP 的闭环。

9.3.2　20 世纪 80 年代的 MRP Ⅱ

闭环 MRP 系统的出现，使生产活动方面的各种子系统得到了统一。但这还不够，因为在企业的管理中，生产管理只是一个方面，它所涉及的仅仅是物流，而与物流密切相关的还有资金流。这在许多企业中是由财会人员另行管理的，这就造成了数据的重复录入与存储，甚至造成数据的不一致。

于是，在 20 世纪 80 年代，人们把生产、财务、销售、工程技术、采购等各个子系统集成为一个一体化的系统，并称为制造资源计划（Manufacturing Resource Planning）系统，英文缩写还是 MRP，为了与物流需求计划（缩写为 MRP）区别开，从而记为 MRP Ⅱ。

1. MRP Ⅱ 的原理与逻辑

MRP Ⅱ 的基本思想就是把企业作为一个有机整体，从整体最优的角度出发，通过运用科学方法对企业各种制造资源和产、供、销、财各个环节进行有效的计划、组织和控制，使它们得以协调发展，并充分地发挥作用。

MRP Ⅱ 的逻辑流程如图 9-7 所示。

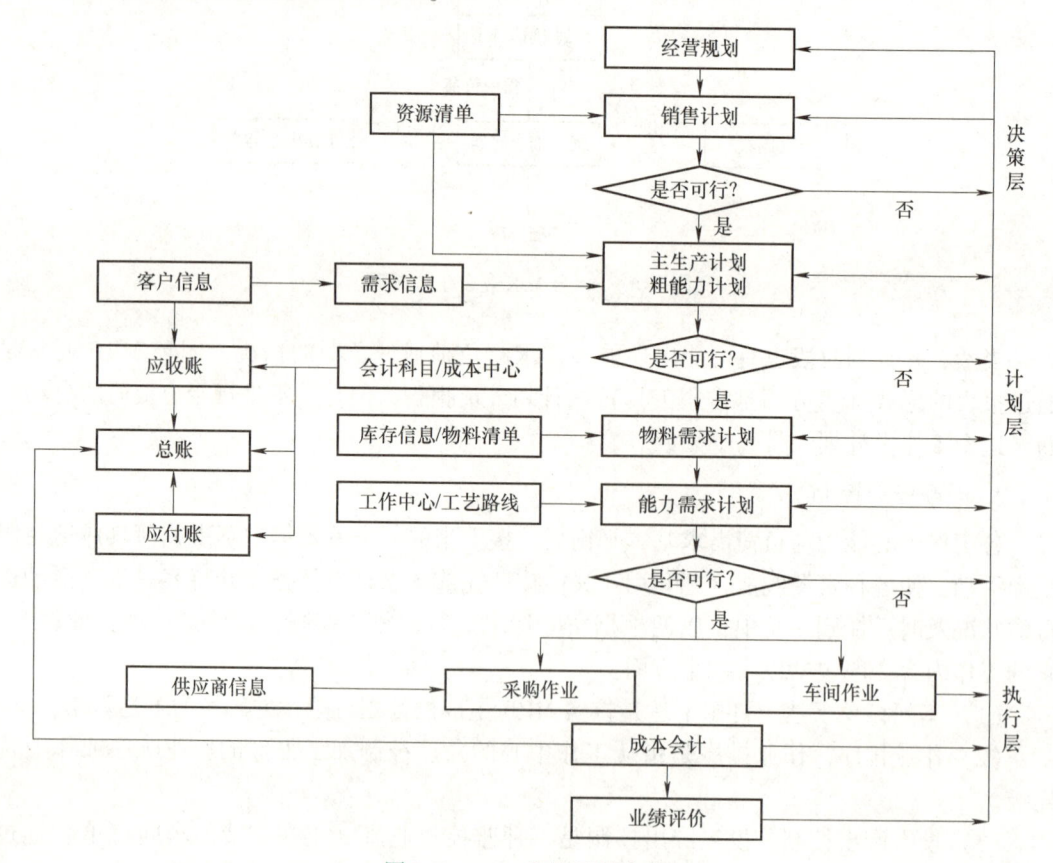

图 9-7　MRP Ⅱ 的逻辑流程

在图 9-7 的右侧是计划与控制的流程，它包括决策层、计划层和执行层，可以理解为经营计划管理的流程；中间是基础数据，储存在计算机系统的数据库中反复调用，这些数据信息的集成，把企业各个部门的业务沟通起来，可以理解为计算机数据库系统；左侧是主要的财务系统，这里只列出应收账、总账和应付账。各个连线表明信息的流向及相互之间的集成关系。

2. MRP Ⅱ 管理模式的特点

MRP Ⅱ 管理模式的特点可以从以下几个方面来说明，每个特点都含有管理模式的变革和人员素质或行为变革两个方面，这些特点是相辅相成的。

（1）计划的一贯性与可行性　MRP Ⅱ 是一种计划主导型管理模式，计划层次从宏观到微观、从战略到技术、由粗到细逐层优化，但始终保证与企业经营战略目标一致。它把通常的三级计划管理统一起来，计划编制工作集中在厂级职能部门，车间班组只能执行计划、调度和反馈信息。计划下达前反复验证和平衡生产能力，并根据反馈信息及时调整，处理好供需矛盾，保证计划的一贯性、有效性和可执行性。

（2）管理的系统性　MRP Ⅱ 是一项系统工程，它把企业所有与生产经营直接相关部门的工作连接成一个整体，各部门都从系统整体出发做好本职工作，每个员工都知道自己的工作质量同其他职能的关系。

（3）数据共享性　MRP Ⅱ 是一种制造企业管理信息系统，企业各部门都依据同一数据信息进行管理，任何一种数据变动都能及时地反映给所有部门，做到数据共享。在统一的数据库支持下，按照规范化的处理程序进行管理和决策。改变了过去那种信息不通、情况不明、盲目决策、相互矛盾的现象。

（4）动态应变性　MRP Ⅱ 是一个闭环系统，它要求跟踪、控制和反馈瞬息万变的实际情况，管理人员可随时根据企业内外部环境条件的变化迅速做出响应，及时调整决策，保证生产正常进行。它可以及时掌握各种动态信息，保持较短的生产周期，因而有较强的应变能力。

（5）模拟预见性　MRP Ⅱ 具有模拟功能。它可以解决"如果怎样……将会怎样"的问题，可以预见在相当长的计划期内可能发生的问题并提前采取措施消除隐患，而不是等问题已经发生了再花几倍的精力去处理。这将使管理人员从忙碌的事务堆里解脱出来，致力于实质性的分析研究，提供多个可行方案供领导者决策。

（6）物流、资金流的统一　MRP Ⅱ 包含了成本会计和财务功能，可以由生产活动直接产生财务数据，把实物形态的物流直接转换为价值形态的资金流，保证生产和财务数据一致。财务部门及时得到资金信息用于控制成本，通过资金流动状况反映物料和经营情况，随时分析企业的经济效益，参与决策，指导和控制经营和生产活动。

以上几个方面的特点表明，MRP Ⅱ 是一个比较完整的生产经营管理计划体系，是实现制造业企业整体效益的有效管理模式。

9.3.3　20 世纪 90 年代的 ERP 系统

进入 20 世纪 90 年代，随着市场竞争的进一步加剧，企业竞争空间与范围的进一步扩大，20 世纪 80 年代 MRP Ⅱ 主要面向企业内部资源全面计划管理的思想逐步发展为 20 世纪 90 年代怎样有效利用和管理整体资源的管理思想，企业资源计划（Enterprise Resource

Planning，ERP）随之产生。ERP 是在 MRP Ⅱ 的基础上扩展了管理范围，给出了新的结构。

1. ERP 同 MRP Ⅱ 的主要区别

（1）在资源管理范围方面的差别　MRP Ⅱ 主要侧重对企业内部人、财、物等资源的管理。ERP 系统在 MRP Ⅱ 的基础上扩大了管理范围，它把客户需求和企业内部的制造活动、供应商的制造资源整合在一起，形成一个完整的企业供应链，并对供应链上所有环节如订单、采购、库存、计划、生产制造、质量控制、运输、分销、服务与维护、财务管理、人事管理、实验室管理、项目管理、配方管理等进行有效管理。

（2）在生产方式管理方面的差别　MRP Ⅱ 系统把企业归类为几种典型的生产方式进行管理，如重复制造、批量生产、按订单生产、按订单装配、按库存生产等，对每一种类型都有一套管理标准。在 20 世纪 80 年代末 90 年代初，为了紧跟市场的变化，多品种、小批量生产以及看板式生产等是企业主要采用的生产方式，由单一的生产方式向混合型生产发展，ERP 则能很好地支持和管理混合型制造环境，满足了企业的这种多角化经营需求。

（3）在管理功能方面的差别　除了 MRP Ⅱ 系统的制造、分销、财务管理功能外，ERP 还增加了：支持整个供应链上物料流通体系中供、产、需各个环节之间的运输管理和仓库管理；支持生产保障体系的质量管理、实验室管理、设备维修和备品备件管理；支持对工作流（业务处理流程）的管理。

（4）在事务处理控制方面的差别　MRP Ⅱ 是通过计划的及时滚动来控制整个生产过程的，它的实时性较差，一般只能实现事中控制。ERP 系统支持在线分析处理（Online Analytical Processing，OLAP），强调企业的事前控制能力，它可以将设计、制造、销售、运输等通过集成并行作业，为企业提供了对质量、应变能力、客户满意度、绩效等关键要素的实时分析能力。

此外，在 MRP Ⅱ 中，财务系统只是一个信息的归结者，它的功能是将供、产、销中的数量信息转变为价值信息，是物流的价值反映。ERP 系统则将财务计划和价值控制功能集成到了整个供应链上。

（5）在跨国经营事务处理方面的差别　现在使企业内部各个组织单元之间、企业与外部的业务单元之间的协调变得越来越重要，ERP 系统应用完整的组织架构，可以支持跨国经营的多国家、多工厂、多语种、多币制应用需求。

（6）在计算机信息处理技术方面的差别　随着 IT 技术的飞速发展，网络通信技术的应用使 ERP 系统得以实现对整个供应链信息进行集成管理。ERP 系统采用客户/服务器（C/S）体系结构和分布式数据处理技术，支持因特网/内联网/外联网、电子商务、电子数据交换（EDI）。此外，还能实现在不同平台上的互操作。

2. ERP 系统的管理思想

ERP 的核心管理思想就是实现对整个供应链的有效管理，主要体现在以下三个方面：

（1）对整个供应链的资源进行管理　现代企业的竞争已经不是单一企业之间的竞争，而是一个企业的供应链与另一个企业的供应链之间的竞争，即企业不仅要依靠自己的资源，还必须把经营过程中的有关各方，如供应商、制造工厂、分销网络、客户等纳入一个紧密的供应链中，如此才能在市场上获得竞争优势。ERP 系统正是适应了这一市场竞争的需要，实现了对整个企业供应链的管理。

（2）精益生产、同步工程和敏捷制造　　ERP 系统支持混合型生产方式的管理，其管理思想表现在两个方面：①"精益生产（Lean Production，LP）"，即企业把客户、销售代理商、供应商、协作单位纳入生产体系，建立利益共享的合作伙伴关系，进而组成一个企业的供应链；②"敏捷制造（Agile Manufacturing）"，即当市场上出现新的机会，而企业的基本合作伙伴不能满足新产品开发生产的要求时，企业组织一个由特定的供应商和销售渠道组成的短期或一次性供应链，形成"虚拟工厂"，把供应和协作单位看成企业的一个组成部分，运用"同步工程（SE）"组织生产，用最短的时间将新产品打入市场，时刻保持产品的高质量、多样化。

（3）事先计划与事中控制　　ERP 系统中的计划体系主要包括主生产计划、物流需求计划、能力计划、采购计划、销售执行计划、利润计划、财务预算和人力资源计划等，而且这些计划功能与价值控制功能已完全集成到整个供应链系统中。另外，ERP 系统通过定义事务处理（Transaction）相关的会计核算科目与核算方式，在事务处理发生的同时自动生成会计核算分录，保证了资金流与物流的同步记录和数据的一致性，从而实现了根据财务资金现状追溯资金的来龙去脉，并进一步追溯所发生的相关业务活动，实现了事中控制和实时做出决策。

至此，我们就完成了对整个 ERP 原理的介绍。当然，ERP 仍旧处于不断发展变化的过程中。最后，我们通过图 9-8 来对 ERP 发展的几个主要阶段进行一下简要的回顾：

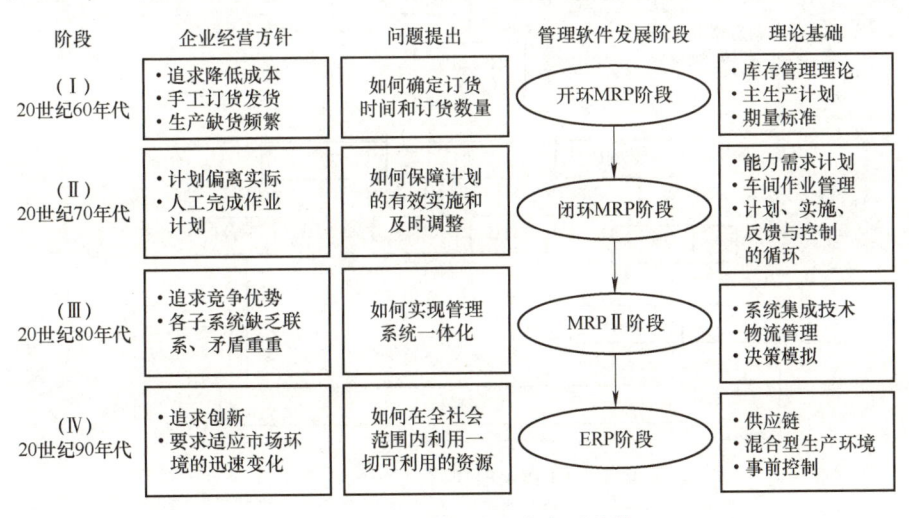

阶段	企业经营方针	问题提出	管理软件发展阶段	理论基础
（Ⅰ）20世纪60年代	·追求降低成本 ·手工订货发货 ·生产缺货频繁	如何确定订货时间和订货数量	开环MRP阶段	·库存管理理论 ·主生产计划 ·期量标准
（Ⅱ）20世纪70年代	·计划偏离实际 ·人工完成作业计划	如何保障计划的有效实施和及时调整	闭环MRP阶段	·能力需求计划 ·车间作业管理 ·计划、实施、反馈与控制的循环
（Ⅲ）20世纪80年代	·追求竞争优势 ·各子系统缺乏联系、矛盾重重	如何实现管理系统一体化	MRP Ⅱ 阶段	·系统集成技术 ·物流管理 ·决策模拟
（Ⅳ）20世纪90年代	·追求创新 ·要求适应市场环境的迅速变化	如何在全社会范围内利用一切可利用的资源	ERP阶段	·供应链 ·混合型生产环境 ·事前控制

图 9-8　ERP 发展的几个主要阶段

9.3.4　配送需求计划

配送需求计划（Distribution Requirements Planning，DRP）是一种更加复杂的计划方法，它要考虑多个配送阶段以及各阶段的特点。DRP 在逻辑上是制造需求计划（Manufacturing Requirements Planning，MRP）的扩展，尽管这两种技术之间存在着根本性的差异。MRP（本节均指制造需求计划）是由企业制订和控制的生产计划所确定的。DRP 则是由客户需求引导的，企业无法加以控制。所以，MRP 通常是在一种相互需求的情况下运作的，而 DRP 则是在一种独立的环境下运作的，由不确定的客户需求来确定存货需求。MRP 的构成需要协调从材料到制成品之间的计划和综合。因此，MRP 在制造或装配完成之前就一直控制着存货。一旦在工厂仓库中接收了制成品后，DRP 马上就承担了协调的责任。

1. DRP 过程

图 9-9 说明了 DRP/MRP 联合系统的概念设计，它综合了制成品、在制品和材料计划。DRP 协调存货水平、计划存货运输，并且（如有必要）重新计划各层次之间的存货。

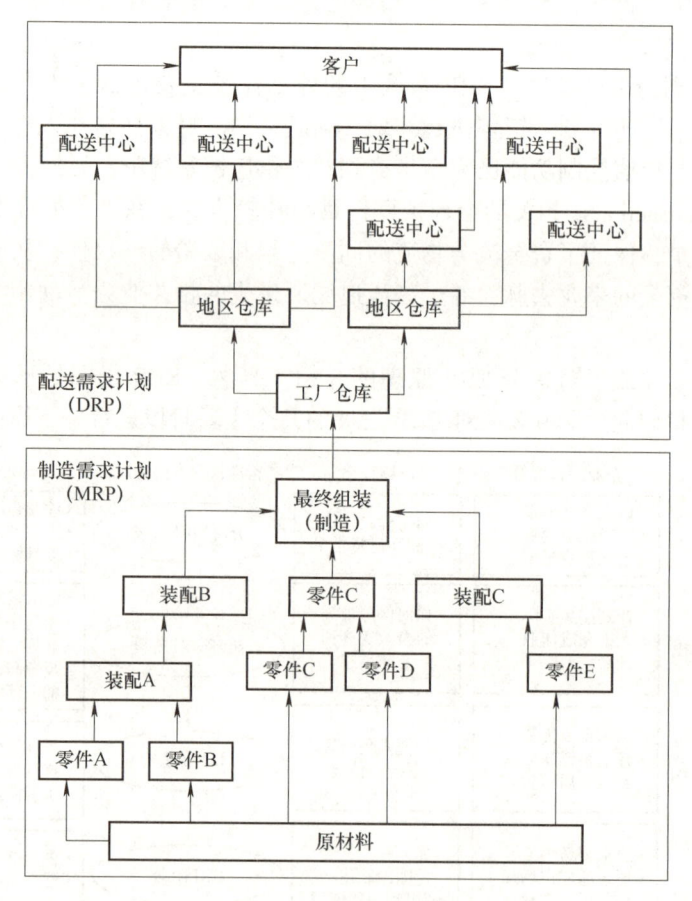

图 9-9　DRP/MRP 联合系统的概念设计

DRP 最基本的工具就是明细表，它用于协调整个计划范围内的需求。每一个最小存货单位（Stock Keeping Unit，SKU）和每一个配送设施都有一张明细表。同一个 SKU 的明细表被综合起来，即可用于确定如工厂仓库之类的整个补给设施的需求。

图 9-10 举例说明了三个配送中心和一个中央供给设施的明细表。这些明细表用每周的时间增量展开，反映了一段时间的活动。虽然每周增量是最常见的，但也可使用每日或每月的周期时间。对于每一个地点和 SKU，明细表报告当前现有存货剩余、安全储备、完成周期长度，以及订货批量等。此外，对于每一个计划期，明细表报告总需求

数、已定期收取数,以及预计现有存货和已计划订货数。总需求数反映了来自客户和其他配送设施的需求,这些配送设施由考察地点供给。已定期收取数是指已计划何时到达配送中心的补给装运。预计现有存货是指预期的周末存货水平,它等于上一周的现有存货数减去本周总需求、加上任何已定时的接收数。已计划订货数是指已建议向供应商提出的补给需求数。

波士顿配送中心
现有存货剩余: 352　　完成周期: 2周
安全储备: 55　　订货批量: 500

	上期结余	周							
		1	2	3	4	5	6	7	8
总需求数		50	50	60	70	80	70	60	50
已定期收取数						500			
预计现有存货	352	302	252	192	122	542	472	412	362
已计划订货数				500					

芝加哥配送中心
现有存货剩余: 220　　完成周期: 2周
安全储备: 115　　订货批量: 800

	上期结余	周							
		1	2	3	4	5	6	7	8
总需求数		115	115	120	120	125	125	125	120
已定期收取数		800							800
预计现有存货	220	905	790	670	550	425	300	175	855
已计划订货数							800		

圣地亚哥配送中心
现有存货剩余: 140　　完成周期: 2周
安全储备: 2周　　订货批量: 150

	上期结余	周							
		1	2	3	4	5	6	7	8
总需求数		20	25	15	20	30	25	15	30
已定期收取数						150			
预计现有存货	140	120	95	80	60	180	155	145	110
已计划订货数				150					

中央供给设施
现有存货剩余: 1250　　完成周期: 3周
安全储备: 287　　订货批量: 2200

	上期结余	周							
		1	2	3	4	5	6	7	8
总需求数	0	0	0	650	0	0	800	0	0
已定期收取数									
预计现有存货	1250	1250	1250	600	600	600	2000	2000	2000
主计划收取数							2200		
主计划订货量				2200					

→ 至制造需求计划(MRP)时间表

图9-10　MMH公司配送中心的DRP

DRP采用计划报告,预计供应链未来每一层次的存货需求是处于单一厂商的控制之下,还是处于多个厂商的控制之下。【例9-2】将讨论这些DRP显示屏或报告的解释和动态状况。

【例9-2】　MMH公司有三个配送中心(DC)位于美国,在其位于加拿大魁北克的制造工厂内有一个中央供给设施。这里介绍它们的配送需求计划(DRP)系统在为期8周的时间内是如何发挥作用的，如图9-10所示。

波士顿配送中心拥有的安全储备水平定在55单位的小器具。当储备下降到该水平以下时，配送中心就会发出订单，补给500单位以上的小器具。从中央供给设施装运到波士顿配送中心的前置时间为2周。

经波士顿配送中心的DRP显示，有8周的需求预测数，称作总需求数。一开始的现有存货剩余数为352单位小器具，配送中心预测在第5周内将只有42单位小器具（现有存货122单位小器具减去总需求数中的80单位小器具）。

这将低于安全储备水平，于是，DRP在第3周内（第5周减去前置时间2周）启动已计划订货数为500单位小器具。如已预测的那样，订货一到，该配送中心又恢复到安全作业水平。

小器具在芝加哥配送中心是高销量货品，所以芝加哥配送中心的总需求数要比波士顿配送中心高。它一次订购小器具的数量也更多。经芝加哥配送中心的DRP显示，说明有800单位小器具已经在运输途中（已定期收取数），并且应该在1周内抵达。它们如期抵达，并在第6周（第8周减去前置时间2周）安排接下来的800单位小器具的订货，以应付在第8周内即将到来的低于安全储备的状况。

凭以往经验，圣地亚哥配送中心将其安全储备表示为安全时间（2周）。经检查DRP显示，圣地亚哥配送中心了解到，如果不进行补给，第5周内将剩余30单位小器具（60-30=30），第6周内将剩余5单位小器具（30-25=5），在第7周内现有存货余数为-10（5-15=-10）。于是，圣地亚哥配送中心在第3周［第7周减去安全时间和前置时间（共4周）］启动已计划订货数为150单位小器具。

中央供给设施的DRP显示类似于各配送中心的显示，不过，它显示有关启动和接收制造订货方面的主计划建议。中央供给设施的总需求数是由各配送中心促成的：波士顿配送中心和圣地亚哥配送中心在第3周生成共650单位小器具的需求，而芝加哥配送中心则在第6周生成800单位小器具的需求。中央供给设施发现，在第6周内现有存货余数将是负值。因此，它在第3周启动一项主计划订货量为2200单位小器具，以弥补短缺。

2. DRP的好处与局限性

DRP之类的综合存货计划系统为管理部门提供了一系列的好处，主要包括营销上的和物流上的。营销上的主要好处如下：

1）改善了服务水准，保证了准时递送和减少了顾客抱怨。
2）更有效地改善了促销计划和新产品引入计划。
3）提高了预计短缺的能力，使营销努力不花费在低储备的产品上。
4）改善了与其他企业功能的协调，因为DRP有助于共用一套计划数字。
5）提高了向客户提供协调存货管理服务的能力。

物流上的主要好处如下：

1）由于协调装运，降低了配送中心的运输费用。
2）因为DRP能够准确地确定何时需要何种产品，降低了存货水平。
3）因存货减少，使仓库的空间需求也减少了。

4）由于延迟交订货的现象减少，降低了客户的运输成本。

5）改善了物流与制造之间的存货可视性和协调性。

6）提高了预算能力，因为 DRP 能够在多计划愿景下有效地模拟存货和运输需求。

尽管综合存货计划系统的好处很明显，但是它们的有效性仍存在着诸多限制。

首先，综合存货计划系统需要每一个配送中心精确的、经过协调的预测数。该预测数对于指导货物在整个配送渠道的流动是必需的。从理想上来说，物流系统不在任何地点维持过多的存货，所以综合存货计划系统没有误差余地。在某种程度上，如果预测精度能够达到这种水准，那么综合存货计划系统将会运作良好。然而，这就需要对每一个配送中心和 SKU 都进行预测，并且要有充足的前置时间保证产品运输。这样就有可能存在着三种误差来源：①预测本身也许有错误；②也许在错误的地点对需求做了预计；③有可能在错误的时间对需求做了预测。在任何情况下，使用预测数去指导存货计划系统时，预测误差都有可能成为一个重大问题。

其次，综合存货计划系统要求配送设施之间的运输具有固定而又可靠的完成周期。虽然完成周期的变化可以通过各种安全的前置时间加以调整，但是完成周期的不确定会降低综合存货计划系统的效力。

最后，由于生产故障或递送延迟，综合存货计划系统常受系统紧张的影响或频繁改动时间表的影响，从而导致生产能力利用波动、费用增加及递送混乱。配送作业环境的无常，更加剧了综合存货计划系统的紧张程度。当计划制订者了解到这些问题产生的原因后，他们可以利用如安全储备之类的缓冲方法应付。尽管 DRP 并非普遍适用的存货管理办法，但是道尔化学品公司（Dow Chemical）和伊斯特曼柯达公司（Eastman Kodak）声称，它们使用该方法已极大改善了自己的运营环境。

思考题

1. 为什么一般制造企业的大多数物料（零部件）应当用 MRP 系统来控制？
2. MRP 系统的三项主要输入是什么？
3. MRP Ⅱ 管理模式有哪些特点？
4. 简述 DRP 和 MRP（制造需求计划）的异同。
5. 已知某产品的结构如图 9-11 所示。

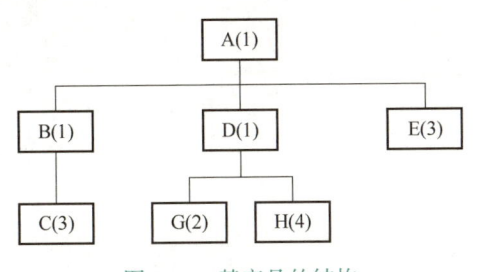

图 9-11　某产品的结构

产品 A、B、C、D、G、H、E 的生产提前期为 1 周、3 周、1 周、2 周、2 周、1 周、4 周。已知产品 A 的需求情况见表 9-11。

表 9-11　产品主生产计划（总需求）

周　次	1	2	3	4	5	6	7
需　求	300	350	400	450	400	500	570

另外，已知产品 C 的最小订货批量为 300 单位，并且为 300 的整数倍。其他物料采用逐批订货的方式订货。产品 G 现有库存为 100 单位，而产品 H 未来两周都预计到货 200 单位，产品 E 现有库存为 50 单位。试确定物料投入出产计划。

第 10 章

库存管理

10.1 库存的概念、作用和分类

10.1.1 库存的概念

库存是仓库中实际储存的货物。库存可以分两类：一类是生产库存，即直接消耗物资的基层企业、事业单位的库存物资，它是为了保证企业、事业单位所消耗的物资能够不间断地供应而储存的；另一类是流通库存，即生产企业的原材料或成品库存，包括生产主管部门的库存和各级物资主管部门的库存。此外，还有特殊形式的国家储备物资，它们主要是为了保证及时、齐备地将物资供应或销售给基层企业、事业单位的供销库存。

10.1.2 库存的作用

自从有了生产，就有了库存物品的存在。库存对市场的发展、企业的正常运作与发展起到了非常重要的作用。

1. 维持销售产品的稳定

销售预测型企业对最终销售产品必须保持一定数量的库存，其目的是应对市场的销售变化。这种方式下，企业并不预先知道市场真正需要什么，只是对市场需求的预测进行生产，因而产生一定数量的库存是必要的。但随着供应链管理的形成，这种库存也在减少或消失。

2. 维持生产的稳定

企业按销售订单与销售预测安排生产计划，并制订采购计划，下达采购订单。由于采购物品需要一定的提前期，这个提前期是根据统计数据或者是在供应商生产稳定的前提下制定的，但存在一定的风险，有可能拖后从而造成延迟交货，最终影响企业的正常生产，造成生产的不稳定。为了降低这种风险，企业就会增加材料的库存量。

3. 平衡企业物流

企业在采购材料、生产用料、在制品及销售物品的物流环节，库存起着重要的平衡作用。采购材料会根据库存能力（资金占用等），协调来料收货入库。同时对生产部门的领料，应考虑库存能力、生产线物流情况（场地、人力等）平衡物料发放，并协调在制品的库存管理。另外，对销售产品的物品库存也要视情况进行协调（各个分支仓库的调度与进货速度等）。

4. 平衡流通资金的占用

库存的材料、在制品及成品是企业流通资金的主要占用部分，因而库存量的控制实际上也是进行流通资金的平衡。例如，加大订货批量会降低企业的订货费用，保持一定的在制品库存与材料会节省生产交换次数、提高工作效率，但要寻找最佳平衡点。

以上是库存有益的一面，但是从客观来说，任何企业都不希望存在库存。无论原材料、在制品还是成品，企业都在想方设法降低库存。库存的弊端主要表现在以下几个方面：

1) 占用企业大量资金。

2) 增加了企业的产品成本与管理成本。库存材料的成本增加直接增加了产品成本，而相关库存设备、管理人员的增加也加大了企业的管理成本。

3) 掩盖了企业众多管理问题，如计划不周、采购不利、生产不均衡、产品质量不稳定及市场销售不力。

10.1.3 库存的分类

库存的分类方法有很多种：

1) 按价值划分，库存可分为贵重物品和普通物品，如库存 ABC 分类法就属于按价值分类的方法。

2) 按物品在企业的产品成型状态划分，库存可分成原材料库存、半成品库存，以及产品库存。

3) 按库存物品的形成原因（或用处）划分，库存可分成安全库存、储备库存、在途库存和正常周转库存。

安全库存是为了应付需求、制造与供应的意外情况而设立的一种库存。例如，有时供应商可能发生的生产事故、原材料采购意外等会造成企业材料供应短缺，因而要对一些材料设立安全库存；为了应对企业产品销售的不可预测性，也要存储一定量的成品库存；为了预防企业生产发生的意外情况，也要设立半成品的安全库存量等。

存储库存一般是企业用于应付季节性市场采购与销售情况，如采购困难、材料涨价、销售旺季等。

在途库存是由于材料和产品运输而产生的库存。

正常周期库存是指一般用于生产等企业经营需要而产生的库存，如按生产计划采购的物资等。

4) 按物品需求的相关性划分，库存可分为独立需求库存和相关需求库存。

企业要针对不同的库存物品类别，采取不同的库存管理策略。

10.2 库存成本及 ABC 分类法

10.2.1 库存成本

物料的库存总成本包括：物料成本，订货成本，工装、设备调整费用，库存保管成本，缺货成本。物料成本是指购买或生产物料所花的费用，它等于物料的单价（生产成本）乘以年总需求量；订货成本又称采购成本，用于对外订货，是指每次订货或采购所发生的全部费用；工装、设备调整费用又称作业更换成本、生产准备成本，是指在批量生产方式下，加工对象发生变化（作业更换）时所产生的费用；库存保管成本又称储存成本、保存成本，是指储存、保管库存物料所发生的各项费用；缺货成本是指在试制生产、经营过程中因库存不足出现缺货所造成的各项损失。

10.2.2 ABC 分类法

在实际经营活动中，库存物品的种类大有不同：有的体积大、有的体积小，有的价值高、有的价值低。尽管其种类多种多样，但对经营活动起主导作用的也只是其中的少部分产品，因此要对库存物品进行 ABC 分类管理。

ABC 分类库存管理，自从 1951 年被美国通用公司经理戴克开发出来以后，在各企业迅速普及，运用于各类事务上，取得了卓越的成效。其理论依据来自经济学家帕雷托关于财富的社会分布的一个重要的结论：80% 的财富掌握在 20% 的人手中，即关键的少数和次要的多数规律。ABC 分类库存管理就是将库存物品按品种和占用资金的多少分为特别重要的库存（A 类）、一般重要的库存（B 类）和不重要的库存（C 类）三个等级，然后针对不同等级分别进行管理与控制。ABC 分类便是在这一思想的指导下，通过分类，将"关键的少数"找出来，并确定与之适应的管理方法，这便形成了要进行重点管理的 A 类事物。库存物品的 ABC 分类见表 10-1。

表 10-1　库存物品的 ABC 分类

类　别	占库存资金	占库存品种
A	60%~80%	5%~15%
B	15%~25%	15%~25%
C	5%~15%	60%~80%

制作 ABC 分类表的一般步骤如下：

（1）收集数据　按分析对象和分析内容，收集有关数据。例如，打算分析产品成本，则应收集产品成本因素、产品成本构成等方面的数据。

若拟对库存物品的平均资金占用额进行分析，以了解哪些物品占用资金多，以便实行重点管理，应收集的数据有每种库存物资的年使用量、每种物资的单价等。

（2）处理数据　对收集来的数据资料进行整理，按要求计算和汇总。

【例 10-1】　小王是某大学毕业生，毕业后到某仓储公司担任仓库主管一职。小王刚进仓库，就有员工反映仓库内原材料不足，当他看到仓库库存明细表（见表 10-2）并得知库内所有物品均统一进货时，他就发现仓库管理中存在的问题了。请你运用所学知识分析该仓库存在的问题。

表 10-2　某仓库库存明细表

物品序号	数量（件）	单价（元）
1	20	20
2	20	10
3	20	10

(续)

物品序号	数量（件）	单价（元）
4	10	680
5	12	100
6	10	20
7	25	20
8	15	10
9	30	5
10	20	10

（3）制作 ABC 分类表　ABC 分类表栏目构成如下：第一栏，物品名称或物品序号；第二栏，数量；第三栏，单价；第四栏，总价；第五栏，资金百分比；第六栏，资金累计百分比；第七栏，累计数量百分比；第八栏，分类。

在排序时，要按照该物品总价从高到低排序；当总价相等时，再由物品单价从高到低排序，见表 10-3。

表 10-3　ABC 分类表

物品序号	数量	单价	总价	资金百分比	资金累计百分比	累计数量百分比	分类
4	10	680	6800	68	68	5.5	A
5	12	100	1200	12	80	13	A
7	25	20	500	5	85	26.7	B
1	20	20	400	4	89	37.6	B
6	10	20	200	2	91	48.5	C
2	20	10	200	2	93	59.4	C
3	20	10	200	2	95	64.9	C
10	20	10	200	2	97	75.8	C
8	15	10	150	1.5	98.5	83.9	C
9	30	5	150	1.5	100	100	C
合计	272		10000	100	100	100	—

（4）根据 ABC 分类表确定分类　按 ABC 分类表，观察资金百分比和累计数量百分比，将累计数量百分数为 5%～15% 而资金百分比为 60%～80% 的前几个物品，确定为 A 类；将累计数量百分数为 15%～25%，而资金百分比为 15%～25% 的物品，确定为 B 类；其余为 C 类，C 类的情况和 A 类相反，其累计数量百分数为 60%～80%，而资金百分比仅为 5%～15%。

在对库存物品进行 ABC 分类之后，要根据企业的经营策略对不同级别的库存物品进行不同的管理和控制。

A类：严格管理。A类库存物品数量虽少但对企业最为重要，是最需要严格管理和控制的库存。企业必须对这类库存物品定时进行盘点，详细记录及经常检查分析物品使用、存量增减、品质维持等信息，加强进货、发货、运送管理，在满足企业内部需要的前提下维持尽可能低的经常库存量和安全库存量，加强与供应链上下游企业的合作，降低库存水平，加快库存周转率。

其管理的重点主要在以下几个方面：完全的、精确的记录，由管理层有规律的、经常性地总结，经常性地审视预测，严密地跟踪调查。

B类：一般管理。B类库存物品居于一般重要的库存之中，对这类库存物品的管理强度介于A类库存物品和C类库存物品之间。对其只需要进行一般的例行管理即可。

其管理的重点主要在以下几个方面：良好记录，一般处理。

C类：尽可能简化管理。C类库存物品数量最大，但对企业的重要性最低，因而被视为不重要的库存物品。对于这类库存物品一般进行简单的管理和控制。例如，大量采购、大量库存、减少这类库存的管理人员和设施、库存检查时间间隔长等。

其管理的重点主要在以下几个方面：确保数量充足，简单记录或不用记录，大量订货。

10.3 常见的独立需求库存模型

独立需求是指对一种物料的需求，在数量上和时间上与对其他物料的需求无关，只取决于市场和顾客的需求。

相关需求（从属需求、非独立需求）是指对一种物料的需求，在数量上和时间上直接依赖对其他物料的需求。

独立需求库存是指客户对某种库存物品的需求与其他种类的库存物品无关，表现出对这种库存需求的独立性。从库存管理的角度来说，独立需求库存是指那些随机的、企业自身不能控制而是由市场所决定的需求，这种需求与企业对其他库存物品所做的生产决策没有关系。例如，客户对企业最终产成品、维修备件等的需求。独立需求库存无论在数量上还是时间上都有很大的不确定性，但可以通过预测方法粗略地估算。

相关需求库存是指其需求水平与另一项目的生产有直接联系的库存项目。由于相关需求库存项目的需求数量和时机可以精确地预测，因此这些库存项目处于组织的完全控制之下。相关需求是物料需求计划的主要研究对象。

独立需求物品是指物品的需求量之间没有直接的联系，也就是说没有量的传递关系。这类库存物品的控制主要是确定订货点、订货量、订货周期等。独立需求物品的库存管理模型一般按定量库存控制模型或定期库存控制模型来控制，下面分别描述这两种模型。

1. 定量库存控制模型

定量库存控制模型控制库存物品的数量。当库存数量下降到某个库存值时，立即采取补充库存的方法来保证库存的供应。这种控制方法必须连续不断地检查库存物品的库存数量，所以有时又称为连续库存检查控制法。假设每次订货点的订货批量是相同的，采购的前提也是固定的，并且物料的消耗也是稳定的，那么它的模型如图10-1所示。

从这种控制模型中可以看出，它必须确定两个参数：补充库存的订货点与订货批量。订货批量按经济订货批量求解。

经济订货批量（Economic Order Quantity, EOQ）的原理是要求总费用（库存费用+采购库存）最少。由于库存费用随着库存量的增加而增加，但采购成本却随着采购批量的加大而减少（采购批量加大，采购成本降低），因此不能一味地减少库存，也不能一味地增加采购批量。这就要找到一个合理的订货批量，使总成本（库存成本与采购成本之和）最少，如图10-2所示。经济订货批量就是对这个合理订货批量的求解。

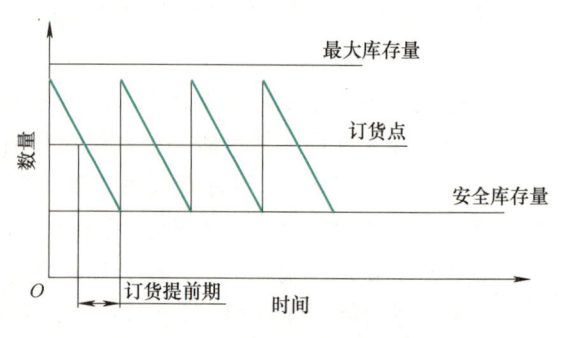

图 10-1　定量库存控制模型

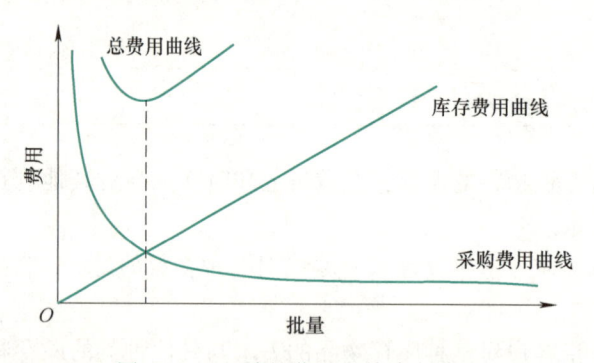

图 10-2　经济订货批量的确定模型

以下是该库存模型的参数计算方法。

订货点

$$R = Lr + A$$

式中，Lr 为订单周期内物料的消耗量；A 为安全库存量。

经济订货批量的计算公式为

$$Q = \sqrt{\frac{2 \times C \times D}{H}} \tag{10-1}$$

式中，C 是单位订货费用（元/次）；D 是库存物料的年需求量（件/年）；H 是单位库存保管费（元/件·年）。

【例10-2】　某商业企业的X型彩电年销售量10000台，订货费用为每台10元/次，每台彩电平均年库存保管费用为4元，订货提前期为7天，价格为580元/台，安全库存为100台。按经济订货批量原理，求解最佳库存模型。

解：根据题意，$C=10$ 元/次，$D=10000$ 台/年，$H=4$ 元/台·年，$A=100$ 台。

$Lr = 10000 \times 7/365 = 191.78$（台）

订货点：$R = Lr + A = 191.78 + 100 = 291.78$（台）

取整数为 292 台。

经济订货批量为

$$Q = \sqrt{\frac{2 \times C \times D}{H}} = \sqrt{\frac{2 \times 10 \times 10000}{4}} = 223.6 \text{（台）}$$

取整数为 224 台。

2. 定期库存控制模型

定期库存控制模型按一定的周期 T 检查库存，并随时进行库存补充，补充到一定的规定库存量 S。这种库存控制方法不存在固定的订货点，但有固定的订货周期。每次订货也没有一个固定的订货数量，而是根据当前库存量 I 与规定库存量 S 的比较补充库存量，补充库存量为 $Q = S - I$。但由于订货存在提前期，所以还必须加上订货提前期的消耗量。这种库存控制方法也要设立安全库存量。这种模型主要是确定订货周期与库存补充量，如图 10-3 所示。

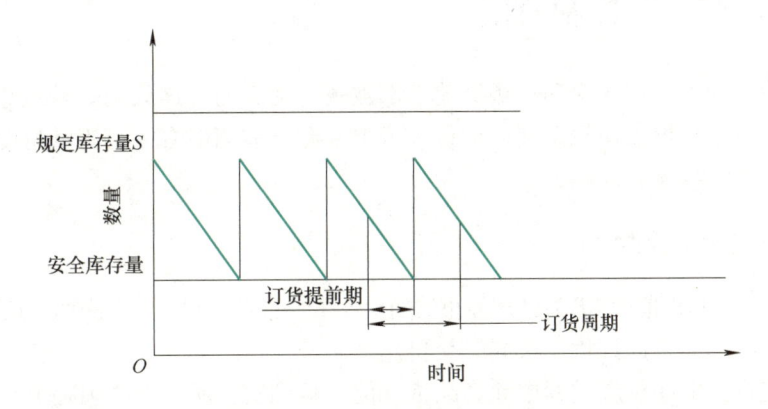

图 10-3　经济订货周期模型

订货周期按经济订货周期（Economic Order Interval，EOL）模型确定。其计算方法如下：

经济订货周期的计算公式为

$$T = \sqrt{\frac{2 \times C}{D \times F \times P}} = \sqrt{\frac{2 \times C}{D \times H}} \qquad (10\text{-}2)$$

经济订货批量的计算公式为

$$Q = (T + L)D/365 \qquad (10\text{-}3)$$

最大库存量的计算公式为

$$S = D/T \qquad (10\text{-}4)$$

式中，L 是订货提前量；C 是单位订货费用（元/次）；D 是库存物料的年需求率（件/年）；P 是物料价格（元/件）；H 是单位库存保管费（元/件·年）；F 是单位库存保管费与单位库存购买费之比，即 $F = H/P$。

【例 10-3】某商业企业的 X 型彩电年销售量 10000 台，订货费用为每台 10 元/次，每台彩电平均年库存保管费用为 4 元，订货提前期为 7 天，每台价格为 580 元，安全库存为

100台。按经济订货原理,求解最佳库存模型。

解:根据题意,$C=10$元/次,$D=10000$台/年,$H=4$元/台·年,$A=100$台,$L=7$天。

经济订货周期为

$$T = \sqrt{\frac{2 \times C}{D \times F \times P}} = \sqrt{\frac{2 \times 10}{10000 \times 4}} = 8.16(天)$$

取整数为8天。

经济订货批量为

$$Q = (T+L)D/365 = (8+7) \times 1000/365 = 411(台)$$

定期库存控制方法可以简化库存控制工作量,但由于库存消耗不稳定,存在缺货风险,因此一般只能用于稳定性消耗及非重要性的独立需求物品的库存控制。由于该模型是用订货的周期来检查库存并补充库存的,因此还必须确定订货的操作时间初始点,一般可以设置在库存量到达安全库存前的订货提前期的时间位置。

10.4 随机型库存控制模型

在前面的讨论中,需求率和订货提前期都被视为确定的,这只是一种理想情况、在现实生活中,需求率和提前期都是随机变量。需求率和提前期中有一个为随机变量的库存控制问题,就是随机型库存问题。

10.4.1 假设条件

假设需求率d和提前期LT为已知分布的随机变量,且在不同的补充周期,这种分布不变。

补充率无限大,全部订货一次同时交付。

允许晚交货,即在供应过程中允许缺货,但一旦到货,所欠发必须补上。

年平均需求量为D。

已知一次订货费为S,单位维持库存费为H,单位缺货损失费为C_S。

无价格折扣。

按照以上假设条件,库存量Q的变化,如图10-4所示。

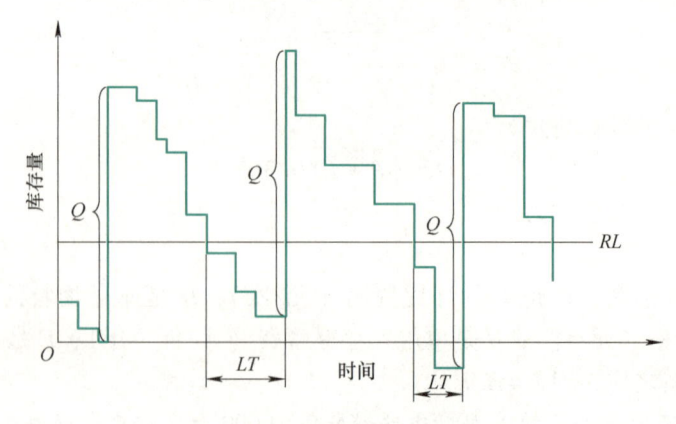

图10-4 随机型库存量的变化

10.4.2 固定量系统下订货量和订货点的确定

确定固定量系统下订货量和订货点的目标仍然是使总库存费用最少。随机型库存问题与确定性库存问题的最大差别在于：它允许缺货，因此必须考虑缺货损失费。

库存费用的计算公式为

$$C_T = C_R + C_H + C_S + C_P = S \times \frac{D}{Q} + H \times E_L + L \times E_S \times \frac{D}{Q} + K \tag{10-5}$$

式中，C_R（Reorder Cost）为年补充订货费，年度内所支出的订货费用；C_H（Holding Cost）为年库存维持费、包括资金成本、仓库及设备折旧、税收、保险、陈旧化损失等；C_S（Shortage Cost）为年缺货损失费，因缺货所造成的损失费用；C_P（Purchasing Cost）为年购买费，购买原材料所支出的材料成本费；S 为单次订货费；D 为年需求量；Q 为订货批量；H 为单位维持库存费；L 为单位缺货损失费；E_L 为各周期库存量的期望值；E_S 为订货点为 RL 下各周期缺货量的期望值；K 为常量。

由于库存量降到订货点 RL 就发出订货，缺货只是在提前期内发生。因此订货点为 RL 时，各周期缺货量的期望值为

$$E_S = \sum_{y > RL} (y - RL) \times p(y) \tag{10-6}$$

式中，y 为提前期内的需求量；$p(y)$ 为提前期内需求的分布律。

各周期库存量的期望值为

$$E_L = \frac{Q}{2} + RL - D_L \tag{10-7}$$

对 Q 和 RL 求一阶偏导数，并令其等于零。通过对订货批量 Q 求偏导数，得

$$Q^* = \sqrt{(S + C_S \times E_S) \frac{2D}{H}}$$

通过对 RL 求偏导数，得

$$\sum_{y > RL} p(y) = p(D_L > RL^*) = 1 - p(D_L \leq RL^*) = \frac{H \times Q}{C_S \times D}$$

提期内需求分布律 $p(y)$ 的确定可以采用模拟法、计算法、经验估算等方法确定。

10.4.3 订货量和订货点的求解方法

前述求最佳订货量和订货点的方法十分复杂，难以在生产实际中应用。加之实际数据并不一定很准确，用精确的方法处理不精确的数据，其结果还是不精确。因此，有必要研究简单易行并足够准确的订货量和订货点的求解方法。

对于订货量，可以直接用经济订货批量公式计算。对于订货点，可以采用经验估算方法确定，也可以通过确定安全库存或服务水平的办法来计算。用经验估算方法比较粗糙，如规定现有库存为提前期内需求的 2 倍（或 1.5 倍、1.2 倍）时提出订货。

1. 安全库存

在知道安全库存（Safety Stock，SS）的情况下，订货点计算公式为

$$RL = SS + D_E \tag{10-8}$$

式中，D_E 是提前期内需求的期望值。

安全库存有双重作用：

1）降低缺货损失率，提高了服务水平。

2）增加维持库存费用。

即使有安全库存，也不能保证每一次需求都能得到满足，安全库存只是降低了缺货率。

在随机型库存系统中，需求率和订货提前期的随机变化都被预设的安全库存所吸收。安全库存是一种额外持有的库存，它作为一种"缓冲器"用来补偿在订货提前期内实际需求量超过期望需求量或实际提前期超过期望提前期所产生的需求。图 10-5 所示为提前期内的概率需求。图 10-5 左边阴影部分的面积表示不发生缺货的概率，可以作为库存系统的服务水平；右边的阴影部分的面积表示发生缺货的概率。从图 10-5 可以看出，如果没有安全库存，缺货概率可达到 50%。

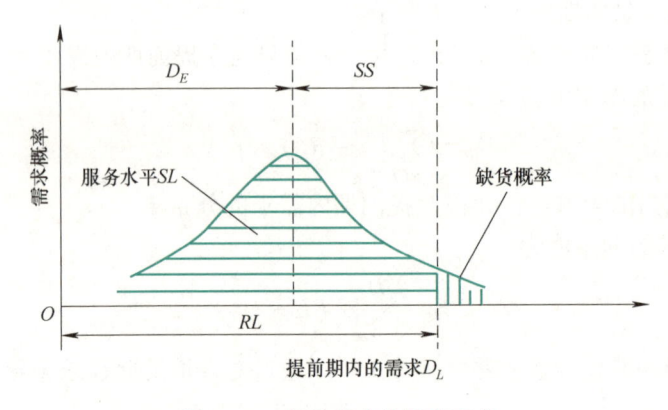

图 10-5 提前期内的概率需求

2. 服务水平

服务水平与缺货率是相对的，服务水平+缺货率=1，表示方法：

1）整个周期内供货的数量÷整个周期的需求量。

2）提前期内供货的数量÷提前期的需求量。

3）客户订货达到满足的次数÷订货发生的总次数。

4）不发生缺货的补充周期÷总补充周期数。

5）手头有货可供的时间÷总服务时间。

我们取提前期内需求 D_L 不超过订货点 RL 的概率作为服务水平：

$$SL = p(D_L \leq RL)$$

3. 安全库存与服务水平的关系

很明显，服务水平越高，安全库存量越大，所花的代价也越大，但服务水平过低又将失去客户，减少利润。因而确定适当的服务水平是十分重要的。图 10-6 中的曲线描述了订货点和服务水平的关系。在服务水平比较低时，将服务水平提高同样比例，安全库存增加幅度小；在服务水平比较高时，将服务水平提高同样比例，安全库存增加幅度大。也就是说，在服务水平较低时，稍稍增加一点安全库存，服务水平提高的效果就很明显。但是，当服务水平增加到比较高的水平（如 90%），再提高服务水平就需要大幅增加安全库存。

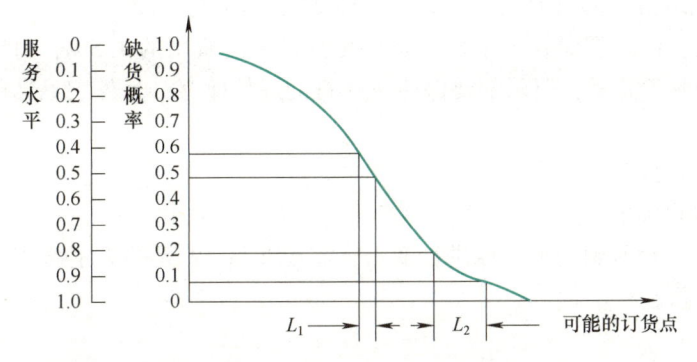

图 10-6　订货点和服务水平的关系

对于提前期内需求为符合正态分布的情形：

$$RL = D_E + Z \times \sigma_L \tag{10-9}$$

式中，D_E 为提前期内需求的期望值；Z 为正态分布上的百分点；σ_L 为提前期内需求量的标准差。

对于提前期内各单位时间内需求相对独立的情况，则有

$$\sigma_L = \sqrt{LT \times \sigma_P^2} \tag{10-10}$$

式中，σ_P 为各单位时间需求量的标准差。

【例 10-4】　根据历年资料，可知 C 公司在提前期内需求呈正态分布，提前期平均销售 A 产品 320 台，其标准差为 40 台。订货提前期为 1 周，单位订货费是 14 元，单位维持库存费用是每台每年 1.68 元，缺货成本是每台 2 元，一年为 52 周。试确定 C 公司的库存策略。

解：已知 $S=14$ 元/台，$H=1.68$ 元/台·年，$LT=1$ 周，$D=320$ 台×52 周，则

$$Q^* = \sqrt{\frac{2DS}{H}} = \sqrt{\frac{2 \times 320 \times 52 \times 14}{1.68}} = 526.62（台）$$

取整为 527 台。

最优服务水平下的缺货概率为

$$p(D_L > RL) = \frac{H \times Q^*}{C_S \times D} = \frac{1.68 \times 527}{2 \times 320 \times 52} = 0.0266$$

查正态分布得 $z=1.93$。

订货点 $RL=D_E+Z\sigma_L=320+1.93\times40=397$（台）。

安全库存 $SS=RL-D_E=397-320=77$（台）。

服务水平 $SL=1-0.0266=0.9734=97.34\%$。

思考题

1. 库存有什么作用？

2. 安全库存对库存总成本会产生什么影响？

3. 什么是服务水平？企业在进行库存控制决策时为什么要确定合理的服务水平？

4. 国光羽毛球俱乐部每周大约丢失、损坏 20 打（1 打 = 12 个）羽毛球，羽毛球市场价格是每个 5 元；俱乐部保存羽毛球的费用每月是采购费用的 1.5%，每次订货需要 7 元的订货费；由于业务需要，俱乐部要保持 200 打的最低库存；另外羽毛球的订货提前期是 3 周。求：

（1）经济订货批量是多少？

（2）订货点是多少？

（3）已知每次对所剩的羽毛球进行清点，需要花费 12 元的人工费用，试提供一种方法来解决这个问题。

第 11 章

质量管理

11.1 质量管理的发展历程

11.1.1 质量管理的产生及发展

美国在 20 世纪初开始将质量管理作为一门学科来研究。日本从 20 世纪 50 年代开始逐步从美国引进了质量管理思想理论、技术和方法，并在推行质量管理的过程中结合本国国情，有所创新，有所发展，自成体系，在不少管理方法和管理组织上超过了美国，甚至后来居上。当前，质量管理已经发展成为一门独立的学科，形成了一整套质量管理理论和方法。

11.1.2 质量管理的概念

1. 质量

质量是质量管理中的基本概念。因此，为了使质量有一个统一、标准的定义，国际标准化组织在 1994 年发布的 ISO 8402《质量管理和质量保证》标准中提出了具有权威性的定义："反映实体满足明确和隐含需要的能力的特征总和。"在 2000 版和 2005 版 ISO 9000 族标准中，将质量的定义修改为："一组固有特性满足要求的程度"，这里的质量，不仅是指产品的质量，还可以是过程或体系质量。

"固有"，是指在某事或某事物中本来就有的，尤其是那种永久性特性。

"特性"，是指可区分的特征，如物理的（如机械的、电的、化学或生物学的特性）、感官的（如嗅觉、触觉、味觉、视觉）、行为的（如礼貌、正直、诚实）、时间的（如准时性、可靠性）、人体功效（如生理的或有关人身安全等的特性）、功能的（如飞机的速度）。

"要求"，是指明示的、通常隐含的或必须履行（如法律法规、行规）的需求或期望。（通常隐含的是指组织、顾客和其他相关方的惯例、习惯或一般做法，所考虑的需求或期望不言而喻）

质量具有如下四个性质：

（1）经济性 因为"要求"汇集了价值的表现，物美价廉是反映人们的价值取向，物有所值就是质量经济性的表现。

（2）广义性 产品、过程、体系都具有固有特性。因此质量既是指产品质量，也是指过程质量和体系质量。

（3）时效性 客户和其他相关方对组织的产品、过程和体系的需求不断变化，组织应不断地调整对质量的要求。

（4）相对性　客户和其他相关方可能对同一产品的功能提出不同的要求，也可能对同一产品的同一功能提出不同的要求。需求不同，质量要求也就不同。

2. 质量管理

质量管理是指在质量方面指挥和控制组织的协调活动。这些活动通常包括质量方针和质量目标的制定、质量策划、质量控制、质量保证、质量改进与持续改进。

（1）质量方针和质量目标的制定　质量方针是组织的最高管理者正式发布的关于质量方面的全部意图和方向。它是企业总的经营战略方针的组成部分，是管理者对质量的指导思想和承诺，是组织质量行为的准则。

质量目标是在质量方面追求的目标。它是质量方针的具体体现，是企业经营目标的一部分。目标既要先进，又要可行、便于实施和检查。

（2）质量策划　质量策划是质量管理的一部分，致力于制定质量目标并规定必要的运行过程和相关资源以实现质量目标。

（3）质量控制　质量控制致力于满足质量要求，它作为质量管理的一部分，适用于对组织的任何质量控制，包括生产领域、产品设计、原材料采购、服务的提供、市场销售、人力资源配置等，几乎涉及组织内的所有活动。

质量控制是一个设定标准、测量结果、判断是否达到预期要求，并对质量问题采取措施进行补救或防止再发生的过程。总之，它是一个确保生产出来的产品满足要求的过程。

（4）质量保证　质量保证致力满足客户的质量要求，从而得到客户的信任。它的关键是"信任"，不是买到不合格产品后的包修、包换、包退。质量保证的前提和基础是保证质量和满足要求。质量管理体系的建立和有效运行是提供信任的重要手段。

组织规定的质量要求，包括产品、过程、体系的要求，必须完全反映客户的需求，才能给客户足够的信任。因此，客户对供方质量管理体系要求方面的质量保证往往需要证实。证实的方法有：供方的合格证明，提供形成文件的基本证据、其他客户认定的证据，客户亲自审核，第三方审核出具的认证证据等。

质量保证分为内部保证和外部保证两种，内部保证是为获得所在组织的管理者和基层员工的信任，外部保证是为获得客户和其他相关方的信任。

（5）质量改进与持续改进　质量改进致力于增强满足适量要求的能力。因要求是各方面的，故改进也是各方面的，主要包括体系、过程、产品等。持续改进是增强满足要求的能力的循环活动。

持续改进是对"没有最好，只有更好"的最好诠释。任何组织或任何组织内的任一业务，不管其如何完善，总存在进一步改进的余地。这就要求不断制定改进目标并寻找改进机会。持续改进体现了质量管理的核心理念："客户满意，持续改进"。

3. 过程与程序

在质量管理中，过程的定义为：一组将输入转化为输出的相互关联或相互作用的活动。其中，凡是过程输出的产品不易或不能经济地验证其合格与否，而在后续过程或使用时才能显现的过程，称为"特殊过程"。

过程含有四个要素：输入、输出、控制和资源。以水蒸气生产过程为例，如图11-1

所示。任何一个过程都有输入和输出；输入是实施过程的基础、前提和条件，输出是过程完成后的结果，输出可能是有形产品，也可能是无形产品，如软件或服务。

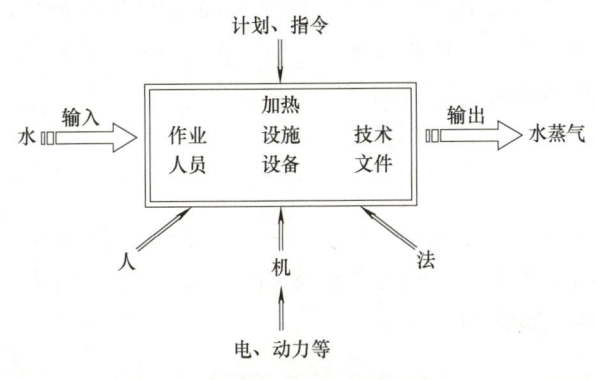

图 11-1 水蒸气生产过程

程序是指"为进行某项活动或过程所规定的途径"。我们可以通过程序所展示的途径实施对过程的控制。形成文件的程序通常包括某项活动的目的和范围，明确做什么（What）、谁来做（Who）、何时做（When）、何地做（Where）、为什么做（Why）和如何做（How）（简称"5M1H"），以及所需的资源和如何进行控制与记录等。

程序是一种路径，由一种程序可以导出另一种程序。程序有着客观的、顽强的执行规律，具有动态因果性。程序的规范性功能使所控制的程序处于受控状态，但程序维护既定的途径有时是和与时俱进的创新相背离的。因此，只有既遵守程序又不断改进程序，才能对过程实施有效的控制。

4. 产品

产品是"过程的结果"。

服务、软件、硬件和流程材料是四种通用的产品类别。服务通常是无形的，并且需要在供方和客户接触面上至少完成一项活动。软件由信息组成，通常是无形产品，可以以方法、论文、程序的形式存在。硬件通常是有型产品，其度量具有计数或计量的特性。流程材料通常是有形产品，其度量具有连续特性，如润滑油硬件和流程性材料。

11.2 质量管理原理

质量管理原理是指在质量管理领域被广泛接受和应用的一些基本原理。

11.2.1 戴明 PDCA 循环

戴明博士是世界著名的质量管理专家，他对世界质量管理发展做出的卓越贡献享誉全球。戴明博士最早提出 PDCA 循环的概念，又称为"戴明环"。PDCA 循环不但在质量管理中得到了广泛应用，而且为现代管理理论和方法开拓了新思路。P、D、C、A 四个英文字母所代表的意义如下：

P（Plan）——计划，包括方针和目标的确定以及活动计划的制订。

D(Do)——执行，就是具体运作，实现计划中的内容。

C(Check)——检查，就是要总结执行计划的结果，明确对错，找出问题。

A(Action)——行动（或处理），就是对总结检查的结果进行处理，对成功的经验加以肯定，并予以标准化，或制定作业指导书，便于在以后的工作中遵守；对于失败的教训也要进行总结，以免失败重现。

PDCA 循环具有以下几个显著的特点：

1. 周而复始

PDCA 循环的四个过程不是运行一次就完结的，而是周而复始地进行。一个循环结束，解决了一部分问题，可能还有问题没有被解决，或者又出现了新问题，再进行下一个 PDCA 循环，以此类推，如图 11-2 所示。

2. 大环带小环

如图 11-3 所示，类似行星轮系，一个公司或组织整体运行体系与其内部各子体系的关系，是大环带小环的有机组合体。

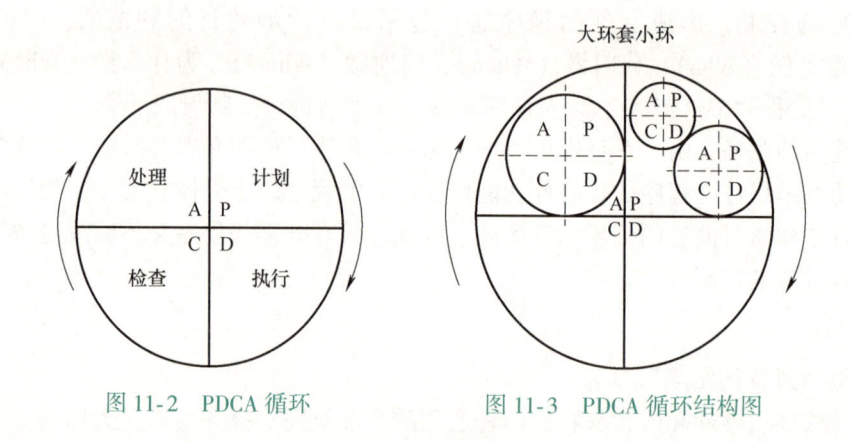

图 11-2　PDCA 循环

图 11-3　PDCA 循环结构图

3. 阶梯式上升

PDCA 循环不是停留在一个水平上的循环，不断地解决问题的过程就是水平逐步提升的过程，如图 11-4 所示。

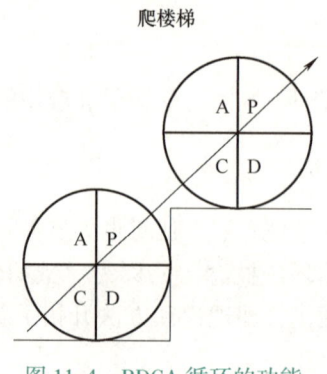

图 11-4　PDCA 循环的功能

4. 统计的工具

PDCA 循环是推动工作、发现问题和解决问题的有效工具，典型的模式被称为"四个阶段""八个步骤"。具体阶段和步骤见"质量管理方法与工具"一节。

11.2.2 朱兰质量螺旋曲线

产品的质量有一个产生、形成和实现的过程。美国质量管理专家朱兰于 20 世纪 60 年代用一条螺旋上升的曲线向人们揭示了产品质量有一个产生、形成和实现的过程，人们称之为朱兰质量螺旋曲线，如图 11-5 所示。

朱兰质量螺旋曲线描述的过程包括一系列活动或工作：市场研究、开发研制、制定工艺、采购、生产、工序控制、检验、销售、服务等环节。朱兰质量螺旋曲线阐述了以下五个重要理念：

1）产品质量的形成由市场研究到销售、服务等多个环节组成，共处于一个系统内，相互依赖、相互联系、相互促进，我们要用系统的观点来看待质量管理。

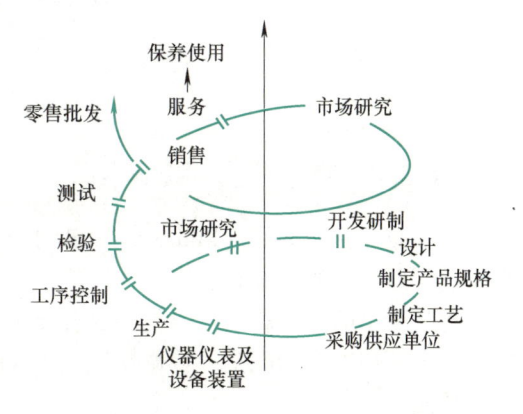

图 11-5　朱兰质量螺旋曲线

2）产品质量形成的这些环节一个循环接一个循环，周而复始，不是简单重复，而是不断上升、不断提高的过程，所以质量要不断改进。

3）产品质量的形成是全过程的，我们对质量要进行全过程管理。

4）在产品质量形成的全过程中存在供方、销售商和消费者的影响，涉及企业之外的因素，所以质量管理是一个社会系统工程。

5）所有的质量活动都是由人来完成的，质量管理应该以人为主体。

这些环节环环相扣、相互制约和作用、不断循环、周而复始，每经过一次循环，就意味着产品质量提高一次。

朱兰质量螺旋曲线的提出，推动了人们对质量概念的认知逐渐从狭义的产品质量向广义的企业整体质量发展。人们相信，只有整体质量水平高的企业，才可能可靠地持续开发、制造和提供高质量的产品。

11.2.3 桑德霍姆质量循环

与朱兰质量螺旋曲线类似的另一种提法是桑德霍姆质量循环，如图 11-6 所示。它是瑞典的质量管理学家雷纳特·桑德霍姆（Lennart Sandholm）首先提出的。

桑德霍姆质量循环和朱兰质量螺旋曲线异曲同工，都是用来说明产品质量形成过程的。可以把质量循环看成螺旋曲线的俯视图，只是它从 13 个环节选择 8 个主要的环节来构图，也称八大质量职能。质量循环的内涵在于：质量水平的提高依赖组织内部各个过程的密切配合。

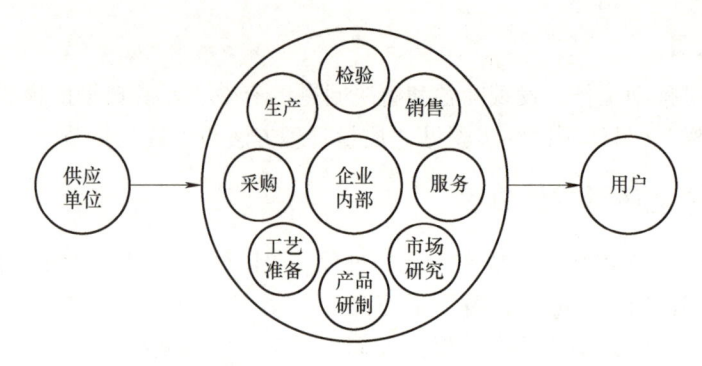

图 11-6　桑德霍姆质量循环

11.2.4　克劳斯比"零缺陷"

菲利浦·克劳斯比（Philip B Crosby）被誉为"零缺陷之父""世界质量先生"，致力于质量管理哲学的发展和应用。

克劳斯比的主要观点：质量即复合要求，而不是最好；预防产生质量，检验不能产生质量；产品和工作标准是"零缺陷"，而不是差不多就好；不符合要求的代价是金钱，而不是其他。

克劳斯比认为追求品质并不难，克劳斯比强调的"三要"如下：

（1）要痛下决心　从最高层到基层员工都要痛下决心，提升品质——意识改革，达成共识！

（2）要教育训练　光有决心还不够，还要具备能力，能力来源于坚持不断的培训——方法改革，提升人的品质。

（3）要贯彻执行　全体动员，全面品管，全员参与进行提升品质的具体活动——不停留在文件或口号上，重视执行力。

我们可以从以下几个方面来理解"零缺陷"：

（1）质量　这里的质量是指正确的质量，满足要求的质量。

（2）免费　在质量上的投入得到的回报比投入多，即使这种回报不是立竿见影的。

（3）追求　追求是一种愿望，未必已经达到，或非达到不可。

追求"零缺陷"并不意味着在一定时期内不计代价地投入，而是应该有一个最适宜的水平区域。

11.3　质量管理方法与工具

11.3.1　质量管理的常用方法

1. PDCA 循环

PDCA 循环应用了科学的统计概念和处理方法。其作为推动工作、发现问题和解决问题的有效工具，典型的模式为"四个阶段""八个步骤"。"四个阶段"是 P、D、C、A，八个步骤如下：

1) 分析现状，找出问题。
2) 根据存在的问题，分析产生质量问题的各种影响因素。
3) 找出影响质量问题的主要因素，并从主要因素中着手解决质量问题。
4) 针对影响质量的主要原因，制定技术及组织的改进措施和方案，执行计划，预测效果。改进措施包括"5W1H"：
① Why：为什么要制订这个计划。
② What：实现什么目标。
③ Where：在哪里执行。
④ Who：由谁来执行。
⑤ When：什么时间完成。
⑥ How：如何实施。
以上四个步骤就是 P 阶段的具体化。
5) 执行，按照既定计划执行，即 D 阶段。
6) 检查，根据计划的要求，检查实际执行结果，即 C 阶段。
7) 巩固成果，根据检查结果进行总结，把成功的经验和失败的教训总结出来，对原有的制度、标准进行修正，也要把成功的经验积累下来制定成标准和规则，以指导实践。巩固已取得的成绩，同时防止重蹈覆辙。
8) 提出这一次循环尚未解决的遗留问题，并将其转到下一次 PDCA 循环中，作为下一阶段的计划目标。

2. 6σ 管理

西格玛是希腊字母 σ 的译音，在统计学上用来表示标准差值，用以描述总体中的个体距离平均值的偏离程度，也用于衡量质量特性值在工艺流程中的变化，企业也借用西格玛的级别来衡量在生产或商业流程管理方面的表现。6σ 管理被定义为："获得和保持企业在经营上的成功并将其经营业绩最大化的综合管理体系和发展战略，是使企业获得快速增长的经营方式。"6σ 管理不只是技术方法的引用，而是全新的质量管理模式。

3. 统计过程控制

统计过程控制（Statistical Process Control，SPC）是为了贯彻预防为主的原则，应用统计技术过程中的各个阶段进行评估和监控，从而满足产品和满足服务要求的均匀性（质量的一致性）。统计过程控制是过程控制的一部分，从内容上来说有两个方面：一是利用控制图分析过程的稳定性，对过程存在的异常因素进行预警；二是通过计算过程能力指数分析稳定的过程能力满足技术要求的程度，并对过程质量进行评价。

4. 5S 管理

5S 是指整理（Seiri）、整顿（Seiton）、清扫（Seiso）、清洁（Seiketsu）、素养（Shitsuke），因其均以"S"开头，因此简称为"5S"。5S 管理包括以下内容：

整理：区分"要"与"不要"的东西，对"不要"的东西进行处理，其目的为腾出空间，提高生产效率。

整顿：要的东西依规定定位、定量摆放整齐，明确标识，其目的为排除寻找的浪费。

清扫：清除工作场所内的脏污，设备异常马上修理，并防止污染的发生，其目的为减少不足和缺点。

清洁：将前面项的实施制度化、规范化，并维持效果。

素养（又称修养、心灵美）：人人依规定行事，养成好习惯，目的在于提升人的品质，养成对任何工作都持认真态度的习惯。

11.3.2 质量管理的常用工具

1. 排列图

排列图又叫帕累托图或主次因素分析图，是建立在帕累托原理的基础上的。所谓帕累托原理，是指意大利经济学家帕累托在分析意大利社会财富分布状况时得到的"关键的少数和次要的多数"的结论。应用这一原理，就意味着在质量改进的项目中，少数的项目往往产生主要的、决定性的影响。通过区分最重要和最次要的项目，就可以用最少的努力获得最大的改进。

排列图分析的步骤如下：

1）选择要进行质量分析的项目，即将要处置的事，以状况（现象）或原因加以区别。

2）选择用于质量分析的量度单位，如出现的次数（频数）、成本、金额或其他量度单位。

3）选择进行质量分析的数据的时间间隔。

4）画横坐标。按项目频数递减的顺序自左至右在横坐标上列出项目。

5）画纵坐标。在横坐标的两端画两个纵坐标，左边的纵坐标按量度单位规定，其高度必须与所有项目的量值和相等，右边的纵坐标应与左边纵坐标等高，并从0~100%进行标定。

6）在每个项目上画长方形，其高度表示该项目量度单位的量值，长方形显示出每个项目的作用大小。

7）由左到右累加每一项目的量位，并画出累计频数曲线（帕累托曲线），用来表示各项目的累计作用。

8）利用排列图确定对质量改进最为重要的项目。

【例11-1】 某产品的不合格统计资料见表11-1。根据表11-1可画出如图11-7所示的排列图，从图中可以判断，A、B项缺陷是产生不合格的主要原因，如果解决了这两个问题，将使产品的不合格率极大地降低。

表11-1 某产品的不合格统计资料

批　号	缺陷项目	频数（件）	累计频数（件）	累　计　率
1	A	3367	3367	69.17%
2	B	521	3888	79.84%
3	C	382	4270	87.68%
4	D	201	4471	91.81%
5	E	156	4627	95.01%
6	F	120	4747	97.47%
7	其他	123	4870	100%

2. 因果图

所谓因果图（见图11-8），又叫石川图、特性要因图、树枝图、鱼刺图，表示质的特性波动与其潜在原因的关系,即以图来表达结果(特性)与原因(要因)之间的关系。因果图如能做得完整,容易找出问题的症结,采取相应的对策,解决质量问题。

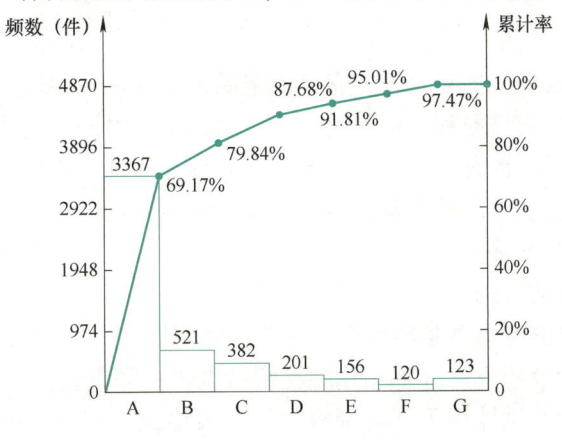

图 11-7　某产品不合格项目排列图

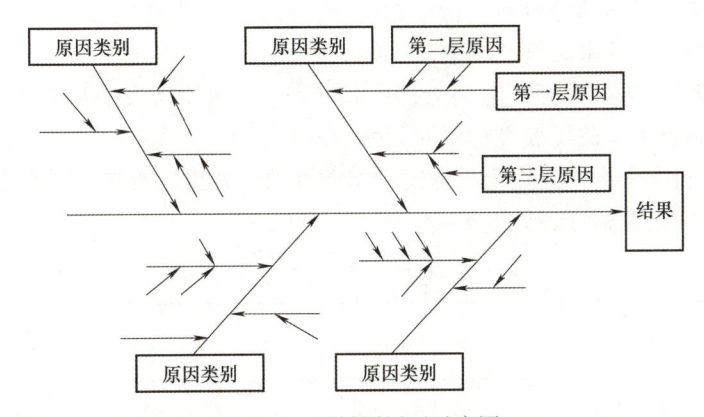

图 11-8　因果图展开示意图

因果图的应用程序如下:

1) 简明扼要地规定结果,即规定需要解决的质量问题。

2) 规定可能发生的原因的主要类别。这时要考虑的类别因素主要有人员(Man)、机器设备(Machine)、材料(Material)、方法(Method)、测量(Measure)和环境(Environment)等,称为"5M1E"。

3) 开始画图,把"结果"画在右边的矩形框中,然后把各类主要原因放在它的左边,作为"结果"框的输入。

4) 寻找所有下一个层次的原因,画在相应的主(因)枝上,并继续一层层地展开下去。一张完整的因果图展开的层次至少应有 2 层,许多情况下还可以有 3 层、4 层或更多层。

5) 从最高层次(最末一层)的原因(末端因素)中选取和识别少量(一般为 3~5 个)看起来对结果有最大影响的原因(一般称为重要因素,简称要因),并对它们做进一步的研究,如收集资料、论证、试验、控制等。

3. 控制图

控制图是一个简单的过程控制系统,其作用是利用控制图所提供的信息,把一个过程维持在受控状态。一旦发现异常波动，分析对质量不利的原因，采取措施加以消除，使质量不断提高，并把一个过程从失控状态变为受控状态，以保持质量稳定。

4. 调查表

调查表也称为查校表、核对表等，它是用来系统地收集和整理质量原始数据，确认事实并对质量数据进行粗略整理和分析的统计表。因产品对象、工艺特点、调查和分析目的的不同，其调查表的形式也有不同。常用的调查表有不合格品项目调查表、不合格原因调查表、废品分类统计表、产品故障调查表、工序质量调查表、产品缺陷调查表等。

（1）调查表的应用程序

1）明确收集资料的目的。

2）确定为达到目的所需搜集的资料（这里强调问题）。

3）确定对资料的分析方法（如运用哪种统计方法）和负责人。

4）根据目的不同，设计用于记录资料的调查表格式，其内容应包括调查者及调查的时间、地点、方式等栏目。

5）对收集和记录的部分资料进行预先检查，目的是审查表格设计的合理性。

6）如有必要，应评审和修改调查表的格式。

（2）调查表的形式　一般可分为点检用调查表、记录用调查表和缺陷位置调查表。

1）点检用调查表。此类表在记录时只做"有、没有""好、不好"的注记。

制作程序：制作表格，决定记录形式；将调查项目列出；查核；异常事故处理。

管理人员日常点检调查表见表11-2。

表 11-2　管理人员日常点检调查表

日　　期										
人员服装										
工作场地										
机器保养										
机器操作										
工具使用										
⋮										
查　核　者										
异常处理										

2）记录用调查表。记录用调查表用来收集计量或计数资料，通常使用划记法，其格式见表11-3。

表 11-3　记录用调查表

检验项目	产品A	产品B	产品C	产品D	产品E	产品F	产品G	产品H
尺寸不良								
表面斑点								
装配不良								
电镀不良								
其他								

3）缺陷位置调查表。许多产品或零件常存在气孔、疵点、碰伤、脏污等外观质量缺陷。缺陷位置调查表可用来记录、统计、分析不同类型的外观质量缺陷所发生的部位和密集程度，进而从中找出规律性，为进一步调查或找出解决问题的办法提供事实依据。

这种调查分析的做法是：画出产品示意图或展开图，并规定不同外观质量缺陷的表示符号，然后逐一检查样本，把发现的缺陷按规定的符号在示意图中的相应位置上表示出来。这样，这种缺陷位置调查表就记录了这一阶段（这一批）样本所有缺陷的分布位置、数量和集中部位，便于进一步发现问题、分析原因、采取改进措施。

5. 分层法

所谓分层法，就是把收集来的数据，根据一定的使用目的和要求，按其性质、来源、影响因素等进行分类整理，以便分析质量问题及其影响因素的一种方法。分层法也称分类法或分组法。

分层的目的是将杂乱无章的数据和错综复杂的因素系统化和条理化，以便进行比较，找出主要的质量原因，并采取相应的技术措施。分层的依据和方法是根据问题的需要自由选择确定的，但应掌握其基本要领。在进行分层时，常常按层对数据进行重新统计，做出频数频率分层表。在分层时，要求同一层的数据波动较小，而不同层的数据波动较大，这样便于找出原因，改进质量。一般情况下，分层原则如下：

1）按时间分，如按日期、季节、班次等。
2）按操作者分，如按性别、年龄、技术等级等。
3）按使用的设备分，如按机床的型号、新旧程度等。
4）按原材料分，如按原材料的成分、规格、生产厂家、批号等。
5）按操作方法分，如按工艺规程、生产过程中所采用的温度等。
6）按检测手段分，如按测量方法、测量仪器等。
7）按其他标准分：例如按使用单位、使用条件等。

【例 11-2】 表 11-4 列出了某轧钢厂某月废品分类。如果只知道甲、乙、丙班共轧钢 6000t，其中轧废钢为 169t，仅这个数据，则无法对质量问题进行分析。如果对废品产生的原因等进行分类，则可看出甲班产生废品的主要原因是"尺寸超差"，乙班产生废品的主要原因是"轧废"，丙班产生废品的主要原因是"耳子"。这样就可以针对各自产生废品的原因采取相应的措施。

表 11-4　某轧钢厂某月废品分类　　　　　（单位：t）

废品项目	甲	乙	丙	合计
尺寸超差	30	20	15	65
轧废	10	23	10	43
耳子	5	10	20	35
压痕	8	4	8	20
其他	3	1	2	6
合计	56	58	55	169

6. 直方图

直方图又称柱状图。借助直方图，可对杂乱无章的资料解析出其规律性，对资料中心值或分布状况一目了然。

（1）绘制步骤

1）收集数据，并记录在纸上。统计表上的资料很多，都要一一记录下来，其总数以 N 表示。

2）确定数据的极差。找出最大值 L 及最小值 S，并计算极差 R，$R=L-S$。

3）定组数。在数据为 50~100 条时，选 5~10 组；在数据为 100~250 条时，选 7~12 组；在数据为 250 条以上时，选 10~20 组。一般情况下选 10 组。

4）定组距 C。$C=R/$组数。

5）定组界。最小一组的下组界=S-测量值的最小位数（一般是 1 或 0.5）×0.5。最小一组的上组界=最小一组的下组界+组距。第二组的下组界=最小的上组界。

……

6）决定组的中心点。（上组界+下组界）/2=组的中心点。

7）制作次数分布表。依照数值大小记入各组的组界内，然后计算各组出现的次数。

8）制作直方图。横轴表示测量值的变化，纵轴表示次数。将各组的组界标示在横轴上，画出全部分组，并在纵轴上表示出各组的频数，画出完整的直方图。

【例 11-3】某厂测量钢板厚度，尺寸按标准要求为 6mm，现从生产批量中抽取 100 个样品的尺寸，见表 11-5，试画出直方图。

表 11-5 钢板厚度尺寸数据

组号	尺 寸					组号	尺 寸				
1	5.77	6.27	5.93	6.08	6.03	11	6.12	6.18	6.10	5.95	5.95
2	6.01	6.04	5.88	5.92	6.15	12	5.95	5.94	6.07	6.00	5.75
3	5.71	5.75	5.96	6.19	5.70	13	5.86	5.84	6.08	6.24	5.61
4	6.19	6.11	5.74	5.96	6.17	14	6.13	5.80	5.90	5.93	5.78
5	6.42	6.13	5.71	5.96	5.78	15	5.80	6.14	5.56	6.17	5.97
6	5.92	5.92	5.75	6.05	5.94	16	6.13	5.80	5.90	5.93	5.78
7	5.87	5.63	5.80	6.12	6.32	17	5.86	5.84	6.08	6.24	5.97
8	5.89	5.91	6.00	6.21	6.08	18	5.95	5.94	6.07	6.00	5.85
9	5.96	6.05	6.25	5.89	5.83	19	6.12	6.18	6.10	5.95	5.95
10	5.95	5.94	6.07	6.02	5.75	20	6.03	5.89	5.97	6.05	6.45

注：表中数据保留小数点后两位。

1）收集数据。本例取 100 个数据，即 $N=100$。

2）求极差值。找出数据的最大值与最小值，计算极差 R。本例中

最大值 $X_L=6.45$

最小值 $X_S=5.56$

极差 $R=X_L-X_S=6.45-5.56=0.89$

3）确定分组的组数 k 和组距 C。本例 $k=10$，组距为
$C=R/k=0.89/10\approx 0.09$

4）确定各组的界限值。本例中测量单位为 0.01，所以第一组的下界值为
X_S −测量单位 $/2=5.56-0.01/2=5.56-0.005=5.555$
第一组的上界值为：$5.555+0.09=5.645$
第二组的上界值为：$5.645+0.09=5.735$
……

5）记录数据。记录各组中的数据，整理成频数表（见表 11-6），并记入：①组界值；②频数标识；③各组频数 f_i。

表 11-6 频数表

组号	组 界 值	组中值 x_i	频 数 标 志	频数 f_i	变换后组中值 u_i	$x_i u_i$	$x_i u_i^2$
1	5.555～5.645	5.60	丁	2	−4	−8	32
2	5.645～5.735	5.69	下	3	−3	−9	27
3	5.735～5.825	5.87	正正下	13	−2	−26	52
4	5.825～5.915	5.78	正正正	15	−1	−15	15
5	5.915～6.005	5.96	正正正正正一	26	0	15	0
6	6.005～6.095	6.05	正正正	15	1	0	15
7	6.095～6.185	6.14	正正正	15	2	30	60
8	6.185～6.275	6.23	正丁	7	3	21	63
9	6.275～6.365	6.32	丁	2	4	8	32
10	6.365～6.455	6.41	丁	2	5	10	50
合计				100	—	26	346
平均				—	—	0.26	3.46

6）画直方图。在方格纸上，横坐标取分组的组界值，纵坐标取各组的频数，用直线连成直方块，即成直方图，如图 11-9 所示。

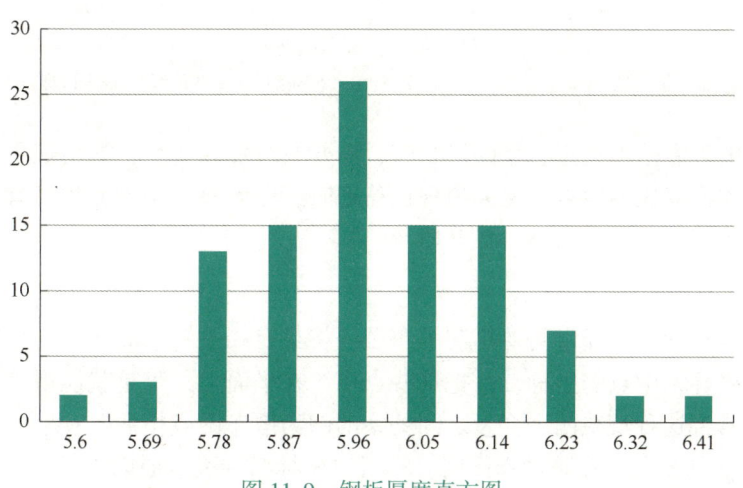

图 11-9 钢板厚度直方图

（2）直方图的分布　正常生产条件下计量的质量特性值的分布大多为正态分布，从中获得的数据的直方块为中间高、两边低、左右基本对称的正态型直方图。但在实际问题中还会出现另一些形状的直方图，分析出现这些图形的原因，便于采取对策，改进质量。

1) 正态型。这是生产正常情况下常常呈现的图形，如图 11-10a 所示。

2) 偏态型。这里有两种常见的形状，一种是峰值在左边，而右面的尾巴较长；另一种是峰值在右边，而左边的尾巴较长。造成这种形状的原因是多方面的，有时是剔除了不合格品后画的图形，也有的是质量特性值的单侧控制造成的，如加工孔的时候习惯于孔径"宁小勿大"，而加工轴的时候习惯于"宁大勿小"等。偏态型如图 11-10b 所示。

3) 双峰型。这种情况的出现往往是将两批不同的原材料生产的产品混合在一起，或将两个不同操作水平的工人生产的产品混合在一起等造成的，如图 11-10c 所示。

4) 孤岛型。这种图形往往表示出现产品异常，如原材料发生了某种变化，生产过程发生了某种变化，有不熟练的工人替班等，如图 11-10d 所示。

5) 平顶型。这种情况往往是由于生产过程中有某种缓慢变化的因素造成的，如刀具的磨损等，如图 11-10e 所示。

6) 锯齿型。这个图形的出现可能是由测量方法不当，或者是量具的精度较差引起的，也可能是由分组不当引起的，如图 11-10f 所示。

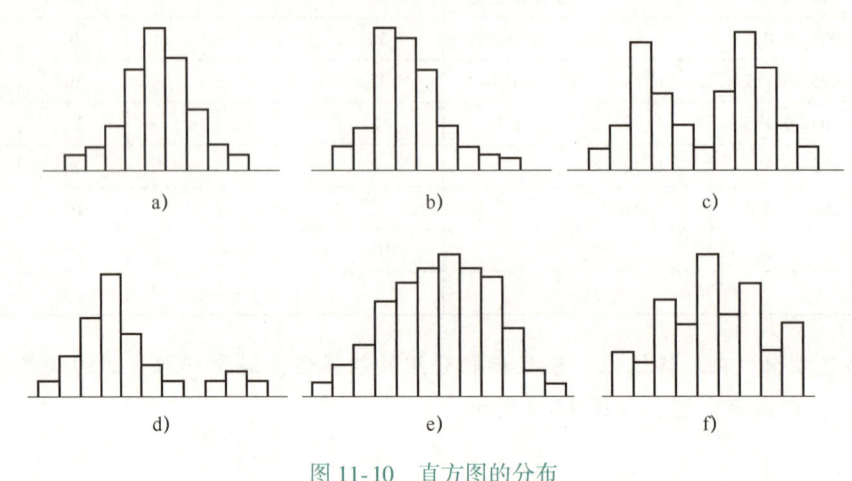

图 11-10　直方图的分布
a) 正态型　b) 偏态型　c) 双峰型　d) 孤岛型　e) 平顶型　f) 锯齿型

当观察到的直方图不是正态型的形状时，需要及时加以研究，如出现平顶型时，可以检查一下有无缓慢变化的因素，又如出现孤岛型时，可以检查一下原材料有无变化等。这样便于及时发现问题，采取措施，提升质量。

7. 散布图

在质量管理活动中，经常需要绘制散布图。将具有相关关系的两个变量的对应观察值作为平面直角坐标系中点的坐标，并把这些点描绘在平面上，于是就能得到具有相关关系的分布图，通常称这种反映两个变量之间关系的图为散布图或相关图。

（1）散布图的绘制　在画散布图时，一般以坐标横轴表示原因 X，坐标纵轴表示结果 Y。如果所研究的是两种原因或两种结果之间的相关关系，那么在画散布图时，对坐标轴可以不加区别。此外，应当使数据 x 的极差在坐标上的距离，大致等于数据 Y 的极差在坐标轴上的距离。

（2）散布图的类型　根据两个变量 X、Y 之间的不同关系所绘制成的散布图的形状有多种多样，但归纳起来，主要有下面几种形式，如图 11-11 所示。

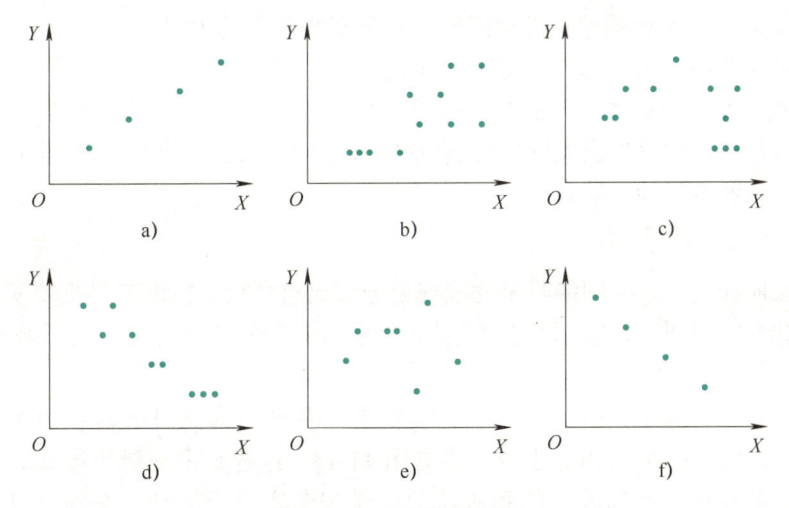

图 11-11　相关性示意图

a）强正相关　b）弱正相关　c）曲线相关　d）弱负相关　e）不相关　f）强负相关

在研究散布图的类型时，还需注意下面几种情况：

1）观察有无异常点，即偏离集体很远的点。如有异常点，必须查明原因。如果经分析得知是由不正常的条件或测试错误所造成的，就应将它们剔除。那些找不出原因的异常点，应慎重对待。

2）观察是否有分层的必要。如果用受到两种或两种以上因素影响的数据绘制散布图，那么有可能出现下面这种情况：就散布图的整体来看似乎不相关，但是如果分层观察，发现又存在相关关系；反之，就散布图的整体来看似存在相关关系，但是分层观察，发现又不存在相关关系。因此，在绘制散布图时，要区分不同条件下的数据，并且要用不同记号或颜色来表示分层数据所代表的点。

3）假相关。在质量管理中，有时会遇到这样的情况：从技术上看，两个变量之间不存在相关关系，但根据所收集到的对应数据绘制成的散布图却明显地呈现相关状态，这种现象称为假相关。假相关现象可能是结果（或特性）与所列的原因（或特性）之外的因素相关而引起的。因此，在进行相关分析时，除观察散布图之外，还要进行技术探讨，以免把假相关当作真相关。

11.3.3　七种新工具质量管理

1. 关联图法

关联图是表示事物依存或因果关系的连线图，如图 11-12 所示。

把与事物有关的各环节按相互制约的关系连成整体，从中得出解决问题应从何入手。关联图用于搞清各种复杂因素相互缠绕的、相互牵连等问题，寻找、发现内在的因果关系，用箭头有逻辑性地连接起来，综合地掌握全貌，找出解决问题的措施。关联图的箭头只反映逻辑关系，不是工作顺序，一般是从原因指向结果、从手段指向目的。

2. 亲和图法

亲和图，又叫作 A 型图解、近似图解，它是把收集到的大量有关某一特定主题的意见、观点、想法和问题，按它们之间相互的亲（接）近关系加以归类、汇总的一种图示技术。

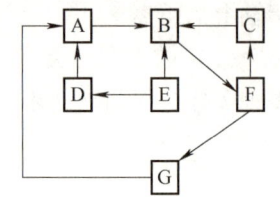

图 11-12　关联图示意图

亲和图常用于归纳整理由头脑风暴法所产生的意见、观点和想法等语言资料，因此在质量保证和质量改进活动中经常用到。

3. 系统图法

系统图又叫作树图。树图能将事物或现象分解成树枝状。树图就是把要实现的目的与需要采取的措施或手段系统地展开并绘制成图，以明确问题的重点，寻找最佳手段或措施。

在决策过程中，为了达到某种目的，就需要选择和考虑某种手段；为了采取这一手段，又需要考虑它下一级的相应手段，参见图 11-13。这样，上一级手段成为下一级手段的行动目的。如此把要达到的目的和所需的手段按顺序层层展开，直到可以采取措施为止，并绘制成树图，就能对问题有一个全貌的认识，然后从图形中找出问题的重点，提出实现预定目标的最理想途径。

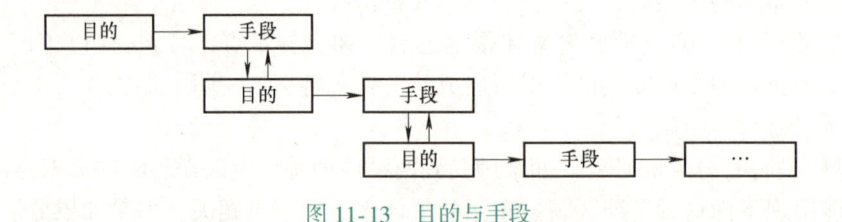

图 11-13　目的与手段

4. 矩阵图法

矩阵图法是把与问题有关的各个成对因素排列成一个矩阵，然后根据矩阵图进行分析，找到关键点。如把属于因素组 L 的因素 L_1，$L_2,\cdots,L_n$，和属于因素组 R 的因素 R_1，$R_2,\cdots,R_m$ 分别排成行和列，构成矩阵图，找到关键点，如图 11-14 所示。L 因素和 R 因素的交点可以起到以下作用：

1）表示行因素和列因素的关系程度。
2）从二元排列中找到关键性问题。
3）从二元配置的联系中，可得到解决问题的启示等。

5. 矩阵数据分析法

矩阵数据分析法是质量管理新工具中唯一以数

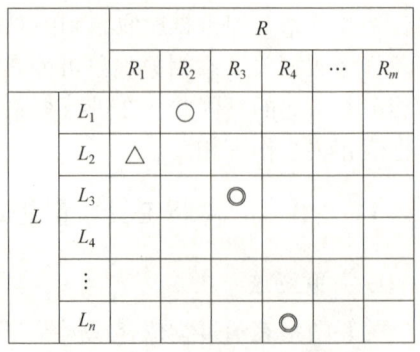

图 11-14　矩阵图法示意图

据解析的方法，解析的结果仍然以图形表示。数据解析的过程采取多变量分析方法，分析的对象为矩阵图与要素之间的关联性。

6. 过程决策程序图法

过程决策程序图法是在制订计划阶段或进行系统设计时，事先预测可能发生的障碍（不理想事态或结果），从而设计出一系列对策措施，以最大的可能引向最终目标（达到理想结果）。该方法可用于防止重大事故的发生，因此也称为重大事故预测图法。由于一些突发性原因，可能会导致工作出现障碍和停顿，对此需要用过程决策程序图法进行解决。

7. 箭条图法

箭条图法是计划协调技术（Program Evaluation and Review Technique，PERT）和关键路线法（Critical Path Method，CPM）在质量管理中的具体应用。其实质是把一项任务的工作（研制和管理）过程，作为一个系统加以处理，将组成系统的各项任务细分为不同层次和不同阶段，按照任务的相互关联和先后顺序，用图或网络的方式表达出来，形成工程问题或管理问题的一种确切的数学模型，用以求解系统中各种实际问题。

11.3.4 其他质量管理方法和工具

质量管理的方法和工具多种多样，除了上述方法和工具之外，还有头脑风暴法、QC小组活动（质量管理小组活动）、标杆法、顾客需求调查法、统计过程控制法及抽样检验法等。读者可以自行查阅资料了解。

11.4 统计过程控制与过程能力分析

11.4.1 统计过程控制

统计过程控制（Statistical Process Control，SPC）是为了贯彻预防为主的原则，应用统计技术过程中的各个阶段进行评估和监控，从而满足产品和满足服务要求的均匀性（质量的一致性）。统计过程控制是过程控制的一部分，从内容上来说包括两个方面：一是利用控制图分析过程的稳定性，对过程存在的异常因素进行预警；二是通过计算过程能力指数分析稳定的过程能力满足技术要求的程度，并对过程质量进行评价。

1. 统计过程控制的基本原理

在生产制造过程中，无论把环境和条件控制得多么严格，任何一个过程所生产出来的两件产品都绝对不可能是完全相同的。也就是说，任何一个过程所生产出来的产品，其质量特征值总是存在一定的差异，这种客观差异称为产品质量波动性。

影响质量的因素称为质量因素。质量因素可以根据不同的方法进行分类。

（1）按不同的来源分类　按照质量因素的来源不同，可分为人员（Man）、设备（Machine）、原材料（Material）、方法（Method）、环境（Environments），简称"4M1E"，有的人还把 Measurement（测量）加上，简称"5M1E"。

（2）按影响大小和性质分类

1）偶然因素。偶然因素又称为随机因素，是指引起质量波动的不可避免的原因。偶然因素对质量变异的影响很难根除。

2）异常因素。异常因素又称为系统因素或必然因素，也就是由于生产系统出现异常从而引起质量波动。质量波动分为偶然波动和异常波动。

偶然波动：偶然因素引起产品质量偶然波动，又称随机波动。一个只表现出偶然波动的过程所产生的值一般都处于中心值的两侧，这样的过程称为处于统计控制状态的过程。

异常波动：异常因素引起产品质量异常波动，又称系统波动。异常波动能引起系统性的失效或缺陷。异常波动可能会引起一种趋势，如持续地沿着一个方向或另一个方向变化，这是由于某种因素逐渐加深对过程的影响，像磨损和撕裂，或者是温度的变化等。

偶然波动与异常波动的比较分析：

当一个过程只有偶然波动时会产生最好的结果。在有异常波动发生的情况下，想要减少过程的波动，第一步就是要消除异常波动。偶然波动与异常波动的比较见表 11-7。

表 11-7 偶然波动与异常波动的比较

偶 然 波 动	异 常 波 动
含有许多独立的原因	含有一个或少数几个独立的原因
任何一个原因都只能引起很小的波动	任何一个原因都会引起大的波动
偶然波动不能经济地从过程中消除	异常波动通常能够经济地从过程中消除
当只有偶然波动时，过程以最好的方式在运行	如果有异常波动存在，过程的允许状态不是最佳的

2. 质量控制图

质量控制图是 1928 年由沃特·休哈特（Walter Shewhart）博士率先提出的。他指出：每一个方法都存在着变异，都受到时间和空间的影响，即使在理想的条件下获得的一组分析结果，也会存在一定的随机误差，如图 11-15 所示。

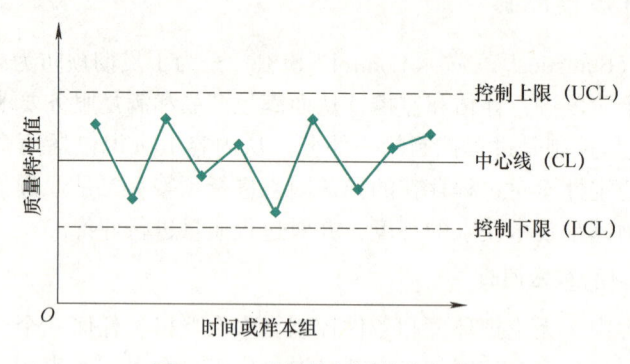

图 11-15 质量控制图的基本模式

质量控制图是分析和判断质量过程处于正常波动状态还是异常波动状态的一种有效工具，可用于生产现场的质量统计过程控制，以便质量在生产过程中出现异常波动时及时报警。

质量控制图可以对工序状态进行分析、预测、判断、监控和改进，实现以预防为主的过程质量管理。工序质量特性值 x 通常为计量值数据，服从正态分布，即 $X \sim N(\mu, \sigma^2)$，根据正态分布的原理可知，按时间顺序抽样的观测数据点散布在控制界限内的概率为

99.73%，在控制界限外的概率为 0.27%。若为受控状态，则 μ 和 σ 不随时间变化或者基本不随时间变化，且工序能力充足。对正态分布有：

$$P[(\mu-3\sigma)<X<(\mu+3\sigma)]=0.9973$$

因此，一般根据 3σ 原则确定控制图的控制界限。3σ 原则又称为拉依达准则，是统计学中的一个重要原则，它基于正态分布的特性来确定数据的正常波动范围。在正态分布中，数据值几乎全部集中在平均值（μ）正负 3 个标准差（σ）的范围内，即数据值落在 ($\mu-3\sigma$, $\mu+3\sigma$) 区间内的概率为 0.9973，或者说超出这个范围的可能性仅占不到 0.3%。

设中心线为 CL，控制上限为 UCL，控制下限为 LCL，则有：

$$CL=\mu$$
$$UCL=\mu+3\sigma$$
$$LCL=\mu-3\sigma$$

在生产过程中，一旦发现观测数据点越出控制界线或在控制界限内的散步相互不随机独立，不符合 $X \sim N(\mu,\sigma^2)$ 的统计规律，就应当怀疑生产过程已受到系统性因素干扰，可能已处于失控状态。

3. 多变量控制图

在实际生产中，通过独立监测两个参数 X_1、X_2 的变化情况来判断过程的受控状态将违背控制图的基本原理。对单变量控制图，当过程处于受控状态时，X_1 和 X_2 超出其 3σ 控制限的概率，即出现第一类错误的概率，都是 0.0027。但是，若它们都处于受控状态，而且 X_1 和 X_2 同时处于受控状态的概率是（0.9973）×（0.9973）= 0.99460729，这时出现第一类错误的概率为 1−0.9946 = 0.0054，是单变量情况的两倍，且这两个变量同时超出控制限的联合概率是（0.0027）×（0.0027）= 0.00000729，比 0.0027 小得多。因此，在同时监测 X_1 和 X_2 的受控状态时，使用两个独立的均值 $\bar{X}$ 控制图已经偏离了常规控制图的基本原理，这时出现第一类错误的概率以及根据受控状态下数据点的状态得到正确分析结论的概率都不等于由控制图基本原理所要求的水平。

在统计过程控制中，经常会遇到需要同时监控多个质量特性的情形，如果对每个质量特性分别用一元统计控制图进行监控，容易对过程做出错误判断，在这种情况下，就需要采用多元控制图，即多变量控制图。

11.4.2 过程能力分析

过程能力（Process Capability）是指处于稳定状态下的过程的实际生产或加工能力。处于稳定生产状态下的过程应具备以下条件：原材料或上一过程的半成品按照标准要求供应；本过程按作业标准实施，并应在影响过程质量的各主要因素无异常的条件下进行；过程完成后，产品检测按标准要求进行。

1. 影响过程能力的因素

在产品加工过程中，影响过程能力的主要因素会因为研究对象的不同而不同，综合来说主要还是体现在设备的加工精度、材料的理化性能、操作人员的业务技能与责任心、工艺流程与方法、对质量特性值的检测方法，以及所处的环境因素（简称"5M1E"）等，见表 11-8。

表 11-8 影响过程能力的因素

影响因素	主要包括的内容
设备因素	设备性能、制造精度、运行稳定性，以及各个部分间的协调匹配能力等因素
材料因素	材料的成分、物理性能、化学性能，以及相关的理化指标，材料的加工处理方法，相关元器件的质量特性指标等因素
操作者因素	过程操作者的业务水平、心理素质、质量意识和责任心、管理力度、文化修养等因素
方法因素	过程流程的安排、协调，各个子过程之间的衔接，具体业务的操作方法、规章制度、技术规范和检验监督制度等
测量因素	技术参数、性能指标、测量方法、判别标准、测量工具的性能与灵敏度，以及具体的抽样方法等
环境因素	生产作业现场所处的环境质量状况，如气候、温度、湿度、风尘、噪声、振动、照明等与产品质量直接相关的因素

过程能力是"5M1E"影响的综合反映，这里列出的只是一些常见的一般因素。在实际生产中，这六个因素对于不同的行业、不同企业、不同工序的影响是不同的。

2. 过程能力指数

过程能力指数（Process Capability Indices，PCI）是用来度量一个过程能够满足产品的性能指标要求的程度，是一个无量纲的简单数。

一个产品的质量特性指标达到质量特性标准就是一个合格的产品。质量特性标准是指工序加工产品必须达到的质量要求，通常用标准公差（容差）或允许范围等来衡量，一般用符号 T 来表示。

质量标准 T 与过程能力 B 的比值被称为过程能力指数，记之为 C_P，其表达式为

$$C_P = \frac{T}{B} = \frac{T}{6\sigma} \tag{11-1}$$

过程能力指数 C_P，是用来衡量过程能力大小的数值。过程能力指数越大，说明其过程能力越强，越能满足技术性能指标，甚至还会有一定的能力储备；过程能力指数越小，说明过程加工能力越低，在此环境下不易加工那些对质量性能指标要求较高的产品。

3. 进行过程能力测定、分析的意义

1）对过程能力的测定与分析是保证产品质量的基础工作。生产者只有在掌握了过程能力的基本状况以后，才有可能控制生产、加工过程中的各个质量特征指标。

2）对过程能力的测定与分析是提高生产能力的有效手段。通过对过程能力的测定与分析，可以发现影响过程能力的关键因素，进而通过有针对性地改进设备、改善环境、提高工艺水平、严守操作规程等来提高过程能力。当过程能力过剩时，也可以通过降低过程能力，提高成本效益比，进而提高产品的竞争能力。

3）对过程能力的测定与分析可以发现改进产品质量的有效途径。通过对过程能力的测定与分析，可以为技术与管理人员提供及时、有效、关键的过程能力数据，不仅为产品设计的改进、管理程序或规程的优化，以及产品认证与市场营销等提供第一手资料，还可以为企业的其他改进提供基础性的保证。

11.5　ISO 9000：2015 族标准

11.5.1　ISO 9000：2015 标准的术语和定义

ISO 9001：2015 标准引用的 ISO 9000：2015 标准"术语和定义"共 13 类、138 个术语（其中包括《ISO/IEC 导则第 1 部分 ISO 补充规定》附件的基本术语和 ISO 9000 其他标准的术语），比 ISO 9000：2005 的"术语和定义"（共 10 类、84 个术语）有所扩大和增加，特别是对很多重要的基础术语进行了修订和创新（如输出、产品、服务）。ISO 9001 标准的应用和审核也出现了较大的变化，更好地适应了新技术、新形势的发展需要，新术语和定义将有助于标准实现其目标和结果。

ISO 9000：2015 术语的分类有：

3.1　有关人员的术语：6 个。
3.2　有关组织的术语：9 个。
3.3　有关活动的术语：13 个。
3.4　有关过程的术语：8 个。
3.5　有关体系的术语：12 个。
3.6　有关要求的术语：15 个。
3.7　有关结果的术语：11 个。
3.8　有关数据、信息和文件的术语：15 个。
3.9　有关顾客的术语：6 个。
3.10　有关特性的术语：7 个。
3.11　有关确定的术语：9 个。
3.12　有关措施的术语：10 个。
3.13　有关审核的术语：17 个。

这些术语适用于 ISO 9000 族的所有标准。本节选取了部分新的（2015 版中新出现的）、定义有变化的、标准中使用比较频繁的以及新版（2015 版）中解释得更清晰的术语做出解释。

11.5.2　基础术语的定义

1. 有关人员的术语

最高管理者：在最高层指挥和控制组织的一个人或一组人。

2. 有关组织术语

1) 组织：为实现目标，由职责、权限和相互关系构成自身功能的一个人或一组人。组织的概念包括，但不限于代理商、公司、集团、商行、企事业单位、行政机构、合营公司、协会、慈善机构或研究机构，或上述组织的部分或组合，无论是否为法人组织，公有的或私有的。

2) 组织环境：对组织建立和实现目标的方法有影响的内部和外部因素的组合。

3）相关方：可影响决策或活动、受决策或活动所影响或自认为受决策或活动影响的个人或组织。

4）顾客：能够或实际接受为其提供的，或按其要求提供的产品或服务的个人或组织。

3. 有关活动的术语

1）质量管理：包括制定质量方针和质量目标，以及通过质量策划、质量保证、质量控制和质量改进实现这些质量目标的过程。

2）过程：利用输入产生预期结果的相互关联或相互作用的一组活动。

3）设计和开发：将对客体的要求转换为对其更详细的要求的一组过程。

4. 质量管理体系

1）客体：可感知或可想象到的任何事物。

2）要求：明示的、通常隐含的或必须履行的需求或期望。

3）产品：在组织和顾客之间未发生任何交易的情况下，组织产生的输出。

4）服务：至少有意向活动必须在组织和顾客之间进行的组织的输出。

5）风险：不确定性的影响。

5. 有关数据、信息和文件的术语

成文信息：组织需要控制并保持的信息及其载体。

6. 有关顾客的术语

顾客满意：顾客对其期望已被满足程度的感受。

7. 有关特性的术语

能力：应用知识和技能实现预期结果的本领。

8. 有关确定的术语

监视：确定体系、过程、产品、服务或活动的状态。

9. 有关措施的术语

1）纠正措施为消除不合格的原因并防止再发生所采取的措施。

2）纠正：为消除已发现的不合格所采取的措施。

3）审核：为获得客观证据并对其进行客观的评价，以确定满足审核准则的程度所进行的系统的、独立的并形成文件的过程。

11.6 6σ管理

11.6.1 6σ管理的含义及特点

1. 6σ管理的含义

希腊字母 σ 的译音是西格玛，在统计学上用来表示标准差值，用以描述总体中的个体距离平均值的偏离程度，也用于衡量质量特性值在工艺流程中的变化，企业也借用西格玛的级别来衡量在生产或商业流程管理方面的表现。传统的质量管理对产品质量特性的要求

一般为 3σ，即产品的合格率达到 99.73%，例如某项工作每 100 万次出错机会实际出现错误为 66807 次。如果某项工作每 100 万次出错机会实际出现错误只有 3.4 次，就认为这项工作达到了 6σ 水平。6σ 质量水平的缺陷率大约减少到 3σ 质量水准的 1/20000。由此看出，6σ 是一个近乎完美的质量水准。

6σ 管理被定义为："获得和保持企业在经营上的成功并将其经营业绩最大化的综合管理体系和发展战略，是使企业获得快速增长的经营方式。"6σ 管理不只是技术方法的引用，而是全新的质量管理模式。

2. 6σ 管理的特点

（1）以消费者为关注焦点　获得高的消费者满意度是企业追求的主要目标，然而消费者只有在其需求得到充分理解并获得满足后才会满意和忠诚。

（2）基于数据和事实驱动的管理方法　6σ 管理把"基于事实管理"的理念提到了一个更高的层次。6σ 管理的命名已经说明了 6σ 法与数据和数理统计技术有着密不可分的关系。6σ 管理明确了衡量企业业绩的尺度，然后应用统计数据和分析方法来建立对关键变量的理解和获得优化结果。

（3）聚焦于流程改进　在 6σ 管理中，流程是采取改进行动的主要对象。设计产品和服务、度量业绩、改进效率和顾客满意度，甚至经营企业等都是流程。所有的流程都有变异，6σ 管理帮助人们有效减少过程的变异。

（4）有预见的积极管理　6σ 管理包括一系列的工具和实践经验，它用动态的、即时反应的、有预见的、积极的管理方式取代那些被动的习惯，促使企业在当今追求几乎完美的质量水平而不容出错的竞争环境下能够快速向前发展。

（5）无边界合作　无边界是指消除部门及上下级间的障碍，促进组织内部横向和纵向的合作。6σ 管理扩展了这样的合作机会，在 6σ 管理中无边界合作并不意味着无条件的个人牺牲。这里需要确切地理解最终用户和流程中工作流向的真正需求，更重要的是，它需要用各种有关顾客和流程的知识使各方同时受益，由于 6σ 管理是建立在广泛沟通基础上的，因此 6σ 管理能够营造出一种真正支持团队合作的管理结构和环境。

11.6.2　6σ 管理的由来及发展

1. 6σ 管理的由来

从 20 世纪七八十年代，摩托罗拉在同日本的竞争中先后失掉了收音机、电视机、BP 机和半导体市场。1985 年，公司面临倒闭，激烈的市场竞争和严酷的生存环境使摩托罗拉的高层领导得出了这样的结论："摩托罗拉失败的根本原因是其产品质量比日本同类产品的质量相差很多，更根本的原因是公司原来的质量管理方法有问题。"于是，摩托罗拉公司总结了前人质量管理的经验，创建了 6σ 管理的理念，在其首席执行官高尔文的领导下，摩托罗拉开始了"6σ 管理之路"。

当时，摩托罗拉拿出年收入的 5%～10% 来纠正低劣的质量。公司利用精确的评估标准预测可能发生问题的区域，通过预先关注质量获得一种主动权，而不是被动地对质量问题做出反应。也就是说，6σ 将使公司领导人在质量问题上抢先一步，而不是被动应付。

自从采用 6σ 管理之后，从 1989 年到 1999 年，该公司平均每年提高生产率 12.3%，因质量缺陷造成的损失减少了 84%，6σ 管理使摩托罗拉公司降低了成本，提高了产品质量、市场占有率和利润。

2. 6σ 管理的发展

让 6σ 管理模式名声大振的还有美国通用电气公司（GE），该公司自 1995 年推行 6σ 管理模式以来所产生的效益每年呈加速递增。6σ 成为 GE 成长最主要的驱动因素。自 GE 推行 6σ 管理模式以来，每年节省的成本为：1997 年 3 亿美元、1998 年 7.5 亿美元、1999 年 15 亿美元；利润从 1995 年的 13.6% 提升到 1998 年的 16.7%。2005 年，GE 市值突破 30000 亿美元，成为世界上最盈利和最值钱的企业之一，总裁杰克·韦尔奇被人们赞誉为"世界头号老板"。

杰克·韦尔奇视 6σ 管理为企业获得竞争优势和经营成功的金钥匙，他说："6σ 管理是 GE 公司从来没有经历过的最重要的管理战略""6σ 是 GE 公司历史上最重要、最有价值、最盈利的事业，我们的目标是成为一个 6σ 公司"。这意味着公司的产品、服务、交易追求"零缺陷"。

3. 6σ 水平测算

（1）常用术语

1）单位（Unit）：过程加工过的对象，或传递给顾客的一个产品及一次服务，如一件产品、一次电话服务等。

2）缺陷（Defect）：产品或服务没有满足顾客的需求或规格标准。

3）缺陷机会（Defect Opportunity）：单位产品上可能出现缺陷的位置或机会。

（2）单位缺陷数（DPU）、机会缺陷数（DPO）、百万机会缺陷数（DPMO）、首次产出率（FTY）、流通产出率（RTY）

1）单位缺陷数。单位缺陷数是过程输出的缺陷数与该过程输出的单位数的比值。其计算公式为

$$DPU = \frac{缺陷数}{单位产品数} \qquad (11\text{-}2)$$

2）机会缺陷数。机会缺陷数表示每次机会中出现缺陷的概率。其计算公式为

$$DPO = \frac{缺陷数}{产品数 \times 机会数} \qquad (11\text{-}3)$$

3）百万机会缺陷数。百万机会缺陷数是 DPO 以百万机会的缺陷数表示。其计算公式为

$$DPMO = \frac{缺陷数}{产品数 \times 机会数} \times 1000000 \qquad (11\text{-}4)$$

4）首次产出率。首次产出率是指过程输出以一次达到顾客规范要求的比率，也就是我们常说的一次提交合格率。其计算公式为

$$FTY = \frac{一次提交产品合格数}{投入产品总数} \times 100\% \qquad (11\text{-}5)$$

5）流通产出率。流通产出率是构成过程的每个子过程的 FTY 的乘积，表明由这些子过程构成的大过程的一次提交合格率，其计算公式为

$$RTY = FTY_1 \times FTY_2 \times \cdots \times FTY_n \tag{11-6}$$

4. 6σ 管理的组织

6σ 管理的组织结构如图 11-16 所示。

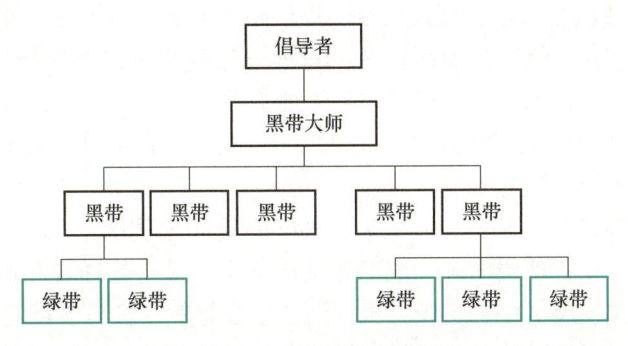

图 11-16 6σ 管理的组织结构

（1）倡导者　倡导者是资深经理或流程负责人，负责在自己的责任范围内发起，支持及带领一个项目的进行。他们也会决定这些项目的总体目标及范围。

（2）黑带大师　黑带大师又称为黑带主管。黑带主管是 6σ 的全职管理人员，在绝大多数情况下，黑带主管是 6σ 专家，通常具有工科或理科背景，或者具有相当高的管理学学位，是 6σ 管理工具的高手。黑带主管更多的是扮演企业变革的代言人角色，帮助推广 6σ 管理的方法和突破性改进。黑带主管也可以兼任黑带或者对其他职位人员的培训和指导。

（3）黑带　黑带是推行 6σ 管理中最关键的力量。黑带在 6σ 的一些先驱企业中通常是全职的，他们专门从事 6σ 改进项目，同时肩负培训绿带的任务，为绿带和员工提供 6σ 管理工具和技术的培训，提供一对一的支持，也就是决定"该怎么做"。

（4）绿带　绿带是企业内部推行 6σ 管理众多底线收益项目的负责人，为兼职人员，通常为企业各基层部门的骨干或负责人。很多 6σ 的先驱企业，很大比例的员工都接受过绿带培训，绿带的作用是把 6σ 管理的新概念和工具带到企业日常活动中去。

5. 实施 6σ 管理的"七步骤法"

目前，业界对 6σ 管理的实施方法还没有一个统一的标准。大致可将摩托罗拉公司提出并取得了成功的"七步骤法"作为参考。摩托罗拉公司的"七步骤法"的内容如下：

（1）找问题　把要改善的问题找出来，当目标锁定后便召集有关员工，成为改进的主力，并选出首领，作为改进项目的责任人，接着便制定时间表跟进。

（2）研究现实生产方法　收集现时生产方法的数据，并做整理。

（3）找出各种原因　集合有经验的员工，利用头脑风暴法、控制图和鱼刺图，找出每一个可能发生问题的原因。

（4）计划及制定解决方法　利用有经验的员工和技术人才，通过各种检验方法，找出相应解决方法，当方法设计完成后，便立即实行。

（5）检查效果　通过数据收集、分析、检查其解决方法是否有效和达到什么效果。

（6）把有效方法制度化　当方法证明有效后，便将其制定为工作守则，各员工必须遵守。

（7）检讨成效并发展新目标　当以上问题解决后，总结其成效，并制定解决其他问题的方案。

6. 6σ 管理在应用中的注意事项

（1）有效的方法就是质量管理或质量改进最好的方法　组织在选择应用质量管理或质量改进方法时，应结合本组织的实际情况，每种方法的应用都是有条件的。6σ 管理一般更适用于具有一定的科技水平、管理和质量管理基础的组织，而且该组织的最高管理者有决心和肯花力气来推动 6σ 活动的情况，这时 6σ 管理才会真正取得效果并得以坚持，成为一种好的质量管理或质量改进方法。

（2）最高管理者的领导和支持，成为一种好的质量管理方法　最高管理者首先要解决来自各方面的阻力，在管理层内统一认识并做出决定。最高管理者和倡导者要把 6σ 项目的选择和组织的优先发展次序、组织突出的问题结合起来，参与项目的确定和策划，对实施过程进行监控，对成果进行评价。最高管理者和倡导者对 6σ 活动领导是有具体内容的，不是只停留在口号或号召上。

（3）缺陷的发生不仅只存在于生产过程，也发生在其他过程中　缺陷是指缺损、欠缺或不够完备的地方，也就是与规定要求不符的任何一项。缺陷不仅发生在工业生产中、工程建设中，也发生在服务中；缺陷不仅发生在与产品有关的过程中，也发生在经营和管理过程中，如营销管理、财务管理等。也就是说，缺陷可能发生在所有过程中，因此 6σ 项目的选题是很广泛的。

（4）不一定要运用高难度的工具和技术　在 6σ 活动中，选择所运用的数理统计技术和其他质量管理方法不是越高深、越复杂越好，而应着眼于简单和迅速地解决问题和达到目的，不搞形式主义。

（5）6σ 管理着眼于用好现有资源　资源包括人力资源，设备、设施、材料等物质资源，资金、信贷等财务资源，信息资源和环境资源等。6σ 管理致力于在资源中寻找"隐蔽工厂"，挖掘资源中的"金山"，以减少劣质资源成本。因此，不要把 6σ 作为一种单纯的技术来对待。

（6）要和 TQM 的推行、ISO 9000 族标准的贯彻和质量管理体系的建设相结合　6σ 活动作为一种质量改进方法，完全可以融合在针对组织的全面质量管理的推行和质量管理体系建设之中，它们并不相互排斥，而是可以相互促进、相得益彰的。

11.7　卓越绩效模式

11.7.1　卓越绩效模式的定义

卓越绩效模式是当今国际上广泛认同的一种组织综合绩效管理方法，源自波多里奇国家质量奖评审标准。这种系统的绩效管理方法通过七个方面的集成来改变组织的形象：领导作用，战略规划，对顾客与市场的关注，测量、分析和知识管理，对人力资源的关注，过程管理和经营结果。这七个方面的关系如图 10-1 所示。其中，领导作用、战略规划、对顾客与市场的关注构成了"领导、战略、市场循环"；对人力资源的关注、过程管理和经营结果构成了"资源、过程、业绩循环"。两个循环以测量、分析和知识管理为基础和纽带相互促进，最终实现组织整体绩效和竞争力的大幅度提升，见图 11-17。

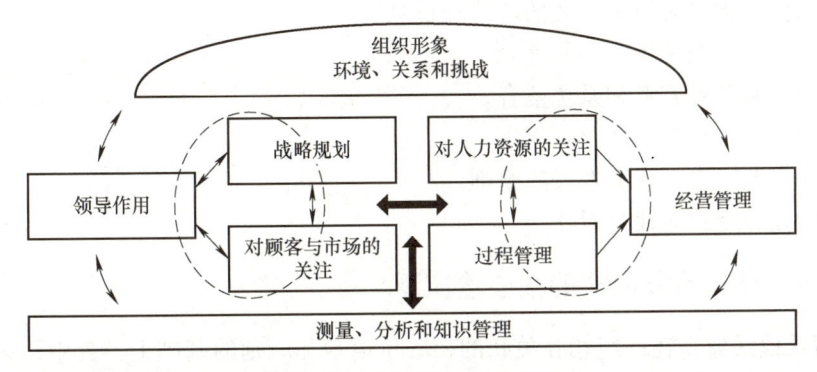

图 11-17 卓越绩效模式框架

11.7.2 对卓越绩效模式的基本理解

1. 卓越绩效模式是一种综合性的组织绩效管理方式

卓越绩效模式能为消费者提供不断改进的价值，从而使企业在市场上取得成功，提高整体有效性和能力，促进组织和个人的学习。就其实质而言，卓越绩效模式是全面质量管理（TQM）的一种实施细则，是对以往的全面质量管理实践的标准化、条理化和具体化，它以结果为导向，使每一分努力都被输送到最需要的地方。因此，它是组织了解自身优势、寻找改进机会的框架和评价工具，能为组织策划未来提供指导。

2. 卓越绩效模式是力求知己知彼的一个管理工具

卓越绩效模式提供了一个沟通的平台，使各种组织认清现状，找出长处、不足并帮助沟通企业经营管理的问题，有助于认清组织的优缺点，明确竞争位置和需要改进的领域。《朱兰质量手册》提及："当组织的高层经理们愿意花时间去弄懂卓越绩效评价准则，明白自身评估分数的含义，并清楚为了提高这些分数应当做什么时，他们就能够制订出改进本组织的有效且实用的行动计划。"

3. 卓越绩效模式是企业管理中驾驭复杂性的一个仪表盘

企业是个复杂的系统，企业管理需要系统的思路。卓越绩效模式有助于实现管理实践中"突出重点"与"全面兼顾"的结合，正确评价和引导组织的各个部门和全体成员的行为，从而使管理层的努力能够真正用到引导组织成功的正确方向上。

4. 卓越绩效模式是一个有着强大鼓舞作用的奖项

因为作为质量奖的评价依据，它激励人们为了荣誉和成就付出非凡的努力，同时也给付出正确努力的人们以应有的回报。

11.7.3 卓越绩效模式的特点

卓越绩效模式是建立在广义质量概念上的质量管理体系。朱兰认为，卓越绩效模式的本质是对全面质量管理的标准化、规范化和具体化。随着经济全球化和市场竞争的加剧，卓越绩效评价准则已成为各类组织评价自身管理水平和引导内部改进工作的依据。

卓越绩效模式具有以下几个方面的特点：
1) 更加强调质量对组织绩效的增值和贡献。
2) 更加强调以顾客为中心的理念。
3) 更加强调系统思考和系统整合。
4) 更加强调重视组织文化的作用。
5) 更加强调坚持可持续发展的原则。
6) 更加强调组织的社会责任。

11.7.4 卓越绩效模式的核心价值观

卓越绩效模式建立在一组相互关联的核心价值观和原则的基础上，其中波多里奇国家质量奖提出的核心价值观共有 11 项：追求卓越的领导，顾客导向的卓越，组织和个人的学习，尊重员工和合作伙伴，快速反应和灵活性，关注未来，促进创新的管理，基于事实的管理，社会责任与公民义务，关注结果和创造价值，系统的观点。这些核心价值观反映了国际上最先进的经营管理理念和方法，是许多世界级成功企业的经验总结，它贯穿卓越绩效模式的各项要求之中，应成为企业全体员工，尤其是企业高层经营管理人员的理念和行为准则。

思考题

1. 简述戴明 PDCA 循环。
2. 谈谈你对朱兰质量螺旋曲线的理解。
3. 谈谈你对质量变异的认识。
4. 简述领导在全面质量管理中的作用。
5. 影响质量水平的因素有哪些？
6. 某产品设计使用寿命不低于 5000h，现经抽样计算得知：样本平均寿命为 8000h，样本标准差为 700h，试计算工序能力指数，并对其进行评价。

第 12 章

项目管理

项目管理是项目的管理者，在有限的资源约束下，运用系统的观点、方法和理论，对项目涉及的全部工作进行有效的管理，即对从项目的投资决策开始到项目结束的全过程进行计划、组织、控制等，以实现项目目标的管理方法。

12.1 项目计划管理

在项目管理中，计划工作是最为重要的一环。项目管理中有很多计划工作，从项目的进度计划到项目的资源计划和项目沟通计划，都是项目管理中重要的计划工作。

项目计划确定了执行、监控和结束项目的方式和方法，包括项目需要执行的过程、项目生命周期、里程碑和阶段划分等全局性内容。

项目计划是一个用于协调所有项目计划的文件，可以帮助指导项目的执行和控制。在其他知识领域所创建的计划可以认为是整个项目计划的补充部分。项目计划还将项目计划的假设和决定纳入文档。这些假设和决定是关于一些选择、促进项目干系人之间的通信、定义关键的管理审查的内涵、外延以及时间点，以及提供一个进度衡量和项目控制的基准。项目计划应该是动态的、灵活的，并且随着环境或项目的变化而变化。这些计划应该很好地帮助项目经理领导项目团队并评价项目状态。

为了进行好项目计划管理，项目经理必须运用项目管理技巧，运用来自项目管理知识领域方面的信息。与项目团队以及其他干系人一起工作来创建项目计划，将帮助项目经理指导项目的执行并理解整个项目。

项目计划管理包括：

1）指导项目执行、监控和收尾。
2）为项目绩效考核和控制提供基准。
3）记录制订项目计划所依据的假设条件。
4）记录制订项目计划过程中的有关方案选择。
5）促进项目干系人之间的沟通。
6）规定管理层审查项目的时间、内容和方式。

12.2 项目计划管理的依据

项目计划管理的依据包括：项目章程、项目范围说明书、各单项计划过程的结果文件、项目的制约因素与条件、项目的假设前提条件、组织积累的相关信息。

项目的制约因素与条件是指限制项目管理者在项目计划管理中做出选择的各种因素和条件。例如，项目业主/客户事先确定的项目预算就是一种限制项目管理者在项目范围、项目资源、项目团队和项目工期安排等方面做出各种选择的最根本限制因素。

从项目计划管理的角度来说，项目的假设前提条件是指那些到计划编制时，计划者尚不清楚和尚未确定的各种条件。但是为了制订计划，人们不得不假定出各种条件，并将它们作为是已知的和确定的条件，以便使用这些假设的前提条件去制订项目集成计划（否则就会因缺少条件而无法编制项目计划了）。例如，项目团队的某个关键成员（科研项目中的首席专家等）能否参加项目和投入项目工作的日程有时是不确定的，但是在制订项目集成计划的时候，项目管理者必须假定这一关键成员参加项目和投入项目的工作日程，并将其作为一种已知和确定的项目计划前提条件。当然，这种假设前提条件对于项目管理而言，常常会包含一定的风险性，因为这些假设的前提条件实际上是不确定的。

组织积累的相关信息如下：

（1）相关的历史信息与数据资料　在项目计划的编制中还需要使用相关的历史信息与数据资料，这些通常在制订项目集成计划中作为一种基本的参照信息使用。这类信息通常包括：

1）过去完成的类似项目的历史信息与数据资料。这是指项目组织或其他项目组织在过去所完成的类似的项目的各种历史信息与数据资料，包括这些历史项目的计划文件、绩效报告、实际结果、经验教训等方面的信息与数据资料。

2）项目前期所生成的各种资料与数据。这是指项目组织在编制项目集成计划之前，已经收集和生成的各种资料与数据，包括项目前期可行性分析工作中获得的信息资料和此后所收集的与本项目相关的信息资料。例如，某个新产品开发项目从开始提出想法和初步设计到编制项目集成计划之前所收集和生成的各种资料与数据，都属于这一范畴。

（2）项目组织的政策与规定　在制订项目集成计划时必须充分考虑项目组织（包括业主/客户）的方针、政策和规定，并将其作为项目计划编制的依据之一。

12.3　项目计划管理的原则与过程

12.3.1　项目计划管理的原则

项目计划管理作为项目管理的重要阶段，在项目中起承上启下的作用，因此在制订过程中要按照项目总目标、总计划进行详细计划。计划文件经批准后作为项目的工作指南。项目计划管理一般应遵循以下六个原则：

1. 目的性

任何项目都是一个或几个确定的目标，以实现特定的功能、作用和任务，而任何项目计划都是围绕项目目标的实现展开的。在制订计划时，首先必须分析目标、弄清任务。因此项目计划管理具有目的性。

2. 系统性

项目计划本身是一个系统，由一系列子计划组成，各个子计划不是孤立存在的，彼此独立又紧密相关。项目计划具有系统的目的性、相关性、层次性、适应性、整体性等基本特征，是有机协调的整体。

3. 经济性

项目计划管理的目标包括项目要有较高的效率，还要有较高的效益，所以在计划中必须提出多种方案进行优化分析。

4. 动态性

这是由项目的生命周期决定的。一个项目的生命周期短则数月，长则数年，在这期间，项目环境常处于变化之中，使计划的实施会偏离项目基准计划，因此项目计划管理要随着环境和条件的变化而不断调整和修改，以保证实现项目目标，这就要求项目计划管理要有动态性，以适应不断变化的环境。

5. 相关性

项目计划是一个系统的整体，构成项目计划的任何子计划的变化都会影响其他子计划的制订和执行，进而最终影响项目计划的正常实施。项目计划管理要充分考虑各子计划间的相关性。

6. 职能性

项目计划的制订和实施不是以某个组织或部门内的机构设置为依据的，也不是以自身的利益及要求为出发点的，而是以项目和项目管理的总体及职能为出发点，涉及项目管理的各个部门和机构。

12.3.2 项目计划的过程

古语云：谋定而动。"谋"就是做计划，也就是在做任何事情之前，都要先计划。项目管理也一样，有人说项目管理就是制订计划、执行计划、监控计划的过程。项目管理泰斗科兹纳更是一针见血：不做计划的好处，就是不用成天煎熬地监控计划的执行情况，直接面临突如其来的失败与痛苦。可见项目计划在项目管理中的重要性。在大型工程项目中，项目计划的制订是件非常重要，但又非常有难度的事情。

下面以大型 TK 工程项目主计划为例。

1. 明确项目范围——输出项目 WBS

什么是项目范围？简单地说就是项目中所有要做的工作。在 TK 项目中，我们首先接触到的是客户的网络需求，我们根据其需求给出解决方案，直到投标签订合同。这时候初步明确项目的范围就是：项目要交付什么类型的设备、有多少设备、工程涉及的类型、最后要建设成一个什么样的网络、如何验收等。具体来看项目范围有两个维度：一个是关键交付点的时间维度，如每个月需要交付多少站点，叫作项目交付阶段；另一个是交付动作，这也包含两个方面，一是项目管理，二是工程实施过程，也叫作工序，交付动作就是如何来实现每个交付阶段的交付件。

一般而言 TK 项目的工程实施过程分为网规、站点获取、站点模型设计、土建设计、土建实施、电信设备安装、系统集成、移交运维。这是项目的主计划。（与此同时，项目可能还包含土建、外线等分包计划、物流计划等，叫作项目的从计划。这里主要讲项目主计划的制订）然后层层进行 WBS 分解，初始的分解就是一些关键里程碑。然后在里程碑基础上，再层层分解成项目的 1~3 层 WBS。（有些更复杂的工程也许能分解到 5 层 WBS）这里面最核心的是站点管理，将站点管理相关工作范围明确了，最好还明确各工作包之间的依赖关系，特别是各工序之间的依赖关系。

2. 定义项目组织——输出项目组织结构图

根据 WBS 分解结构，对工序进行归类，确定项目主要人员分工，确定项目组织分解结构（OBS），同时明确项目责任矩阵——RAM 矩阵，与项目组运作机制，如问题升级、例会等制度或流程。对于一个大型 TK 项目而言，项目成员需要确定很多部门的核心成员，并划分明确的职责，进行有效管理。

3. 将 WBS 分解成活动，并估算活动时间

根据分解的 WBS 与 RAM，按照最熟悉原则，由各模块核心成员对 WBS 进行进一步分解，分解到项目活动。（一般分解原则：该活动可以由一个人完成，工期不超过 80h）再与相关人员一起讨论，确定各项活动的基本时间。（活动时间的估算一般可以采用三点估算原则或类比估算原则）各活动时间估算完成后，找出关键路径，并与交付点进行顺推与倒推，调整活动时间与顺序，以满足交付期限。（要注意风险时间的储备）

4. 进行项目平衡，调整活动顺序及时间——输出进度计划表

前文讲了在理想的情况下，即资源足够充分的条件下，进行进度计划的制订。而在现实条件中，资源往往是个重要的约束条件。资源缺乏或者对单个资源的过度分配，都会对项目计划的执行带来极大的风险。将各资源工时按照时间的维度进行汇总，如果发现过度分配的资源，在满足交付进度的要求基础上进行资源平衡。

5. 匹配主计划与从计划

在最后确定主计划之前，一定要与正在制订的从计划进行匹配，如物流计划的到货时间点与主计划设备安装开工点的匹配、分包商交付时间点与主计划交付点的匹配，否则会出现主从计划脱节、项目计划无法执行的情况。例如，按照主计划，设备安装工程师已经到工程实施地点，而货却没有到，就容易出现窝工的现象。分包商计划与主计划不匹配，整个工程实施就无法顺畅地进行。

6. 确认项目计划，并基线化

最后的项目计划一定要与重要的干系人进行确认，特别是与客户确认。如果客户有不满意的地方，要尽量协商再调整。确认后的项目计划，要作为以后项目的基线。如果有变更，就要走变更流程。计划如果没有与客户确认，就会出现客户随意变更的风险。这是大型 TK 项目经常碰到的问题。

上面的分析说明了项目的计划过程就是通过分解项目的产品范围和工作范围，并为其合理安排相应资源的过程，如图 12-1 所示。

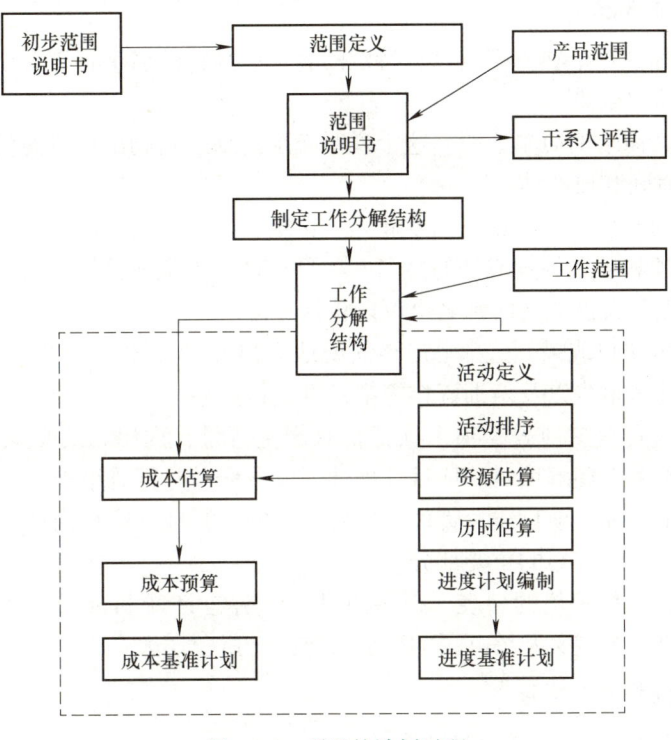

图 12-1　项目的计划过程

12.3.3　项目计划管理的结果

项目计划可以是概括的或详细的，可以包含一个或多个辅助计划。辅助计划包括范围计划、需求计划、进度计划、成本计划、质量计划、过程改进计划、人力资源计划、沟通计划、风险计划、采购计划、干系人计划等。项目计划管理要从整体上对所有子计划进行管理。

在项目工作中，实际上需要两种计划，即关于技术工作的计划和关于管理工作的计划。项目文件会影响项目管理工作，但不属于项目管理计划，除了极少数非文件类的成果（如确认的可交付成果、验收的可交付成果等）以及属于项目管理计划的内容以外，在项目管理过程中所产生的项目文件（如工作绩效报告、变更日志等）都是项目文件的组成部分。项目文件中既有计划阶段的编制文件，也有执行和监控阶段产生的文件，如工作绩效信息和绩效报告。

正如项目都是特定的，项目计划也都是特定的。一个涉及若干人、若干月的小项目，可能会有这样一个项目计划：仅包含一个项目章程、范围说明和甘特图。而一个涉及成百人三年多的大项目可能会有更加详尽的项目管理计划。对一个项目管理计划进行剪裁使之适合特殊项目的需求，是非常重要的。项目计划应该对工作起指导作用，所以每个项目都应该尽可能详尽。

然而，大多数项目计划有一些共同的组成部分。项目计划包括项目简介或概况、对项目如何组织的描述、项目中采用的管理和技术方法，以及将要进行的工作进度安排和预算。

1. 项目简介或概况

（1）项目名称　每个项目都应该有特定的名字。独特的名字将有助于区别每个项目并避免相关项目之间的混淆。

（2）项目及其需求的简单说明　这个说明必须清晰地勾勒出项目的目的和理由，并且包括一个粗略的时间和成本估计。

（3）发起人的姓名　每个项目的发起人，包括其姓名、头衔以及联系方式。

（4）项目经理和项目关键成员的姓名　项目经理通常是项目信息的联系人。根据项目的规模和性质特点，关键成员的姓名也可以包括在内。

（5）项目的可交付成果　这部分应该简要地列出并且描述项目将要产出的部分产品。软件包、硬件、技术报告以及培训资料等都是可交付成果。

（6）重要参考资料的列表　很多项目都有产生背景，列出与之相关的重要文档或会议，将帮助项目干系人理解项目。项目管理计划应该参考并且总结项目范围管理、项目进度管理、项目成本管理、项目质量管理、项目人力资源管理、项目沟通管理、项目风险管理，以及项目过程管理计划的重要部分。

（7）关于定义及缩略语的列表　很多项目，特别是 IT 项目涉及一些特殊行业或技术的特殊术语，提供一个定义及缩略语的列表将有助于避免误解。

2. 对项目如何组织的描述

对项目如何组织的描述应该包括以下信息：

（1）组织结构图　除了项目发起人公司以及客户公司（如果有一个外在客户的话）的组织结构图之外，还需要有一个展示负责人、职责，以及项目沟通的项目组织结构图。

（2）项目责任　项目计划的责任部分应该描述项目的主要功能、活动，并且区分负责这些功能和活动的人。一个责任分配矩阵是用于展示这些信息的常用工具。

（3）其他组织或与过程相关的信息根据项目的性质特征，可能需要把项目必须遵循的主要过程载入文档。例如，如果项目涉及发布一个主要的软件升级包，那么该文档将帮助项目中的每一个成员看到涉及这一过程关键步骤的图表或者时间表。

3. 项目中采用的管理和技术方法

项目管理计划中描述管理和技术方法的部分应该包括下列信息：

（1）管理目标　理解高层管理关于项目的观点是非常重要的，明确项目应该优先照顾哪些方面，以及主要的假设或约束。

（2）项目控制　这部分描述如何监管项目进度及处理变更。例如，有月状态检查和季度进度评审吗？有特殊的表格或图表来监控进度吗？项目将会使用挣值管理来评价和跟踪绩效吗？变更管理的流程是怎样的？需要什么样的管理级别来批准不同类型的变更？

（3）风险管理　这部分简要地陈述项目团队将如何识别、管理并控制风险，如果项目中需要这一部分，就应该参照风险管理计划。

（4）项目人员安排　这部分描述项目所需人员的数量和类型，如果需要这一部分的话，应该参照人员管理计划。

（5）技术过程　这部分描述项目可能会使用的特殊方法，并解释如何记载信息。例如，很多 IT 项目遵循特殊的协同软件开发方法或使用特别的计算机辅助软件工程

(CASE)工具。很多客户还要求技术文档有一些特殊格式。在项目管理计划中澄清这些技术过程是非常重要的。

4. 将要进行的工作进度安排

项目计划的下一部分应该描述将要进行的工作进度安排，总的来说应该包括以下几个部分：

（1）主要工作包 项目经理通常使用工作分解结构（WBS）将项目工作分成若干个工作包，并给出一个范围说明来更详细地描述这项工作。

（2）关键可交付成果 列出并描述项目中的关键产品，还应当描述这些可交付成果的质量预期。

（3）与其他工作相关的信息 这一部分突出项目中与工作表现有关的关键信息。例如，列出项目中使用的特殊硬件或软件，或者遵循的某些规范。还应该记载在定义项目工作时所做出的主要假设。

1）总体进度。根据项目的规模和复杂性，总体进度可能会仅列出关键可交付成果和计划完成它们的日期。对于更小的一些项目，总体进度可能会在一张甘特图中包括所有的工作以及相关日期。

2）详细进度安排。这部分给出更详细的项目进度信息。应该参照进度管理计划并讨论项目活动之间的依赖关系对项目进度可能造成的影响。例如，该部分可能会解释在一个外部机构提供资金之前项目中的一个主要工作是不能启动的。一个网络图可以解释这些相互依赖关系（参见项目时间管理）。

3）与其他进度有关信息。在准备项目进度时通常需要做出许多假设，这部分应该记载一些主要的假设并强调与项目进度有关的其他重要信息。

5. 项目计划的预算

（1）概要预算 概要预算要对整个项目的总体预算有一个估计，还可以按特定的预算种类给出每月或每年的预算估计。对这些数字给出一定的解释和说明是十分重要的。例如，总预算是固定的，还是依据未来3年预测的成本所做出的一个大致估算？

（2）详细预算 这部分需要总结成本管理计划的有关内容，给出较为详细的预算资料。例如，每年预估的项目固定和变动成本各是多少？项目预计的经济收益是多少？项目工作需要哪些类型的人员？成本又是如何计算的？

（3）与项目预算有关的其他信息 这部分需要记录一些主要假设条件并重点说明与项目预算有关的其他重要信息。

12.4 项目管理技术及网络图

12.4.1 项目管理技术

1. 分析技术

根据可能的项目或环境变量的变化，以及它们与其他变量之间的关系，采用分析技术来预测潜在的后果。

（1）回归分析　回归分析是确定两种或两种以上变数间相互依赖的定量关系的一种统计分析方法。

（2）分组方法　根据研究的目的和客观现象的内在特点，按某个或几个标识把被研究的总体划分为若干个不同性质的组，使组内的差异尽可能小，组间的差异尽可能大。

（3）根本原因分析　根本原因分析（RCA）是一项结构化的问题处理方法，用以逐步找出问题的根本原因并加以解决。常用根本原因分析的工具有因果图、头脑风暴法、因果分析（鱼骨图）等。

（4）预测方法　假设情景分析、模拟（蒙特卡洛分析）等。

（5）失效模式与影响分析（FMEA）　FMEA是一套流程和工具，在概念和设计等早期阶段，识别产品或过程的可能失效情形，以及造成的影响，对失效原因进行排序，制定和落实应对措施。

（6）故障树分析（FTA）　故障树分析技术是美国贝尔电报公司的电话实验室在1962年开发的，它采用逻辑方法，形象进行薄弱环节和风险等危险的分析工作，特点是直观、明了、思路清晰、逻辑性强，可以做定性分析，也可以做定量分析。

（7）储备分析　在进行项目活动持续时间估算时，需要考虑应急储备（有时称为时间储备或缓冲时间），并将其纳入项目进度计划中，用来应对进度方面的不确定性。应急储备是包含在进度基准中的一段持续时间，用来应对已经接受的已识别风险，以及已经制定应急或减轻措施的已识别风险。应急储备与"已知—未知"风险相关，需要加以合理估算，用于完成未知的工作量。应急储备可取活动持续时间估算值的某一百分比、某一固定的时间段，或者通过定量分析来确定，如蒙特卡洛模拟法。随着项目信息的明确，可以动用、减少或取消应急储备。应该在项目进度文件中清楚地列出应急储备。

也可以估算项目所需要的管理储备。管理储备是为管理控制的目的而特别留出的项目时段，用来应对项目范围中不可预见的工作。管理储备用来应对会影响项目的"未知—未知"风险。管理储备不包含在进度基准中，但属于项目总持续时间的一部分。依据合同条款，使用管理储备可能需要变更进度基准。

（8）趋势分析　趋势分析又称趋势预测法，检查项目绩效随时间的变化情况，以确定绩效是改善还是恶化，具体包括趋势平均法、指数平滑法和直线趋势法。

（9）挣值管理　挣值管理是一种与速度、技术绩效有关的资源规划管理技术。挣值测量涉及三个关键值，即已安排工作的预算费用、已完成工作的预算费用和完成工作的实际费用。通过这三个基本值的对比，可以对项目的实际进展情况做出明确的测定和衡量，有利于监控项目，也可以清楚地反映出项目管理和项目技术水平的高低。

2. 项目管理信息系统

项目信息沟通与管理是一项重要管理活动。项目管理信息系统是监控项目工作的一种重要方法和工具。项目沟通与信息管理是对项目监控中各种工作发展变化情况的数据、情报、资料（包括原始记录、统计分析、技术分析等）的加工与使用管理。项目管理信息系统是对项目信息进行收集、加工、存储、传递的系统，是项目监控工作中使用的一种手段和方法。

3. 会议

在监控项目工作过程中，需要定期或不定期地举行项目情况评审会议，以交换项目实施情况和管理问题与意见。对于大多数项目而言，情况评审会议可以按不同的频率（间隔时间）和不同的管理层次召开。例如，项目管理者可以每周召开一到两次项目情况评审会议，而项目团队一般成员可以每月开一或两次会议。项目情况评审会议的决议和纪要是项目工作监控的重要指导文件，是监控项目工作的依据之一。

4. 专家判断法

专家判断法的种类主要有个人判断法、专家会议法、头脑风暴法和德尔菲法。

（1）个人判断法　个人判断法主要依靠个别专家对预测对象未来发展趋势及状况做出专家个人的判断。

（2）专家会议法　专家会议法是指依靠一些专家，对预测对象的未来发展趋势及状况做出判断而进行的一种集体研讨形式。

（3）头脑风暴法　头脑风暴法是通过专家间的相互交流，引起"思维共振"，产生组合效应，形成宏观智能结构，进行创造性思维。

（4）德尔菲法　德尔菲法是根据有专门知识的人的直接经验，对研究的问题进行判断、预测的一种方法。

12.4.2　网络图

网络图是项目时间管理中用于表示项目活动之间依赖关系的工具。它以节点和箭头表示活动和活动之间的关系，有助于项目经理确定关键路径和优化项目计划。网路图有两种表示方法，分别是箭线图法和节点图法。

1. 箭线图法

箭线图法（Arrow Diagramming Method，ADM），又称双代号网络图法，它是用箭线代表活动，用节点表示活动之间的关系。双代号网络图由工作、节点、线路三个基本要素组成。

（1）工作（活动、作业或工序）　在双代号网络图中，工作用一根箭线和两个圆圈来表示。工作的名称写在箭线的上面，完成工作所需要的时间写在箭线的下面，箭尾表示工作的开始，箭头表示工作的结束。圆圈中的两个号码代表这项工作的名称。

在顺序关系中，只有当一项工作在另一项工作完成以后方能开始，并且中间不插入其他工作，则称另一项工作为该工作的紧前工作；反之，只有当一项工作在它完成以后，另一项工作才能开始，并且中间不插入其他工作，则称另一项工作为该工作的紧后工作。

工作通常可以分为两种：第一种为需要消耗的时间和资源，用实箭线表示；第二种为既不消耗时间也不消耗资源，则称为虚工作，用虚箭线表示。虚工作是人为的虚设工作，只表示相邻前后工作之间的逻辑关系。

引入虚工作的三种情况如下：

1）平行作业。当从某个节点出发有两道以上的平行作业，并且它们均要在完工之后才能进行下道工作时，则必须引用虚工作。例如，在图12-2a中，虚工作a、b工作平行作业完工后转入c工作。选择a、b两项工作中时间较长的一道工作与下一道工作衔接，而其他工作则通过虚工作与下一道工作衔接。

2）交叉作业。对需要较长时间完成的相邻几道工作，只要条件允许，可不必等待紧前工作全部完工后再转入下一道工作，而是分批、分期地将紧前工作完成的部分工作转入下一道工作，这种方式称为交叉作业，如图 12-2b 所示。

3）工作 a、b 平行作业，当工作 a 完工后，工作 c 开始；而当工作 b、c 完工后，工作 d 开始，如图 12-2c 所示。

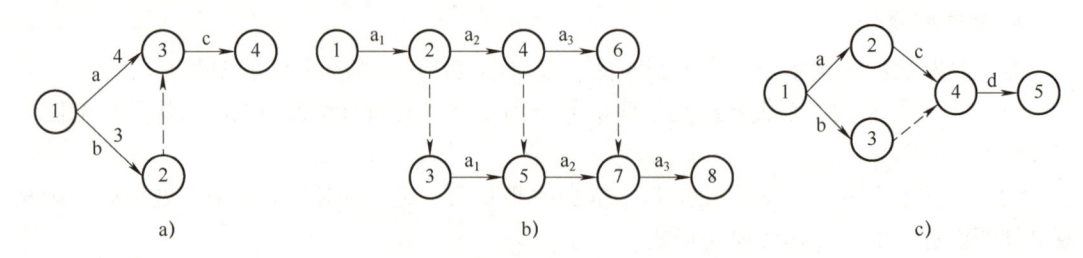

图 12-2　虚工作的三种情况

a）平行作业　b）交叉作业　c）工作 a、b 平行作业

(2) 节点（结点或事件）　在网络图中，箭线的出发和交汇处画上圆圈，用以标志该圆圈前面一项或若干项工作的结束和允许后面一项或若干项工作开始的时间点称为节点。在双代号网络图中，节点不同于工作，它不需要消耗时间或资源，它只标志着工作的结束和开始的瞬间，起着连接工作的作用。

起点节点是指网络图的第一个节点，表示执行项目计划的开始，没有内向箭线。终点节点是指达到了项目计划的最终目标，没有外向箭线。除起点节点和终点节点外，其余称为中间节点，它既表示完成一项或几项工作的结果，又表示一项或几项紧后工作开始的条件。

(3) 线路　在网络图中，从起点节点开始，沿箭线方向连续通过一系列箭线与节点，最后到达终点节点的通路称为线路。

网络图的编制过程其实就是网络模型的建立过程。它是利用网络图编制网络计划，以实现对项目时间及资源合理利用的第一步。

双代号网络图的绘制原则如下：

1）必须正确地表达各项工作之间的相互制约和相互依赖关系。

2）网络图应只有一个起点节点和一个终点节点（多目标网络计划除外）。除终点节点和起点节点外，不允许出现没有内向箭线的节点和没有外向箭线的节点。如图 12-3a 所示就为错误的情况。

3）在网络图上，除了起点和终点外，其他所有事件前后都要用箭线连接起来，不可中断，在图中不可有缺口。如图 12-3b 所示就为错误的情况。

4）网络图中不允许出现从一个节点出发顺箭线方向又回到原出发点的循环回路。如图 12-3c 所示就为错误的情况。

5）在网络图中不允许出现重复编号的节点。一条箭线和其相关的节点只能代表一项工作，不允许代表多项工作。

6）网络图中的箭线应保持自左向右的方向，不应出现箭头向左或偏向左方的箭线。

7）网络图中不允许出现没有箭尾节点的箭线和没有箭头节点的箭线。

8）网络图中所有节点都必须有编号，并应使箭尾节点的代号小于箭头节点的代号。

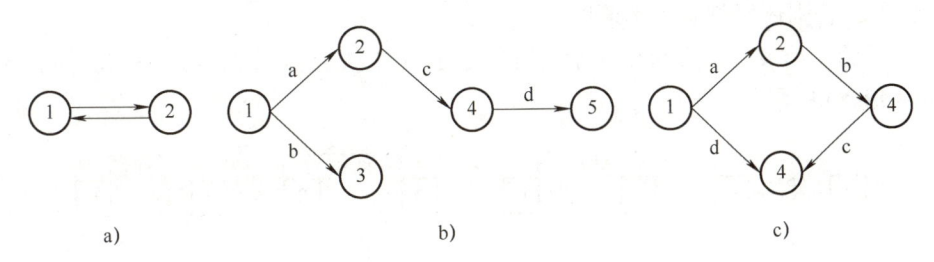

图 12-3 双代号网络图的几种错误情况

双代号网络图的绘制步骤如下：
1) 根据已知的紧前工作确定出紧后工作。
2) 从左到右确定出各工作的起点节点位置号和终点节点位置号。
3) 根据节点位置号和逻辑关系绘出初步网络图。
4) 检查逻辑关系有无错误，如果与已知条件不符，则可加虚工作加以改正。

2. 节点图法

节点图法（Precedence Diagramming Method，PDM）又称为顺序图法或单代号网络图法。节点图用节点表示活动，用箭线表示事件，其中箭线仅表示各个活动之间的先后顺序，所以称为单代号网络图，见图 12-4。单代号网络又可分为普通单代号网络和搭接网络。

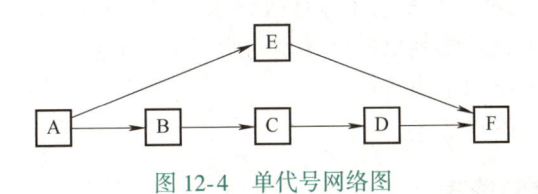

图 12-4 单代号网络图

在使用单代号网络图的过程中，当有多个活动不存在前导活动时，通常就是把它们表示成从一个叫作"开始"的节点引出。类似地，当多个活动没有后续活动时，通常把它们表示成在一个叫作"终止"的节点上。

相邻两项工作同时开始即为平行关系。如相邻两项工作先后进行即为顺序关系。如果前一工作结束，后一工作马上开始，则为紧连顺序关系。如果后一工作在前一工作结束后隔一段时间才开始，则为间隔顺序关系。

在单代号网络中，活动之间的依赖关系包括四种类型：

（1）结束—开始　A 活动必须结束（或 A 活动结束延迟一定时间），然后 B 活动才能开始，如图 12-5a 所示。例如，在装修项目中，地面水泥施工后（延迟 1~2 天水泥干透），才允许铺设木地板。

（2）开始—开始　B 活动开始前 A 活动必须开始（或 A 活动开始延迟一定时间），如图 12-5b 所示。例如，对于某一项目管理活动，时间管理活动开始时，成本管理必须开始，至少要同时开始。

（3）结束—结束　A 活动结束前（或 A 活动需要提前 B 活动结束一定时间），B 活动必须结束，如图 12-5c 所示。例如，厨房装修时，热水器输水管的安装必须在厨房粉刷完毕之前结束，否则还要打洞弄坏墙壁。

（4）开始—结束　B 活动在 A 活动开始之前（或 A 活动开始延迟一定时间）不能结束，如图 12-5d 所示。

```
  ┌─┐ FST ┌─┐      ┌─┐ SST ┌─┐      ┌─┐ FFT ┌─┐      ┌─┐ SFT ┌─┐
  │A│────▶│B│      │A│────▶│B│      │A│────▶│B│      │A│────▶│B│
  └─┘     └─┘      └─┘     └─┘      └─┘     └─┘      └─┘     └─┘
      a)                b)                c)                d)
```

图 12-5　四种依赖关系图

a）结束—开始　b）开始—开始　c）结束—结束　d）开始—结束

在节点图中，结束—开始型最常用，开始—开始型和结束—结束型是最自然的，开始—结束型完全是理论上的，现实中比较少见。

利用单代号网络建立网络图，比双代号网络图更加直观。单代号网络绘制原则如下：

在网络图中有多项起始工作或结束工作时，应在网络图的两端分别设置一项虚拟工作作为该网络图的起点节点和终点节点。

其他绘制原则与双代号网络图的绘制原则相同。其绘制步骤如下：

1）列出工作清单，包括工作之间的逻辑关系，找出每一项工作的紧前工作有哪些。

2）根据工作清单，先绘制没有紧前工作的工作节点。

3）逐一检查工作清单中的每项工作，如该工作的紧前工作节点已全部绘制在图上，则绘制该工作节点，并用箭线和紧前工作连接起来。

4）重复上述步骤，直至绘制出整个计划的所有工作节点。

5）绘制没有紧后工作的工作节点。

6）绘制起点节点和终点节点。

▶ 12.4.3　项目控制管理

项目控制是指建立一套正规的程序对项目的变更进行有效的控制，从而更好地实现项目的目标。

当项目的某些基准发生变化时，项目的质量、成本和计划从而发生变化，为了实现项目目标，就必须对项目发生的各种变化采取必要的应变措施，这种行为称为项目变更。项目变化是指项目的实际情况与项目基准计划发生偏差的状况。项目发生变化并不意味着项目就会发生变更。项目变更和项目变化的基本区别就在于对项目变更要采取必要的措施，而对项目变化可能不必采取措施。

在项目实施中，项目的目标、范围、计划、进度、成本和质量等每个方面都会发生变更，所以需要对这些方面的变更进行总体的控制。虽然项目实施中的变更都需要通过开展单项变更的专项管理予以控制，但是有关这些单项变更对于项目其他方面的影响必须通过项目变更的总体控制予以解决，由此来协调和管理好一个项目各个方面的变更和全体项目相关利益者所提出的各种项目变更要求。图 12-6 给出了项目整体控制所涉及的相应内容：

由图 12-6 可以看出，项目控制涉及项目范围控制、项目进度控制、项目成本控制、项目质量控制、项目风险控制、项目合同控制等专项控制。项目控制通常要求做到以下三点：

1. 保持原有绩效度量基准的完整性

保持原有绩效度量基准的完整性，是指当项目的目标或计划等要素发生变更时，项目的绩效度量标准要尽可能地保持不变，以保全原有项目绩效度量基准的完整性。因为项目绩效度量基准是成体系和经过验证的，如果变更就会出现不匹配和不科学等方面的问题。

2. 保证项目产出物的变更与项目计划任务变更的一致性

保证项目产出物变更与项目计划任务变更的一致性，是指当项目产出物需要变更时，在这种变更获得确认的同时，必须将这种变更反映在项目的集成计划和专项计划的变更之中，必须在项目整体计划和专项计划中说明和体现项目变更所带来的工作和计划的变化。

3. 统一协调各个方面的变更要求

统一协调各个方面的变更要求是指对于各方面的变更要全面地协调和控制其实施。例如，对于项目工期进度和成本等方面的变更会直接影响到项目的风险特性和项目产出物的质量等，必须统一协调这些方面的变更，以便实现项目变更的整体控制。

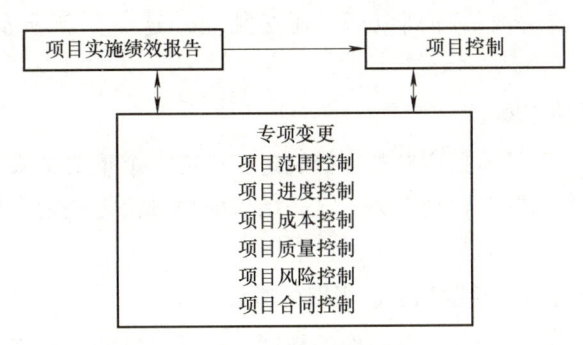

图 12-6　项目变更的整体控制示意图

12.4.4　实施控制的原则与所需信息

1. 实施控制的原则

为了对项目进行有效控制，成功地实现项目的目标，项目变更应遵循以下原则：

1）把项目变更融入项目的计划中去。
2）选择影响最小的方案。
3）在准备变更申请和评估之前必须与项目经理商讨所有的变更。
4）及时地发布项目的变更信息。

2. 实施控制的所需信息

（1）项目的各种计划　项目的各种专项计划、项目的集成计划等都是项目变更总体控制的基线，所以它们都是项目变更整体控制所需的主要信息。

（2）项目的绩效报告　项目的绩效报告提供了项目实施实际情况的数据和资料，揭示了项目实施中的问题和可能出现的变更问题，所以也是项目变更整体控制所需的主要信息。

（3）项目变更的要求　项目变更的要求可以是由项目业主/客户提出的，也可以是由项目组织提出的。不管是谁提出的项目变更要求，都是项目变更整体控制所需的重要信息。

12.4.5　整体变更控制的结果

项目控制给出的结果主要包括以下五个方面：

1. 批准的变更请求

批准的变更请求应通过在指导和管理项目工作的过程中实施。

2. 变更日志

变更日志用来记录项目过程中出现的变更情况，包括：曾被否决的变更请求，变更对项目时间、成本和质量等的影响程度，全部变更请求的处理结果。

3. 更新的项目计划

更新的项目计划是指对原有项目集成计划、专项计划及其相应的支持细节等所做的修改和更新的结果。在更新项目计划以后，还必须通知这一更新涉及的各个项目相关利益者。

4. 项目变更的行动方案

项目变更的行动方案是项目变更整体控制过程中的一个重要结果，它给出了下一步在项目变更整体控制所要采取的行动方案。这一结果应该尽快传递给变更行动的执行者，并充分监视这些变更行动方案的实施结果。

5. 项目实施中所发现的问题和应该吸取的教训

项目实施中所发现的问题和应该吸取的教训，包括项目变更原因的说明、对所选用变更行动方案的说明，以及变更所带来的经验和教训。这些都需要用文件的形式记录下来，并作为项目变更整体控制结果之一保存起来，以供今后的项目参考和借鉴。

12.5　项目管理软件

一个项目无论大小，都需要一款高效且实用的项目管理工具对项目流程进行把控，及时共享工作文档，从而让工作变得更有效率。

项目管理软件可用于项目计划、时间管理、资源分配和变更管理，并且能以准确、可预测和可盈利的方式保证项目有序进行。选择一款优质的项目管理软件对项目管理人来说很重要。本节介绍12款实用项目管理软件。

12.5.1　Omniplan

Omniplan目前有Mac OS和iOS两种版本，可用于Mac电脑、iPhone和iPad，并已实现多终端的数据同步，是一款功能强大的项目管理软件。它提供自定义检视表、阶层式的纲要模式、成本追踪、里程碑、任务限制与相关性、资源分配、时程控制、Gantt图表、违反事项显示、关键路径等功能。除此之外，可直接运行Microsoft Project文件，可导入

Microsoft Project 的 XML 和 Fasttrack Schedule 文件，同时还能输出 iCal、CSV、MPX、XML、HTML 等格式的文件，用于辅助各项功能。

12.5.2 Microsoft Project

Microsoft Project 是负有盛名的项目管理工具软件，凝集了许多成熟的项目管理现代理论和方法，可以帮助项目管理者实现时间、资源、成本的计划、控制。Project 和其他 Office 软件有很好的默契，因此拥有一定的用户黏性。

Microsoft Project 拥有众多的参考资料和培训课程，能帮助用户更好地了解软件的功能。无论是项目管理、资源管理还是项目组合管理，Microsoft Project 都提供了一个全面的工具。

12.5.3 Zoho Projects

Zoho Projects 是 Zoho 创建的协作和项目管理工具，它可规划项目，分配任务和进行有效沟通。在项目管理过程中可以跟踪和测试问题，同时可与 Google、Zapier、GitHub、Dropbox 等第三方应用轻松集成。

12.5.4 Redmine

Redmine 是用 Ruby On Rails 开发的一款基于 Web 的项目管理软件，可用于 Windows、Linux 和 Mac OS 系统。它不但支持多项目管理，而且集成了项目管理所需的各项功能，更有不少自己独特的功能，如集成 Perforce、SVN、CVS、TD 等版本的管理系统和 Bug 跟踪系统。此外，Redmine 提供可进行事件、时间追踪的输入和提示系统，可进行项目讨论的论坛。

Redmine 的特色功能有：
1) 多项目支持，可在 Redmine 平台上管理多个项目。
2) 基于角色的灵活访问控制和灵活的问题跟踪系统。
3) 新闻、文档和文件管理，可独立设置 wiki 和讨论区。
4) 配置甘特图、日历、时间追踪功能，并可添加自定义属性。
5) 支持多种 LDAP 认证方式。

12.5.5 Podio

Podio 适用于定制和需要 CRM 功能的大型团队或企业。Podio 应用程序将项目和工作流程分解为易于管理的部分，提供可视化报告，可以清楚地掌控团队的工作进度，并可为每个团队成员管理、分配、指导和自动化工作流程，以实现更紧密的协作。

Podio 的特色功能有：

（1）可定制　Podio 拥有广泛的定制选项，可以改变模块的工作方式。

（2）内置 CRM　拥有客户信息管理、行程跟踪、潜在客户跟踪，以及 CRM 中的其他关键功能。

（3）员工管理　拥有一流的员工管理支持，允许在单个场所管理费用、假期和活动流等。

(4) 项目管理 可将电子邮件链接到任务、规划 Scrum 项目等。

12.5.6　Freedcamp

Freedcamp 是较为传统的项目管理工具。Freedcamp 允许单个或多个用户进行协作,并可添加多个项目。相对于其他类型的项目管理软件,Freedcamp 更专注于任务列表,将较大的任务拆分为子任务,可帮助保持任务的高度关联性,并保证任务的私密性。

12.5.7　Teamweek

Teamweek 是可视化团队项目管理软件,它支持 Basecamp 或 Trello 等其他项目管理工具的导入;可通过 Google Chrome 扩展程序发送任务;能切换集成以进行时间跟踪,并将任务组织到文件夹中。Teamweek 允许用户创建项目路线图、项目长期计划概要,查看团队的当前进展,设置团队项目时间表、近期工作计划、更长期的计划、工作安排,以及更多与团队分享相关的信息。为最多 5 个用户的团队提供免费的基本计划,如果团队成长并需要高级功能,则可以切换到付费计划。

12.5.8　Basecamp

Basecamp 是一款老牌的项目管理软件,通过将团队协作需要的工具集成到自身,让每个成员都能实时了解和跟进项目,它还包括实时聊天、留言板、待办事项、安排日程和进行文档管理等功能。Basecamp 提供项目管理中的常用工具,且用户少于 20 人免费,对于小团队来说是一款值得使用的项目管理工具。

12.5.9　Meister Task

Meister Task 是一个非常直观的在线任务管理器,它使用智能集成和任务自动化让团队工作更加高效。有了新的接入口,团队甚至可以把 Trello 板直接转换为漂亮的敏捷项目,并且只需要单击就可以实现工作流程自动化。

Meister Task 拥有极高的用户评价,它为团队提供了一个可定制的平台,能实现可视化、优化甚至自动化工作流程。相比于其他软件,Meister Task 还拥有如下优点:

1) 可定制的项目板。
2) 可以集成很多工具和平台,例如谷歌 Drive、Dropbox、GitHub 等,还可以连接到集体研讨应用。
3) 内置时间跟踪,可跟踪每个任务花费的时间,团队成员可以根据时间进行统计和报告。
4) 可以无缝连接 Trello,可以导入 Trello 所有板块,并且可以直接开始使用。

12.5.10　Scoro

Scoro 是一个基于云的业务管理软件。它的目标是中小型企业,主要是那些从事广告、咨询、信息技术和其他领域的企业。相比于其他软件,Scoro 具有以下特征:

1) 使用无限制的项目计划和跟踪工作。
2) 通过单一解决方案帮助管理业务。

3）可以与 Outlook Google 和 iCal 等日历应用程序无缝集成。

4）与 Mailchimp 连接可同步邮件列表。

12.5.11　Teamwork

Teamwork 是一种易于使用、快速的项目管理系统之一。它能减少不必要的会议并快速完成任务；允许与 Hotmail 的 Gmail、Dropbox 和云端硬盘集成；可以计划和跟踪团队的进展。Teamwork 是一个简单的工具，允许最大化项目管理流程。

12.5.12　Clarizen

Clarizen 是基于 Web 的项目管理软件，帮助项目经理计划、测量、估计、寻源、执行、计划和监控所有活动。它是一个灵活的、可扩展的解决方案，提供了项目组合管理、项目计划、文档管理、模板、资源管理、变更请求和案例管理、社会协作、任务管理、预算和费用管理、财务管理，以及可定制的报告仪表板。Clarizen 还提供企业级安全网络研讨会、在线直播和现场培训、电子邮件、风险管理和 Clarizen 面板。

项目管理工具不但提高了团队的生产力和效率，而且为组织应对高影响项目带来的变化做好了准备。为了达到最佳状态，需要充分利用针对业务智能和分析、业务需求、变更管理和项目管理，以及大量表单和模板的工具，用最适合的工具集，处理分析、需求、变更和跟踪项目进展，可以帮助项目经理以最佳的状态执行任务。

思考题

1. 什么是项目管理？怎么理解这一概念？它与一般管理有何不同？
2. 项目管理有哪些原则？
3. 常用的项目管理技术有哪些？
4. 网络图的含义是什么？它在项目管理中有何用途？
5. 网络图中的箭线图和节点图的主要区别是什么？
6. 实施项目控制的原则有哪些？为什么要实施整体变更控制？
7. 有哪些常用的项目管理软件？

第 13 章

供应链管理

13.1 供应链的定义

早在 20 世纪 80 年代，美国著名管理学教授迈克尔·波特（Michael Porter）提出"价值链"（Value Chain）理论开始，世界各地的研究人员就针对这一领域开展了持续的研究学习。但是学界对于供应链的定义还没有形成统一的观点。

甘尼香（Ganeshan）和哈里森（Harrison）认为：供应链是一种物流分布选择的网络工具，它发挥着获取原材料、把原材料转化成中间产品或最终产品，以及把产品分销给消费者的作用。

马士华指出：供应链是围绕核心企业，通过对信息流、物流、资金流的控制，从采购原材料开始，制成中间产品以及最终产品，最后由销售网络把产品送到消费者手中的，将供应商、制造商、分销商、零售商直到最终用户整合成一个整体的功能网络结构模式。

美国生产与库存控制协会（APICS）认为：供应链是一种全球性的网络，通过精心设计的信息流、物流和资金流，从原材料开始直到把产品和服务交到客户手中。

综合上述定义，我们可以认为：供应链就是通过物流、资金流和信息流联系起来的从供应商到制造商、分销商、零售商直至最终消费者的联合体。它将物料供应、制造生产、产品分销及零售、消费者购买关联成一个完整的价值链功能网络。完整的供应链体系应包括物料供应企业、产品制造企业、分销商、零售商以及消费者。供应链就是从用户需求到最终用户的一个闭环链条。

与供应链相关的还有三个经常被提起的概念，即产业链、供需链、价值链。事实上，供应链与产业链、供需链、价值链是有区别的。前面已经定义了供应链。通常认为，产业链是指在时空布局上具有技术与经济关联性的不同产业之间所形成的网络。供需链是指供应链中，上下游成员企业的供需网络。注意，从字面上看，供需链比供应链的含义更广一些，实则恰恰相反。供应链比供需链的含义更广，供应链不但明确了上下游成员企业的业务往来、资金与信息流动，而且明确了上下游成员企业的价值创造过程。价值链这一概念在 1985 年就由迈克尔·波特提出。价值链是指供应链中，上下游成员企业的价值创造的网络。

13.2 供应链管理的定义

如上所述，为了满足消费者的需求，通过供应链建立了零售商、分销商、制造商、供应商之间低成本、高效率、多方共赢的业务联系。《哈佛商业评论》率先刊登了有关供应链管理相关的论文。随着时代的发展，越来越多的学者也开始研究供应链管理的相关理论。

季建华等认为：供应链管理是将供应端、制造端通过物流管理进行统筹协调，以达到市场需求为最终目标进行物流管理并保障成本降低的管理方式。约翰·托马斯·门泽尔（John Thomas Mentzer）等对供应链管理的概念与内涵进行了系统的阐述。他们将供应链管理定义为：对供应链内传统的企业功能和这些功能所涉及的特定企业内部和企业之间的策略进行系统的战略协调，以达到提高特定企业和供应链整体长期绩效的目的。

马士华认为：供应链管理就是实现供应链最小成本的运作。制造企业的供应链是一个整体的功能性价值链，通过管理和协调，实现物料采购供应、运输、验收储存、付款的集成，保障供应链中每个环节的高效运转，最终实现整个供应链的高效运行，完成成本效益的最大化。

马风才认为：供应链管理就是对供应链中的信息流、物流和资金流实行计划、组织与控制。

供应链管理过程主要包括竞争环境分析、企业现有供应链诊断、新的供应链开发与设计、供应链改进方案的实施四个阶段。

1. 竞争环境分析

竞争环境分析是指在开始供应链管理之前对制造企业所处市场环境进行分析，通过调查、观察等方式收集关于竞争市场的准确数据，了解"消费者需要什么""每个需要权重分别是多少"等问题，并且根据收集到的信息对企业的产成品特征进行重要性排序。这是完成供应链管理的起点，也是决定管理质量的重要步骤。

2. 企业现有供应链诊断

在完成产品市场特征的识别之后，就要运用合适的方法和技术手段对企业现有供应链管理流程进行诊断，目前主要运用的分析技术是由惠普公司发明的 WINO 模型和 SCAT 分析法，以及精益管理常用的价值流程图等。

3. 新的供应链开发与设计

通过供应链管理流程诊断，找出供应链管理过程中的薄弱环节，有针对性地进行改进，这就是开发与设计新的供应链环节需要做的工作。针对库存、物流、制造、信息化等领域进行改进，充分运用前面两个阶段工作的成果，确保改进成果更加满足市场需求、企业自身能力，提高供应链效率并增强供应链应对市场变化的应变能力和创新能力。

4. 供应链改进方案的实施

完成供应链优化方案后，就要进行供应链管理最关键的一步——改进方案的实施，从战略层次、战术层次与运营层次分别进行，实现高效供应链的协调，实现企业的经营目标。战略层次上需要解决的问题主要有：确定供应链的目标和政策，为保障企业持续经营，确定供应链管理是以快速响应还是较低预算成本为管理重点；落实供应链改进的关键点；根据运营目标，构建全新的供应链组织结构轮廓，要求其可以打破原有职能、组织界限，并实现高效运转。战术层次上需要与企业战略目标保持一致，同时完成基础软硬件的配置，特别是涉及数字化转型的基础设施，如 MES、ERP 等系统的构建。运营层次上主要需要解决供应链运行中的效率问题，完成系统和程序的有效运行，并且通过绩效控制对运行情况进行评价。

13.3 高效供应链的设计与运行

13.3.1 高效供应链的含义

高效供应链是指整体绩效水平最高的供应链。以储运为例，高效供应链追求的不是简单地使某个成员企业的运输和仓储成本达到最小，而是通过协调供应链上的成员企业，达到整个供应链储运收益最高。

13.3.2 高效供应链的测评

衡量一个供应链是否高效有很多标准，但归根结底，要体现在质量、成本、交期上。这三个标准是企业竞争力的最终体现，也是供应链竞争力的最终体现。

1. 质量

质量即"一组固有特性满足要求的程度"。但是，站在供应链的高度，质量又被赋予了新的内涵。一方面，来自供应链上游（包括上游的上游）和下游（包括下游的下游）的要求具有同等重要性。另一方面，来自产品和服务的需求具有同等重要性。

2. 成本

站在供应链的高度，成本的定位便有了根本性的变化。成员企业所追求的不再是自身成本的最小化，而是整个供应链成本的最小化。例如，供应链前置仓的设置，可能会增加下游成员企业的物料持有费用，但如果能够实现供应链整体成本最低，便是一个正确的选择。

3. 交期

为提高准时交货率，就不能只盯着成员企业思考先进技术应用和管理创新，而应从整个供应链角度谋划。内外部因素、订单状态随时会发生变化，因此提高供应链的柔性以增加供应链对一切变化的响应能力，是创建高效供应链并保持其有效运行的一个重点和难点。

13.3.3 高效供应链的绩效评价指标

供应链绩效评价指标可以划分为财务指标与非财务指标，也可以划分为内部指标与外部指标或者长期指标与短期指标。供应链运营参考（Supply Chain Operation Reference，SCOR）模型给出了供应链交货的可靠性、供应链的响应性、供应链的柔性、供应链的成本、供应链的资产管理效率5类共13个评价指标。这些指标最后都反映在供应链的质量、成本、交期三个评价目标上。

13.3.4 创建并运行高效供应链的管理方法

从顶层设计上，可选择的管理方法有战略金字塔、竞争态势分析（SWOT）、宏观环境分析（PEST）、平衡计分卡（BSC）等。

从专业职能上，可选择的管理方法有客户关系管理（CRM）、供应商关系管理

（SRM）、业务流程再造（BPR）、质量功能展开（QFD）、全面质量管理（TQM）、6σ、全员生产维护（TPM）、物料需求计划（MRP）、企业资源计划（ERP）等。

13.3.5 高效供应链的创建与运行的条件

1）基于推、拉协同的营销与订单管理、储运与物流配送、研发与流程设计、制造与过程控制、供应与采购管理五大业务流程的优化设计。以终端客户的需求为拉动，当合约形成后，实现推式的产品制造与物流配送。

2）综合考虑线上与线下业务的整合，实现工厂、配送中心及其他设施的选址与配置。在设施的选址上，必须站在全球供应链的高度。在各级配送中心的配置上，应给出中央配送中心（Central Distribution Center，CDC）、区域配送中心（Regional Distribution Center，RDC）、前置配送中心（Front Distribution Center，FDC）、中转中心（Transfer Center，TC）等的具体配置方案。

3）实现信息在供应链上下游成员企业之间的开放与共享，明确要开放与共享的信息的具体内容与范围。

4）建立利益共享与风险分担机制。高效供应链的建立与运行必然会带来供应链共同利益的提高，应根据对供应链价值创造的贡献在成员企业之间分配所获得的利益。风险总是与利益相伴相生。对可能发生的风险，应事先建立风险分担机制。

5）综合应用工业互联网、物联网、移动互联网、大数据、云计算、区块链、人工智能等技术使供应链在高水平上运行。

13.4 供应链管理的新发展

为了更好地满足消费者的多样化需求，增强供应链上各个企业的竞争力，随着信息与通信科技领域新技术的不断涌现，供应链管理呈现出新的发展趋势。

13.4.1 平台供应链

平台供应链以客户为中心、以平台为载体，上下游企业的生产、物流、销售等系统和数据可以实现集中式保密存储和个性化分布式共享，充分发挥大数据和人工智能的技术优势，通过供应链上下游之间跨组织的战略、流程、信息的协同和共享，实现平台供应链的智慧化决策、聚集性资源整合、智能化风险预测和控制。此外，通过平台可以实现供应链内部资源与外部组织之间的动态交换和演化。平台供应链具有以下有别于传统供应链的显著特征：

1. 端到端

供应链企业与客户直连直通，且以客户为中心实现跨层级互联互通；供应链信息端到端共享，全链企业协同运作，消费数据可直接服务于生产，如销售企业可以通过信息共享实现针对生产企业的反向定制。

2. 数智化

大数据、物联网和人工智能等智能技术为平台供应链智慧化决策提供支持，多主体之间的协同沟通实现智能 C2B 商务，如产品反向定制、物流智能仓配和精准营销等；平台供应链中多主体行为各异，人工智能等支撑数据集成的风险防控。

3. 复杂性

相对于传统串联供应链，全网络跨层互联互通构成指数级复杂网络，全链数据多主体集成，互联互动关系庞杂，且平台资源开放共享，社会资源可自由进出。

13.4.2 数字化供应链

IBM 公司于 2009 年提出了"智慧的未来供应链"这一概念，它从先进、互联、智能三个方面总结了供应链未来的发展方向，供应链的数字化变革由此开始。随着全球数字经济的快速发展，物联网、大数据、人工智能等数字化技术的高速演变，智慧供应链的概念逐渐被数字化供应链替代。由于这一概念仍在发展中，对数字化供应链的研究主要包括技术和管理两个层面。技术层面是指在供应链管理中增加各种数字化技术，如信息收集、存储和传输设备的应用，在技术层面帮助企业建立以大数据为基础的供应链管理模式。大量先进的数字化技术与供应链深度融合，必然会对企业的组织形式和资源结构产生影响，并激发出熊彼特式的"破坏性创造"。在这种情况下，数字资源将成为企业单独的生产要素，企业需要通过在管理层面的供应链数字化转型，为供应链赋能，使其能够充分响应各种机会和挑战。管理层面则强调在数字化技术普及的同时，进一步促进运营管理的进步，以提升供应链的敏捷性、继承性和抗风险能力等。

13.4.3 供应链韧性

供应链韧性（Supply Chain Resilience）的概念最早是在 2003 年由赖斯（Rice）和卡尼亚托（Caniato）教授提出的，其正式定义由克里斯托弗（Christopher）教授和佩克（Peck）教授在 2004 年首次提出，其将供应链韧性定义为，供应链受到干扰后能够恢复到其原始状态或更加理想状态的能力。随后，供应链韧性的其他定义也陆续被提出，目前使用较为广泛的定义为，供应链对潜在的突发事件的事前准备、在中断发生后的快速响应并从中恢复的适应能力，该定义将供应链韧性分为三个阶段：准备阶段、响应阶段和恢复阶段。

目前已有的供应链韧性度量方法主要可分为四类：①使用核心能力测度韧性，将供应链韧性分解成几个核心能力，并对这些核心能力进行打分，如供应链的灵活性、可见性和敏捷性等；②用直接的定量指标测度韧性，这类方法所用的定量指标包括供应链受到扰动后恢复到原有状态或更加理想状态所需要的时间、恢复的程度，以及恢复期内供应链绩效的损失程度等；③用具体的供应链绩效评价的定量指标测度韧性，这些指标包括客户服务水平、市场份额和中断后的财务表现等；④用拓扑指标测度韧性，这类指标主要是从复杂网络的视角来对韧性进行测度，例如在供应链网络中，供应链韧性可以表示为未导致供应链网络中断的节点或边中断的数量除以所有可中断的节点或边的数量。

与供应链韧性的定义和度量相比，关于供应链韧性的提升策略大致可分为两类：主动策略和被动策略。前者的关注点是在事前，即如何更好地防范供应链的中断；后者的关注点主要是在事后，即供应链中断后如何能够更快地恢复。

13.4.4 可持续供应链

可持续供应链将道德规范和环保实践全面整合到了具有竞争力的供应链模式中。可持续供应链管理是供应链管理中较新的子领域，也是近年来供应链领域中关注的焦点。在数字化转型和日益成熟的数字化供应链技术的帮助下，大数据管理、高级分析、人工智能，以及区块链和射频识别传感器等安全工具前所未有地提高了现代供应链的可视性，并加强了问责制。20 年前，"可持续发展"这个词几乎等同于生态保护或环境保护。但如今，可持续发展的内容更加全面。在评判供应链可持续性的时候除生态要求外，对供应链的透明度、稳定性与可循环等方面提出了更多的要求。

13.4.5 供应链生态系统

供应链生态系统是围绕数字—服务—产品包，由供应链群落的各类主体关联互动而形成的生态系统。利用数字智能技术促进生态系统中的成员融合联动，优化信息流、物流和资金流，提供复合互补、开放扩展的数字—服务—产品包以满足客户的个性化需求。

1. 供应链生态系统的环境

自然界中由于环境的不同，形成不同类型的生态系统，如草原生态系统、森林生态系统、农业生态系统、淡水生态系统、海洋生态系统，而且生态系统随着环境的变化而不断演进，持续地、动态地发生着变化。供应链生态系统也类似，基于集成的数字—服务—产品包的不同形态，形成了智能家电、智能出行、智能家庭等不同类型的生态系统。核心企业往往会构建集成平台作为生态系统形成发展的内部环境，承担了产品集成商、系统管理者和推动者的角色，协调各种不同类型的参与者，在供应链的不同环节形成丰富的、异质互补的组合。平台作为内部环境，为开发补充性产品、技术或服务提供了基础，是创造具有互补功能的数字—服务—产品包的创新环境；反过来创新也使这一环境更有价值。外部环境则是宏观经济、政策法规、产业形势等，这些对生态系统的输入和输出都会产生外部影响。

2. 供应链生态系统的基本结构

供应链生态系统的基本结构，是构成系统的要素间相互联系、相互作用的方式和秩序，决定了供应链生态系统的形成、形态和特性，表现为组件或子系统交互的功能。

3. 供应链生态系统的主要特性

（1）适应性　供应链要既能够保持相对稳定、快速响应，又有能力迅速恢复、灵活调整各个环节。适应性是一个复合概念，包括鲁棒性、敏捷性、韧性、柔性、自组织性等不同方面。

（2）涌现性　基于开放多样和价值共创，在动态结构和交互结构的共同作用下，为客户提供的数字—服务—产品包并不是简单的产品与服务的线性叠加，而是非线性关系，具有整体大于个体之和的效应。从 1 到 N 是组合式创新，或者可以称为初级涌现性。从 0 到 1 则是颠覆式创新，或者可称为高级涌现性。高级涌现性带来的颠覆性创新也需要考虑如何更好地适应生态系统。

（3）进化性　从更长的时间尺度来看，供应链生态系统内外部环境都存在着大量的持续变化，在适应性和涌现性的螺旋式上升的共同作用下，系统形成了协同进化，向着结构更复杂、功能更强大的方向变化。

思考题

1. 简述创建高效供应链的意义。
2. 简述平台供应链的含义。
3. 为什么说数字化供应链越来越有生命力？
4. 试述供应链韧性的度量方法。
5. 供应链生态系统给供应链管理带来了什么影响？

第 14 章

精益生产

14.1 精益生产概述

14.1.1 精益生产的起源

精益生产是一种起源于日本丰田汽车公司的生产方式。它于 1937 年到 1970 年之间形成，美国麻省理工学院将丰田生产方式（TPS）总结后，正式命名为 Lean Production，中国引入后将其翻译为"精益生产"。同时，在最近 30 年中，越来越多的与精益生产相关的理论和工具被总结和发表。对精益的总结就是：持续不断地识别和消除从客户下单到回收现金这一时间链上不增值活动的系统性方法论。从丰田佐吉提出的持续改善，到张富士夫提出的精益生产屋，丰田公司在 100 多年的发展和成长中不断探索，将精益生产方式呈现在世人面前。

精益生产作为一种文化、理念，能帮助企业降低生产周期和交付周期，同时提升准时交货率，提高生产效率和库存周转率；在质量上，它能显著提高一次性合格率；在成本上，它能有效降低 50%的生产成本。所以，精益生产就是在零浪费的条件下满足客户需求，基于正确的时间、正确的质量，交付客户正确的产品。因此，对于精益的具体理解可以是：只投入必要的生产要素，在客户要求的时间交给客户符合其质量要求、数量要求的产品；在生产过程中，尽量减少浪费，甚至没有浪费，从而让企业、客户都受益。

14.1.2 精益生产的概念

精益生产是以持续改善为基础，以丰田生产方式为核心，以并行产品开发和稳定快捷供应链为支撑，依据顾客需求准确定位价值，使产品从最初的设计到配送至消费者的过程中流动起来，最终实现卓越绩效的生产模式。

精益生产通常从两个维度进行理解，其中"精"字主要从产品质量维度对生产提出精益求精的目标要求；"益"字即成本，主要从生产运营成本角度衡量生产运营状态，目标是通过实现低于同行业的平均成本提升企业在市场中的竞争力，获取更大收益。以这种生产理念为指导的生产方式，是继泰勒和福特生产理念之后的第三个工业化发展管理理念的里程碑，是目前世界工业体系内具有代表性的、优秀的生产组织方式之一。其主要包含消除生产过程中的所有浪费环节和过程、充分利用生产资源、企业资源配置最优、以整体最优为目标、提高企业市场适应能力、满足客户个性化的需求、持续提升生产效率、降低成本。

精益生产作为一种从环境到管理目标都全新的管理思想，在实践中取得成功，并非简单地应用了一两种新的管理手段，而是一套与企业环境、文化，以及管理方法高度融合的管理体系，因此精益生产自身就是一个自治的系统。

精益生产模式执行一整套运营管理活动，涉及从新产品研发、明确市场定位、进行工艺设计，到生产、销售及售后服务等所有环节。精益生产的主要途径是将生产管理方法与生产制造技术相结合，充分了解市场动向，以明确投产计划，发挥主体的主观能动性，综合生产要素进行合理资源配置。精益生产的核心就是规避生产浪费及过剩生产，确保生产系统能很快适应用户需求的变化，降低生产成本，提高生产质量，最终使产品与市场相契合，消费者需求得以满足，生产工艺也不断提高和改进。

精益生产模式不需要精确的流程划分，而是注重生产过程中各流程之间的合理配合。它在更高的层面上整合了生产准备、研发和生产过程之间的关系，如图14-1所示。

精益生产的关键是生产者对其参与的过程优化和改进所采取的措施，是将人机连接到高效的运营关系中；通过给予员工高度自由，确保他们能够独立决策，以充分利用他们的改革动力；培养多技能型员工，为生产现场提供质量保证。许多学者提出了在企业中综合应用各种控制技术和方法的新思路，然而，理想化的零失败、零误差和零库存是精益生产模式坚持不懈的追求，如将 MRP/JIT/TOC、MRP/FMS 等结合的方法，在综合运用多种优势模式并统一后投入生产，使其流程系统得以优化。通过精益生产管理方式的实践可以看出，该方式若在企业生产中得以实际应用，能够有效缩减生产成本，提高流水线的工作效率，提升产品的品质，同时也可以降低各种浪费。

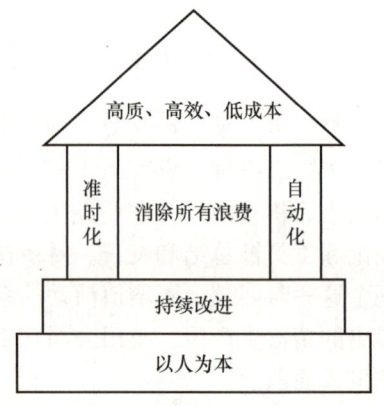

图 14-1 精益生产模式

14.2 精益生产的主要内容

14.2.1 精益生产的基本原则

精益生产的定义体现了沃麦克和琼斯确定的关于精益生产的五项原则：

1. 从客户角度来定义价值

企业应该以市场为导向、以客户需求为中心来确定价值。正确地确定价值就是以客户的观点来确定产品或服务从设计、生产到交付给客户的整个过程，并使客户的需求得到最大满足。精益生产管理就是要通过生产客户满意的高质量产品，并消除生产中的各种不必要浪费，降低成本，提高生产效率，为企业创造更多的利润，从而实现企业的价值所在。

2. 识别出价值流

在精益生产管理中，价值流是指从原材料转变为产品或服务并实现向客户交付的全部活动。在整个价值流的识别过程中，要区分哪些是生产增值的活动，哪些是生产不增值但在生产过程中必不可少的活动，哪些是可以立即移除的不增值的活动。通过对这些活动的识别和分析，区分出哪些是真正的浪费并予以消除，使创造价值的各项活动顺畅地流动起来，从而提高生产效率。为了实现精益生产管理，企业还应站在消费者的角度识别价值流，让消费者拉动价值流。同时在价值流识别过程中，整体的业绩往往取决于价值流中最薄弱的环节。

3. 价值流动

精益生产理念就是要强调创造价值的各个活动不间断地流动起来，通过不停地流动来实现其价值。与传统的观念和做法不同的是，传统生产强调的大批量生产、大量库存等阻断了各个生产活动的快速流动，精益生产管理将所有的停滞均视为浪费，它推崇的及时化生产、单件流等方法都能够很好地实现价值的流动。

4. 拉式生产

拉式生产就是以消费者的需求进行快速反应，以消费者的需求来进行生产，使生产和消费者的需求相匹配，不要生产多余的产品，避免生产过程中产生的在制品积压、前后工序等待的问题，进一步减少库存和生产环节中的浪费，从而达到降低生产成本，提高企业的经济效益的目的。拉式生产明显地降低了库存，降低了持有成本。

5. 追求尽善尽美

精益生产理念是通过持续不断的改善来追求完美，完美不仅是指生产的产品"零缺陷"，还是指以适当的价格、在正确的时间提供给消费者真正所需的产品，从而提供令消费者满意的需要的产品。尽善尽美是我们持续不断地追求的目标，虽然难以达到尽善尽美，但可以通过持续不断的改善来提高企业的竞争力。

14.2.2 精益生产的目标

精益生产的目标就是"零浪费"，要做到这一点，在日常生产运营过程中需要做到以下七个"零"：

1. "零换线浪费"

在换线时降低换线时间，以应对多品种生产的困局，通常需要运用拉式生产、数字化排产工具、经济批量、标准化作业等工具。

2. "零库存"

"零库存"即降低库存，包括在制品库存与成品库存，尽量将市场预估生产转变为接单即生产模式，避免出现由于库存导致的浪费，通常需要运用线平衡、物料 ABC 管理原则等工具。

3. "零成本浪费"

"零成本浪费"即消除生产过程中多余的、不增值的搬运、等待、制造的浪费，以提升整个流程的竞争力，通常需要运用线平衡、拉式生产、价值流程图等工具。

4. "零不良"

"零不良"即降低出现质量问题的概率，特别是批量性的质量问题；特别要注意的一点是，质量是生产来保证的；而不是通过后期检查来保证的；通常需要运用质量改善工具、先进技术辅助等工具。

5. "零故障"

"零故障"即提高设备利用率,提升设备可利用时间,消除由于设备问题导致的设备停机,通常需要运用 5S、TPM、OEE 辅助和先进技术辅助(如大数据分析)等工具。

6. "零停滞"

"零停滞"即尽量缩短交货期,在收到客户订单后快速反应,最大限度地往前压缩前置时间,以达到快速交付的目的,通常需要运用均衡化生产、柔性生产等工具。

7. "零伤害"

安全第一!不能由于赶货而无视安全,平时也需要多宣传安全的重要性,通常需要运用 5S、TPM 等工具。

14.3 精益生产的常用工具

14.3.1 准时生产管理

准时生产(Just in Time,JIT)是指生产现场的精细生产方法。它形成了一套减少原材料库存、半成品和在制品的方法和原则。JIT 最早被提出时,是通过看板管理来实现的,因而又被称为无库存生产、零库存,也有人称为超级市场生产方式等。该方式可以消除大部分生产浪费。

JIT 之所以被称为理想生产方式,一是它设定了零极限的最高标准,而在生产中,实际产量永远无法达到,却会无限接近极限,可以说进步是无止境的。反之,它也为减少库存和发现问题提供了一种持续改进的可能。持续改进不一定从"减少库存"开始。如果管理中的问题很明显,可以先解决问题,然后减少库存。如果不解决这些问题并减少库存,问题将是灾难性的,甚至会使企业陷入瘫痪。"减少库存"应该一步一步地进行,否则会造成问题聚集而无从下手。

14.3.2 看板管理

看板一词源于日本,是贴在零件或容器上的卡片或标签,也可是机器上信号灯或线头的挂牌、电子图像等。只要是能表达出各生产环节的管理信息,均可称为看板。有些基本看板可以重复使用,生产看板与运送看板是最常用的两种。目前,随着信息化的发展,接近 80% 的实体看板已经改成了电子看板。看板管理的目的是实现拉式生产,全流程实施拉式生产,保证全流程不多生产一个多余的零部件。

14.3.3 标准化作业管理

标准化作业不仅包括标准化的作业流程,还包括标准化的辅助工具以及装备的使用。标准化作业意味着,当前最佳的作业流程被员工熟知、多方达成一致、通过文档被记录和培训,以及被持续地遵守和定期监控。标准化作业的目的是通过规范作业,实现循环工作流程熟练化,实现工作透明化,使之与理想标准流程之间的偏差可视化,确保系统中的质量,确保工作过程和产品质量,识别浪费。开展标准化作业管理的主要步骤如下:

1. 工作流程设计

根据要求或前提条件为流程弄清并准备好基础数据，确保员工参与最佳工作方式的制定中。在考虑要求的情况下，通过模拟、尝试并根据任务来设计流程，同时还要考虑人机工程学的评价标准。在考虑所有关键点、细节以及操作指导的情况下，在规定的标准操作卡和系统中记录制定出来的标准。

2. 将工作流程标准化

由对内容负责的人员来制定或者修改标准作业卡，并将制定或者修改的结果通知流程的相关人员和领导。针对标准化工作流程步骤，对相关人员进行培训。

3. 识别偏差

定期检查标准化工作流程并记录遵守情况，分析偏差并确定合适的应对措施，同时检查标准是否有更新或符合当前的需要。

4. 解决问题

实施确定好的应对措施，为的是确保标准流程，如果有需要，则要制定新标准。

14.3.4 生产线平衡

生产线平衡是指依据顾客需求，分析生产过程中的动作要素，通过将各个工站的工作内容进行重新配置、调整后，按照操作时间的长短来进行合理的组合、配置，使各个工站的时间趋于一致，以消除瓶颈。在生产线上，由于各个站点或者设备的加工能力不相同，会导致产品在生产过程中出现等待的浪费，导致生产线的产出被卡在某一个或者几个站点，进而导致效率低下，产出不足。

因此，提高生产线平衡率会给生产线带来多方面的收益。首先，由于每个站点的作业时间大致匹配，那么产出的产品数量也将匹配，对应的原材料使用量将趋于平衡，对于物料供应的平衡性也有所帮助；同时，由于物料的供应需求较稳定，对应的供应产出也相对不那么复杂，因此物流甚至是供应商的生产负荷也相对较稳定，有利于整体生产效率的提升。其次，由于每一道工序，或者说每一个站点的时间大致一致，可以大幅降低在制品的库存，降低生产批量，同时消除了资金占用，杜绝了等待浪费。最后，对于柔性生产线来说，平衡率高就一定会实现均衡生产，这也会让生产线频繁切换产品，员工能够经常接触到各种产品，其对产品的熟练度大大提升，因此也能提升产品质量，特别是对于低转轮（Low Runner）的产品而言。

14.3.5 ECRSI 分析法

ECRSI 分析法即取消、合并、重排、简化和增加。该分析法能帮助生产线进行梳理，找到一些不合理的工序进行优化，达到降本增效的效果。

E：取消（Eliminate），即研究各生产动作是否有取消的可能性。如果生产时的动作，或者工序可以取消，且不影响半成品或成品的质量，或不影响生产的组装进度，就是有效的改善。例如，不产生价值的搬运、外观检验等，甚至在自动测试项目中的一些等待时间等，都应予以取消。

C：合并（Combine），即研究在流水线或者单个工位动作步骤较多的区域，是否可以将多个动作合并成一个动作，如工序、工具的合并等。在测试环节最常用的改善方法就是合并，许多测试项目可以由原来的串行测试改善为并行测试，在合并后可以有效地消除等待时间。

R：重排（Rearrange），也称为顺序替换，即研究是否可以将动作的先后顺序重新组合，优化操作顺序的改善，如前后站点的互换、左右手动作的协调改善、机器设备位置的调整、测试项目的前后顺序调整等。

S：简化（Simplify），即研究是否可以在通过对操作步骤的取消、合并、重组之后，再对该项工作进行调整，以缩短动作时间，提高工作效率。例如，对于键盘的测试，如果键盘的连接线都是在一条总线上，就可以将多个按键测试简化为一个按键测试，以降低测试时间。

I：增加（Increase），即研究是否可以在现有生产动作，或者生产线中增加新的动作、设备甚至新的站点，来提高产品质量或者增加产品功能。

14.3.6　5S 现场管理

5S 管理是五个日语单词"整理、整顿、清扫、清洁、素养"的缩写。5S 活动的目的是为员工创造一个干净、舒适、合适的工作和房间环境。

整理（seiri）：区分所有需要和不需要的地方，清理所有不必要的东西。

整顿（seiton）：生产现场所有物品必须按照要求带到指定的位置，清楚标记并整齐放置，以便正确、安全地找到它们。

清扫（seiso）：该中心旨在使工作场所和所有机器无灰尘、污染和垃圾。

清洁（seiketsu）：规范、制度化清理整顿工作的实施，形成一定的指导方针，持之以恒。

素养（shitsuke）：每个人都按照规则工作，养成良好的习惯，团队合作意识不断增强，员工对自己的进步感到满意和自豪。

14.3.7　TPM 管理

全员维护保养（Total Productive Maintenance，TPM）是帮助企业系统地、全方位地消除设备可能存在问题的一种方法，能有效提高设备利用率。它强调全员参与，对设备进行预防性和预测性管理，以减少事后维修的比例。TPM 建立在现场 5S 完备的基础上，需要企业形成自上而下、按层级进行维修保养的管理体系，改变由维保部门全权负责设备维修保养事宜这一传统模式；通过在企业内部开展技能培训，将设备的维修保养交由全体员工负责，以提升设备的有效利用时间，最终提升产出。

作为精益生产的重要组成部分，TPM 体系同样也强调人的作用。生产一线员工是接触生产线上设备最频繁的人，TPM 通过对全体员工分级培训，树立全员参与设备维修保养的理念，让不同级别的员工掌握不同深度的维修和保养技能。同时，在激励制度的辅助下，帮助全体员工对设备进行维修保养，以降低设备维修、保养、管理的成本，提高全体员工的主观能动性。

14.3.8 价值流分析

价值是指客体对于主体表现出来的积极意义和有用性。所以，生产活动或其他社会活动，只有能对其他对象产生积极的作用，能对其产生有用的功能性属性的，才能创造价值。价值流在制造业中是指产品从原材料采购，到制造交付全过程中产生价值的所有活动。对服务业来说，价值流就是能产生对服务对象有意义的作用的活动。价值流分析是指对产品或服务产生价值的过程活动进行分析，找出能有效产生价值，能增值的活动，同时也能有效地区分出不能产生价值的活动，通过不断消除不增值的活动，以此来提高运作效率，降低运行成本。一般需要画出价值流图，对生产过程进行整体的系统性分析，分析物流、信息流、资金流运行中存在的问题，找出运作流程运行中产生浪费的原因，为流程的改善提供有力支持。

思考题

1. 何为拉式生产方式？
2. 为什么说通过大批量生产来降低成本已经不合时宜？
3. 什么是丰田生产方式（TPS）？
4. 精益生产有哪些常用工具？
5. 开展标准化作业管理的主要步骤包括哪些？

第 15 章

数字化转型背景下的生产运营模式

15.1 数字化转型

15.1.1 数字化转型的概念

数字化转型是使用新的数字技术来实现重大业务的改进与变革，如增强客户体验、简化运营或建立新的业务模式，实现组织架构变革，是从根本上改变企业的绩效并为客户带来价值的方式。数字技术是指包含社交媒体、云、分析、移动，以及物联网等在内的新一代技术，如大数据、云计算、嵌入式设备等。数字化转型分为三个方面。首先，它是应用一种或多种数字技术来提高公司的运营效率。其次，通过数字技术从根本上改变了企业的生产方式、组织方式和商业模式，目标是使管理决策更有效。最后，企业通过权衡企业资源和外部环境，应用数字技术做出战略行为改变，以获得竞争优势。

2015 年，"中国制造 2025" 战略中明确指出 "新一代信息技术与制造技术融合发展" "推进生产过程智能化水平" 等内容，这一举措明确了发展的重点方向。现阶段，我国企业的数字化转型主要是通过运用新一代数字技术来改进生产流程与商业模式，以优化企业的经营方式，改善运营效率，以促进产业转型升级。作为宏观经济的重要组成部分，企业也承担着转型的重要任务，企业的数字化转型不只是简单地将数字技术应用到生产经营中，而是一个涉及企业各个方面的综合转型过程。数字经济的不断发展，也给企业的组织结构、产品以及服务带来了新的挑战，构建数据采集与处理的闭环有助于打通数据壁垒、发现新的市场机会，因此，如何借助新一代数字技术来帮助企业获得竞争优势、驱动业绩提升是其中的核心要义。

15.1.2 C2M 商业模式

随着制造业数字化的不断推进，制造业与零售业的融合发展成为制造业数字化的发展趋势之一，数据资源逐渐成为连接生产端和销售端的桥梁。这一趋势可以概括为以消费者需求为主导，以消费大数据为纽带，通过产业链重构，形成制造业加速柔性化、零售业提升服务化的"制造—零售"生态圈，是制造业与零售业相互作用、相互渗透、相互交叉与相互融合逐渐形成的新产业现象。以用户驱动工业定制化生产的用户直连制造（Customer-to-Manufactory，C2M）电商模式便是制造业数字化的典型代表之一，是一种新型工业互联网商业模式。C2M 模式通过互联网、人工智能、大数据等技术，打破原有的制造商与消费者之间的阻碍，将消费者需求直接反馈给制造商。受到数据纽带驱动，制造商一方面通过将自身与消费者直接联系在一起，生产消费者需要的产品，满足消费者的个性化需求；另一方面，通过订单式的生产运营方式减少仓储货品积压，甚至实现"零库存"，最终达到缩短生产周期并降低生产成本的目的。

15.2 运营管理的新发展

以工业互联网为基础，企业价值取向面临重新定位的可能，组织结构的重构变得更为现实，企业运营体系的重构就有了保障，产品研发方式的创新变得更为容易，生产过程控制、物流配送与消费者服务等方面的创新解决方案可以更快地被提出。以下运营管理正在或将要实现。

15.2.1 柔性制造模式

1. 柔性的内涵

柔性是指企业通过学习提升，系统地整合、利用内外部资源积极、经济、快速地处理内外部环境变化的能力。柔性能够增强企业反应和竞争的能力，能使企业快速应对市场变化而不用牺牲企业的大量资源，同时它还是一种过滤器和隔离器，可以消除或者减弱各种环境不确定性变化对企业的影响。柔性的定义强调了它所包含的以下几个要点：

1) 客体：内外部变化的环境或由环境变化所引起的不稳定性。
2) 成本：企业处理内外部变化环境的经济性。
3) 速度：企业响应、处理内外部变化环境的时间性。
4) 能动：企业整合、利用内外部资源的能动性，包含学习能力。
5) 能力：柔性是一种能力。

柔性可以表述为两个方面：第一个方面是指生产能力的柔性反应能力，也就是机器设备的小批量生产能力，其优点是生产率很高，由于设备是固定的，所以设备利用率也很高，单件产品的成本低。但价格相当昂贵，且只能加工一个或几个类似零件，难以应付多品种中小批量的生产。随着批量生产时代正逐渐被适应市场动态变化的生产所替换，一个制造自动化系统的生存能力和竞争能力在很大程度上取决于它能否在很短的开发周期内生产出较低成本、较高质量的不同品种产品的能力。第二个方面是指供应链的敏捷和精准的反应能力。在柔性制造中，供应链系统对单个需求做出生产配送的响应。从传统"以产定销"转变成"以销定产"，生产的指令完全是由消费者独自触发，其价值链展现为定向的具有明确个性特征的活动。

关于制造系统的柔性主要体现在两个方面：一方面是来自生产制造过程中的柔性；另一方面是影响和决定生产的柔性。

生产制造过程中的柔性包括以下几个方面：①机器柔性，是指机器能够处理不同操作的能力，一般取决于机器所能执行的不同操作的数量及其在不同操作之间进行切换所需要的时间；②运输柔性，是指各种型号的零部件在不同机器设备上被正确地传送定位的能力；③操作柔性，是指零部件的加工过程中不同操作序列可被应用的容易程度，基本上取决于零部件的设计；④过程柔性，是指系统无须重新装设而能生产零部件的集合大小的测度；⑤产品柔性，是指系统只需要很少的重新装设就能生产零部件的集合大小测度；⑥生产柔性，是指系统无需大的设备投资就能生产的产品集合大小测度；⑦程序柔性，是指系统运行一段时间无须外部干预的能力。

影响和决定生产柔性的主要方面：①人员柔性，是指掌握多种操作技能的人员能够在不同岗位上工作的能力；②产量柔性，是指生产系统在已有的产品和零部件生产中生产不同产量而仍能获取利润的能力；③混合柔性，是指企业在给定的生产能力条件下能够经济有效地生产不同产品组合的能力；④扩张柔性，是指增加生产能力所导致边际投资减少的幅度；⑤市场柔性，是指系统能够有效适应市场条件变化的能力，通常分短期市场柔性（处理消费者订单变化的能力）和长期市场柔性（应付消费者需求变化、产品生命周期缩短和产品技术变化的能力）；⑥新产品开发柔性，是指企业在最短计划期内开发新产品或者更改原有产品的能力。

2. 柔性制造

柔性制造与制造柔性的概念在其基本的要素上是一致的，但制造柔性强调的是制造系统或生产系统的一种柔性能力，柔性制造则代表了一种思想，一种企业经营的价值观，即企业主动通过提高制造系统的柔性能力去处理内外部环境变化。柔性制造贯穿企业生产的全过程，从而增加了生产的灵活性，降低了企业生产成本，提高了企业生产的产出率，缩短了产品生产周期，同时还能够对消费者需求的多样化和快速化做出迅捷的反应。

3. 柔性制造模式

柔性制造模式实际上是一种通过柔性制造的思想来经营制造企业的方法论，对柔性制造模式的探讨，需要从柔性制造的实践中发现和抽象出一般性的、可重复出现的规律，对各种解决问题的方式进行高度归纳总结。柔性制造模式包含了多种满足一般规律的柔性制造方式。例如，大规模定制就是一种柔性制造模式。柔性制造模式的概念包含了以下层面的意思：

1）考虑客户的视角，将客户的多样化需求传达给连续性生产企业。
2）连续性生产企业要响应客户的多样化需求，必然带来产品的多品种生产。
3）多品种的生产需要考虑成本，以确保企业的经济价值。
4）多产品、低成本的生产需要企业提高制造系统的柔性能力来响应客户并输出多样化、个性化的产品。

▶ 15.2.2 数字化运营管理

数字化运营管理是一种新兴的运营管理方法，是指运用计算机、网络、通信等技术，对管理目标和活动进行系统性的量化管理，实现从研发生产到销售服务等方面的创新，具有集成化、智能化、灵活化等鲜明的特点。企业通过数字技术融合应用，打通核心数据链条，打破"数据孤岛"，对数据进行汇聚、集成、优化，挖掘数据中有价值的部分，构建以数据驱动为中心、以数字技术为载体的高质量的管理模式，推动企业提高生产效率、控制企业风险、提高产品质量、增强生产安全、改善重要决策，进而实现由上而下全面智能化、可视化的以数据为驱动的制造业数字化转型。企业的数字化运营管理包含企业信息化、数字化决策管控、信息管理等方面，是经由数据、流程、决策逐级发展的完整过程，主要包括六个维度的管理。

1. 生产计划管理

通过数字化手段，对当前企业的生产计划体系进行深入的分析，力求建立更合理、更科学、更高效的生产计划体系，改变以往靠人工进行计划及调度的现状，通过数字化系统将人的经验释放，在考虑多种因素下拟出多个优化方案供选择，并在计划变更的情况下快速响应计划变更，减少人为因素干预。数字化下企业能够实时监控生产计划的执行情况，实现生产计划下达与执行的透明化，并能够对生产异常进行快速响应，在透明化的基础上不断优化和提升生产产能，最终实现提升准时交付率。

2. 现场智能管理

通过工业物联网对生产现场进行数字化智能管控，将有助于企业由粗放管理转向精细化管理，为企业提供从生成工序计划、工序排产、工序派工、工序汇报、工序转移到产品入库等车间业务处理的全过程监督与控制，实时数据处理。现场无纸张运作，现场资源（设备、产品、原材料、人员、过程）追踪实时、全面、准确，性能与品质分析自动化设备控制，实现企业精细化管理，掌握车间各项制造活动信息，管理生产进度。

3. 设备运维管理

通过机联网平台掌握设备的实时情况实现远程监管。智能运维管理是一种新的设备管理模式，可以通过智能运维管理达到以下目的：①提前发现问题，将故障消灭在萌芽状态；②实现设备运维管理标准化；③大数据积累，为设备管理做决策支持；④设备远程监控与诊断，提高解决问题的效率；⑤节能降耗减排，通过智慧的管理方法，使运维部门成为收益部门；⑥为智能制造打下坚实的基础。

4. 质量监控管理

对生产重要环节进行管控实现全流程可追溯管理。对质量相关标准、物料等信息进行集中化管理；掌握产品生产过程的质量全景，通过质量趋势的变化，采取预防性措施，降低不良品的发生概率，降低质量成本；对出货产品质量实时掌握，及时掌握是否有影响发货的质量问题发生，提升产品质量，提高客户满意度，提高市场竞争力；运用数据采集、处理、统计、结果呈现等数字技术分析产品质量，基于分析结果提升产品质量，精准捕捉产品质量措施，推动企业价值链向后延伸。

5. 智能仓储作业

采用扫描与感应进行数据采集，实现智能仓库作业，主要从业务流程优化、仓库数据采集和更新、货品有效期管控、库存管理等方面着手，采用条形码扫描作业方式来减少员工在作业时的失误和差错，有效解决当前的仓库难题，实现仓库的信息化、数字化转型。智能物流仓储应用确保仓储各个环节及仓储和供应链其他环节流畅运转，另外还可以通过提升仓库的利用效率来提高仓储作业的精准性，实现合理控制库存总量的目标，进而达到降低物流仓储成本的目的。

6. 数据资产管理

企业需要建立数据资产管理体系，深入挖掘及发挥企业数据资产的价值，不仅包括常见的数据决策分析，还需要体现在数字化业务的各个环节。从生产驱动价值转变为数据驱动价值，数据价值将让传统企业转变成数据服务型企业，发掘企业整体数据资产价值，能够对数据资产体系进行统筹规划、管理实施、滚动增效，逐步打造企业级大数据，并确保企业数据资产安全，利用最先进的技术推动数据发挥作用，实现业务价值变现。

15.2.3 大规模个性化生产

在大规模定制生产下，虽然制造商提供了很多可自由组合的零件模块供客户选择，但客户仍然无法完全按照自身的意愿来获得只属于自己的特有产品，并且多样性的重组模块给装配系统的稳定带来了很大的挑战，很大程度上影响了系统的性能。随着信息技术和生产制造技术的不断发展，大规模定制生产会向大规模个性化生产转变。大规模个性化生产是严格按照客户的需求，通过与客户进行一对一交互激发客户对产品的潜在需求，在产品或服务的生命周期内向客户提供满足自身需求的独一无二的产品，实现真正意义上的产品定制。多品种、小批量、个性化定制生产，是工业 4.0 下的主要生产模式。客户主动参与产品设计过程，制造商则根据客户的需求生产个性化的产品。大规模个性化生产可以理解为升级版的大规模定制生产。3D 打印是大规模个性化生产应用的一个很好的例子，按需定制 3D 打印平台，可以在用户参与的情况下完全按照用户的意愿对产品进行个性化设计生产。面对大规模个性化生产，企业通常从产品变化、共同创造和用户体验三个方面出发，实现完全满足用户个性化需求产品的生产。

1）产品变化：在宏观方面与大规模定制方案类似，通过模块化设计实现；在微观方面通过参数优化设计，对产品进行优化改善。

2）共同创造：通过嵌入式工具包和专家辅助设计系统构成，用户参与产品设计、认证、制造、装配、供应等过程，能够满足用户的个性化要求。

3）用户体验：从情感需求、认知需求和功能需求等潜在需求方面，增强用户和产品之间的交互式体验，实现产品的服务个性化。

大规模个性化生产和大规模定制生产的制造系统有着很大的差异，在灵敏性、稳定性和可重性上有着更高的要求。这就使得企业在组织大规模个性化生产时比组织大规模定制生产更为复杂和困难，主要表现在以下两个方面：

1）在客户参与设计过程中，客户设计水平参差不齐使产品的个性化设计变得更加困难。

2）大规模个性化生产失去了大规模生产和大规模定制在时间和成本方面的优势，产品在完成个性化设计之后，才能组织生产。

因为企业接收订单具有随机性，如何安排随机插入订单生产计划，生产时的生产调度和生产平衡问题能否有效解决是准时完成订单的关键。"互联网+制造"的工业 4.0 概念与相关技术，给大规模个性化生产的实现带来很好的契机。

15.2.4 网络化协同模式

网络化协同模式是一个集成了工程、生产制造、供应链和企业管理的先进制造系统。网络化协同模式可以把分散在不同地区的生产设备资源、智力资源和各种核心能力通过平台的方式集聚，是一种高质量、低成本的先进制造方式。网络化协同模式的典型代表是航天科工旗下航天云网的 CMSS 云制造支持系统。CMSS 云制造支持系统主要包括：工业品营销与采购全流程服务支持系统、制造能力与生产性服务外协与协外全流程服务支持系统、企业间协同制造全流程支持系统、项目级和企业级智能制造全流程支持系统，可以满足各类企业深度参与云制造产业集群生态建设的现实需求。

15.2.5 智能化制造模式

智能化制造模式是指利用网络信息技术和先进制造工具来提升生产流程的智能化，从而完成数据的跨系统流动、采集、分析与优化，实现设备性能感知、过程优化、智能排产等智能化制造方式。智能化制造主要解决生产环节的痛点，将生产流程实现数智化，提升生产灵活性和效率。智能化制造模式的代表案例是富士康工业互联网平台 BEACON。BEACON 通过整合工业互联网、大数据、云计算等软件，以及传感器、工业机器人、交换机等硬件，建立了端到端的可控可管的智慧云平台。平台将生产数据、设备数据进行集成、分析、处理，以创建开放、共享的工业级 App。智能化制造模式通过对生产流程进行优化和改造来实现企业数字化、网络化和智能化转型。智能制造系统和传统制造相比，具有以下特征：

（1）自律能力　自律能力即搜集与理解环境信息和自身的信息，并进行分析判断和规划自身行为的能力。具有自律能力的设备称为"智能机器"，其在一定程度上表现出独立性、自主性和个性，甚至相互间还能协调运作与竞争。强有力的知识库和基于知识的模型是自律能力的基础。

（2）人机一体化　基于人工智能的智能机器只能进行机械式的推理、预测、判断，它只能具有逻辑思维（专家系统），最多做到形象思维（神经网络），完全做不到灵感（顿悟）思维，只有人类专家才真正同时具备以上三种思维能力。因此，想以人工智能全面取代制造过程中人类专家的智能，独立承担起分析、判断、决策等任务是不现实的。人机一体化一方面突出人在制造系统中的核心地位，同时在智能机器的配合下更好地发挥人的潜能，使人、机之间呈现出一种平等共事、相互"理解"、相互协作的关系，使二者在不同的层次上各显其能，相辅相成。因此，在智能制造系统中，高素质、高智能的人类将发挥更好的作用，机器智能和人的智能将真正地集成在一起，互相配合，相得益彰。

（3）虚拟现实技术　这是实现虚拟制造的支持技术，也是实现高水平人机一体化的关键技术之一。虚拟现实技术是以计算机为基础，融合信号处理、动画技术、智能推理、预测、仿真和多媒体技术；借助各种音像和传感装置，虚拟展示现实生活中的各种过程、物件等，因而也能拟实制造过程和未来的产品，从感官和视觉上使人获得如同真实的感受。但其特点是可以按照人们的意愿变化的，这种人机结合的新一代智能界面是智能制造的一个显著特征。

（4）自组织超柔性　智能制造系统中的各组成单元能够依据工作任务的需要，自行组成一种最佳结构，其柔性不仅凸显在运行方式上，还凸显在结构形式上，所以称这种柔性为超柔性。

（5）学习与维护　智能制造系统能够在实践中不断地充实知识库，具有自学习功能。同时，在运行过程中自行诊断故障，并具备对故障自行排除、自行维护的能力。这种特征使智能制造系统能够自我优化并适应各种复杂的环境。

15.2.6 服务化延伸模式

服务化延伸模式是指企业通过在产品上添加智能模块，实现产品联网与运行数据采集，并利用大数据分析提供多样化的智能服务，从销售产品拓展到优化服务，如客户增值体验、产品优化方案等。值得注意的是，能够提供服务化延伸的工业互联网平台企业大多已具备工业产品基础或已具备较强的服务输出能力，类似之前的模式，服务化延伸模式会通过设备等硬件实现数据采集，汇聚到数据等应用平台进行大数据分析和决策，提升工业企业的运营效率。与前面几种模式不同的是，在服务化延伸模式中，企业通过在产品上添加智能模块，实现产品联网与运行数据采集，并利用大数据分析提供多样化智能服务，实现由卖产品向卖服务拓展，如客户增值体验、产品优化方案等。这样，服务化延伸模式可以有效延伸价值链条，扩展利润空间，成为制造业竞争优势的核心来源。

服务化延伸模式具有以下特征：

（1）企业定位从制造商向服务商转变　传统的制造企业以生产制造为中心，聚焦制造环节，通过智能化改造和扩大规模的方式，企业的定位逐渐从制造商向服务商转变，业务范围从单纯的生产加工向提供设备运营维护、支撑业务管理决策、满足客户多样化需求等服务环节延伸，增加产品附加价值，打造企业综合优势。

（2）产品形态从产品向产品服务系统转变　传统的制造企业以产品供应为主营业务，围绕生产环节的技术创新、模式创新、管理创新不断提升产品质量和价值，售卖产品来获取利润。随着生产力水平的提高，产品本身的价值差异缩减，市场需求正从产品导向向产品服务系统导向转变，亟须制造企业从传统单一制造环节向两端延伸，开展专业服务活动。

（3）商业模式从短期交易到长期服务转变　传统制造企业的商业模式大多是基于产品交易的"一锤子"买卖，企业盈利源于订单，对于后期运维服务的重视程度不高，用户体验感差。随着用户需求不断升级、产品附加值不断增加，单纯的生产制造和产品售卖的利润空间下降，亟须寻求新的盈利空间。制造企业逐渐从"交钥匙工程"式的短期交易向长期运维服务转变，一方面拓展了企业的商业范围，增强了用户黏性，提升了企业核心竞争力；另一方面形成基于产品全生命周期的数据流通闭环，促进企业研发设计、生产制造、运营管理等环节优化升级。

思考题

1. 简述大规模生产、大规模定制、大规模个性化生产。
2. 影响和决定生产的柔性主要包括哪些方面的内容？
3. 简述数字化运营中数据资产管理的主要内容。
4. 为什么说3D打印是大规模个性化生产应用的一个很好的例子？
5. 分析富士康工业互联网平台BEACON的智能化制造模式。

参 考 文 献

[1] 项目管理协会. 项目管理知识体系指南（PMBOK® 指南）[M]. 7 版. 北京：电子工业出版社，2021.

[2] 雅各布斯，蔡斯. 运营管理：第 15 版 [M]. 苏强，霍佳震，邱灿华，译. 北京：机械工业出版社，2020.

[3] 雅各布斯，蔡斯. 运营管理：第 13 版 [M]. 北京：机械工业出版社，2011.

[4] 陈剑，黄朔，刘运辉. 从赋能到使能：数字化环境下的企业运营管理 [J]. 管理世界，2020，36 (2)：117-128；222.

[5] 陈剑，刘运辉. 数智化使能运营管理变革：从供应链到供应链生态系统 [J]. 管理世界，2021，37 (11)：227-240；14.

[6] 陈荣秋，马士华. 生产与运作管理 [M]. 5 版. 北京：高等教育出版社，2021.

[7] 陈荣秋，马士华. 生产运作管理 [M]. 5 版. 北京：机械工业出版社，2017.

[8] 陈心德，吴忠. 生产运营管理 [M]. 北京：清华大学出版社，2011.

[9] 程国平. 生产运作管理 [M]. 2 版. 北京：人民邮电出版社，2017.

[10] 方振邦. 战略性绩效管理 [M]. 4 版. 北京：中国人民大学出版社，2014.

[11] 高光锐，任俊义. 生产与运作管理 [M]. 2 版. 北京：电子工业出版社，2014.

[12] 耿殿明，杨建华. 生产运营管理 [M]. 北京：北京大学出版社，2015.

[13] 科兹纳. 项目管理：计划、进度和控制的系统方法 第 12 版 [M]. 杨爱华，译. 北京：电子工业出版社，2018.

[14] 韩福荣. 现代质量管理学 [M]. 4 版. 北京：机械工业出版社，2018.

[15] 胡芳. 现代生产运作管理 [M]. 合肥：安徽大学出版社，2014.

[16] 雷万云，韩向东. 数字化转型认知与实践 [M]. 北京：清华大学出版社，2023.

[17] 李全喜. 生产运作管理 [M]. 3 版. 北京：北京大学出版社，2014.

[18] 刘俊言. 浅谈波士顿矩阵在企业战略规划中的应用 [J]. 中国市场，2021 (34)：88-89.

[19] 刘俊勇，段文譞，安娜. 平衡计分卡学术研究评述与展望 [J]. 会计研究，2022 (8)：121-134.

[20] 刘蕾. 运营管理 [M]. 北京：机械工业出版社，2021.

[21] 刘树华，鲁建厦，王家尧. 精益生产 [M]. 北京：机械工业出版社，2021.

[22] 刘文博，张洪革，孔月红. 生产与运作管理 [M]. 3 版. 北京：清华大学出版社，2023.

[23] 刘希龙，季建华. 竞争优先权与生产绩效关系的实证研究 [J]. 上海交通大学学报，2007 (7)：1049-1052.

[24] 刘运国，金淞宇，周颖. 平衡计分卡：构建、应用和发展 [J]. 会计之友，2024 (2)：128-139.

[25] 柳雅君，薛文静. 助力还是阻力：税收优惠政策与企业数字化转型 [J]. 经济问题，2024 (4)：37-43.

[26] 卢碧红. 现代质量工程 [M]. 北京：机械工业出版社，2019.

[27] 陆榕，张亚文. 企业数字化生产运营管理（微课版）[M]. 北京：人民邮电出版社，2023.

[28] 骆珣. 项目管理 [M]. 2 版. 北京：机械工业出版社，2015.

[29] 马风才，谷炜. 质量管理 [M]. 3 版. 北京：机械工业出版社，2022.

[30] 马风才. 运营管理 [M]. 6 版. 北京：机械工业出版社，2021.

[31] 马士华，林勇. 供应链管理 [M]. 6 版. 北京：机械工业出版社，2022.

[32] 马廷奇，刘思远. 工业生产智能化背景下工程实践教学模式创新 [J]. 国家教育行政学院学报，

2021（8）：64-71.
[33] 苗瑞，朱相鹏. 质量管理学［M］. 北京：机械工业出版社，2021.
[34] 潘春跃，杨晓宇. 运营管理［M］. 2版. 北京：清华大学出版社，2017.
[35] 邱灿华，蔡三发. 运营管理［M］. 北京：高等教育出版社，2019.
[36] 邵一明. 战略管理［M］. 2版. 北京：中国人民大学出版社，2014.
[37] 申渊源，朱宏博，乔志林. 数字经济、数字化转型与企业核心竞争力［J］. 西安财经大学学报，2024（2）：72-84.
[38] 宋克勤. 运营管理教程［M］. 上海：上海财经大学出版社，2010.
[39] 乔普拉. 供应链管理：第7版［M］. 杨依依，译. 北京：中国人民大学出版社，2021.
[40] 孙明波，高举红. 运营管理［M］. 北京：机械工业出版社，2014.
[41] 西贝尔. 认识数字化转型［M］. 毕崇毅，译. 北京：机械工业出版社，2021.
[42] 王晶，王彬，王军，等. 基于信息化的精益生产管理［M］. 北京：机械工业出版社，2016.
[43] 温德成. 质量管理学［M］. 3版. 北京：机械工业出版社，2020.
[44] 温科，李常洪. 数字化转型、供应链集中度与供应商创新［J］. 统计与信息论坛，2024，39（3）：107-128.
[45] 肖智润. 企业战略管理［M］. 北京：机械工业出版社，2018.
[46] 杨康和. 车身调度中心生产能力计算浅析［J］. 机械制造，2017，55（9）：9-12.
[47] 杨述. PMP 5A 备考宝典［M］. 北京：人民邮电出版社，2020.
[48] 沃麦克，琼斯，鲁斯. 改变世界的机器：精益生产之道［M］. 余锋，张冬，陶建刚，译. 北京：机械工业出版社，2021.
[49] 埃文斯. 质量管理：原书第7版［M］. 苏秦，刘威延，等译. 北京：机械工业出版社，2021.
[50] 张波. 运营管理［M］. 北京：国防工业出版社，2014.
[51] 张根保. 现代质量工程［M］. 4版. 北京：机械工业出版社，2019.
[52] 张建民，吴奇志. 现代企业生产运营管理［M］. 北京：机械工业出版社，2013.
[53] 张杰. 运营管理［M］. 北京：对外经济贸易大学出版社，2009.
[54] 周建忠. 现代企业生产与运作管理［M］. 北京：科学出版社，2009.
[55] 左小德，梁云，刘敏，等. 项目管理理论与实务［M］. 2版. 北京：机械工业出版社，2022.